中国新兴媒体融合发展报告

2014—2015

新华社新媒体中心 编

图书在版编目（CIP）数据

中国新兴媒体融合发展报告．2014～2015/新华社新媒体中心编
北京：新华出版社，2015.8
ISBN 978－7－5166－1874－5
Ⅰ．①中…　Ⅱ．①新…　Ⅲ．①传播媒介—发展—研究报告—中国—2014～2015
Ⅳ．①G219.2
中国版本图书馆 CIP 数据核字（2015）第 162730 号

中国新兴媒体融合发展报告 2014～2015
编　　者：新华社新媒体中心

出 版 人：张百新　　**责任编辑：**王　婷
责任印制：廖成华　　**责任校对：**刘保利

出版发行：新华出版社
地　　址：北京石景山区京原路 8 号　**邮　　编：**100040
网　　址：http：//www.xinhuapub.com　http：//press.xinhuanet.com
经　　销：新华书店
购书热线：010－63077122　　**中国新闻书店购书热线：**010－63072012

照　　排：新华出版社照排中心
印　　刷：北京文福旺印刷有限责任公司

成品尺寸：185mm×260mm　1/16
印　　张：22.75　　**字　　数：**320 千字
版　　次：2015 年 7 月第一版　　**印　　次：**2015 年 7 月第一次印刷

书　　号：ISBN 978－7－5166－1874－5
定　　价：78.00 元

目　录

创造力。

3. 国家版权局

网络媒体长期非法无偿使用传统媒体的内容资源，一直广受诟病。2015年4月17日，国家版权局印发《关于规范网络转载版权秩序的通知》，对于规范网络转载版权秩序做了明确要求。《通知》共包括九条规定，明确了著作权法律法规中涉及网络版权转载的几个重要问题，引导传统媒体进一步改进内容管理工作，鼓励报刊单位和互联网媒体积极开展版权合作，同时要求各级版权行政管理部门加大版权监管力度。《通知》旨在打击未经许可通过网络转载他人作品的侵权行为，推动完善网络转载许可付酬机制，有效规范网络转载版权秩序，营造健康良好有序的互联网版权市场环境。2015年4月22日，国家版权局为推动《通知》的贯彻落实，专门召开"规范网络转载版权秩序座谈会"，南方报业集团、今日头条、网易新闻等40余家传统媒体和网络媒体代表与会。据了解，网易新闻、搜狐新闻、今日头条已分别与2000余家传统媒体建立了良好版权合作关系。

二、技术趋势

（一）终端显示技术

随着技术的发展，媒体终端不单单局限于报纸、电视、收音机等，多终端呈现和接收信息，是媒体融合发展的一大趋势。

1. 裸眼式3D显示技术

裸眼式3D显示技术，顾名思义就是摆脱了眼镜的束缚，凭肉眼便可体验3D效果的显示技术。目前在各类展会上发布的裸眼3D产品种类繁多，包括裸眼3D液晶显示器、裸眼3D手机、裸眼3D数码播放器、裸眼3D游戏机等。

裸眼3D技术能够更逼真、立体地反映现实世界，是终端显示领域的一场革新。在2012年9月份由科技部出台的《新型显示科技发展“十二五”专项规划》中，裸眼3D被定性为“最有生命力且终将成为显示技术共性平台的下一代显示技术”，与激光显示一起被视为“十二五”期间重点发展的两大共性关键显示技术。[①] 目前虽然裸眼3D显示技术仍处在研发阶段，在分辨率、可视角度、可视距离等多方面还有很多不足，但裸眼3D显示技术仍具有良好的市场前景。

2. 4K电视

4K电视的分辨率是2K投影机和高清电视的4倍，在此分辨率下，观众将可以看清画面中的每一个细节，每一个特写，得到一种身临其境的观感体验。电视作为家庭最主要的媒介接收终端，在技术的催生下，不断革新，从高清电视、3D电视、智能电视到4K电视，沿着这一路径发展，观看者享受更智能、更清晰、更直观的体验。根据市场研究公司Dataxis的《4K电视市场和预测（2013—2018年）报告》预测，到2016年国产便宜的4K电视机销售将有助于推动亚太地区成为4K电视机单一的最大市场，占全球4K电视家庭的42%。

3. 车载移动媒体

车载移动媒体，简要地说就是一种位移状态时的信息接收终端，主要包括机顶盒、液晶显示屏、天线、车载电源等，应用于公交、地铁、出租车、私家车、长途客车、飞机等场所。作为移动媒体最早出现的应用形态，车载移动媒体是目前区别于传统模拟电视和网络电视的一种新型电视媒体，也称数字电视地面广播。移动互联网技术的发展为车载媒体创造了更多的可能性。移动化是

---

① 陈阳．裸眼3D时代：“看”出另一个世界［N］．中国经济导报，2013－10－31.

未来媒体发展的一大趋势，车载媒体的先天基因优质，顺应了用户移动化的需求，满足用户在移动状态时的信息需求。2014 年以来各路厂家对车载移动媒体市场更为看好，将汽车视为另一大智能移动接收终端，纷纷在这一领域发力。苹果公司已明确表示进军汽车市场。福特公司目前已经和中国多家互联网企业合作，将中国广播、豆瓣音乐、蜻蜓 FM 等多款应用置入福特“应用汇”，为用户来带更多元的车载互联收听体验。

（二）信息传输技术

信息传输技术，是指充分利用不同信道的传输能力，使信息得到可靠传输的技术。有效性和可靠性是衡量信息传输性能的两个主要指标。目前信息传输技术的革新主要体现在物联网、5G 技术、OTT 技术等。

1. 物联网

物联网是以互联网为核心和基础的，是互联网的延伸和扩展。物联网技术使得物品与物品之间的信息交换成为可能，通过智能感知、识别技术等通信感知技术，广泛应用于网络的融合中，因此也被称为继计算机、互联网之后世界信息产业发展的第三次浪潮。早在 2005 年，国际电联（ITU）就公布了《下一代互联网白皮书》，其中并没有局限于终端和网络的发展，而是在泛在网环境下（即无处不在的网络）描述了下一代互联网包含的四个存在——服务网（IoS，Internet of Service）、物联网（IoT，Internet of Things）、媒体网（IoM，Internet of Media）、企业网（IoE，Internet of Enterprise）。纵观全球 ICT 行业发展，物联网无疑是 2014 年的一个爆发点。从 2014 年初 Google 以 32 亿美元收购智能家居企业 Nest，到下半年苹果标志性的可穿戴计算产品 Apple Watch，分别标志着物联网在家庭互联网和个人互联网领域的突破。未来物联网将会连接“经济的几乎所有领域”，包括民生服务、交通运输、农业生产和医疗保健等。近些年我国物联网产业发展势头良好，技术研发取得重大进展，市场化应用稳步推进。作为物联网的一大核心产品，联网汽车受到越来越多的关注，把汽车变成智能手机的一种延伸。基于物联网的智能家居设备也是2014年十分热门的新产品，大量产品涌入市场。物联网作为一种融合发展的技术，能产生庞大的产业集群效应。美国《福布斯》杂志评论未来的物联网将比现有的Internet大得多，市场前景将远远超过计算机、互联网、移动通信等市场。[①]

2. 5G 技术

5G是4G的延伸，中国（华为）、韩国（三星电子）、日本、欧盟都投入了相当的资源研发5G网络。2015年3月3日，欧盟数字经济和社会委员古泽·奥廷格正式公布了欧盟的5G公私合作愿景，力求确保欧洲在下一代移动技术全球标准中的话语权，预计欧盟的5G网络将在2020年—2025年之间投入运营。移动通信技术经历了从1代到4代的变迁，分别由不同的业务能力和标志性技术构成。发展到第5代的移动通信技术，并不会完全替代4G、WiFi，而是将4G、WiFi等网络融入其中，为用户带来更为丰富的体验。用户不用担心自己所处的网络，不再需要通过手动连接到WiFi网络，系统会自动根据现场网络质量情况连接到体验最佳的网络之中，真正实现无缝切换[②]。

3. OTT TV

目前我国的OTT TV产业链主要由四大环节组成：OTT内容制作、内容集成、内容传输（互联网接入）、内容接收（终端）。OTT TV对于电视业具有颠覆性的意义，它不仅能为用户提供更多的频道、提供点播、回看功能，还

① 互联网那点事 .2014年中国物联网产业发展分析报告［Z］.http：//www.alibuybuy.com/posts/86007.html2015－5－15.

② 《谷歌执行董事长大胆预言：互联网即将消失，物联网无所不能》http：//news.163.com/15/0127/20/AH0BUOK00014SEH.html.

允许用户自主下载应用商店的APP，进行个性化推荐、语音搜索、多屏联动。OTT TV另一个核心特点是绕开了网络限制，内容和服务运营商可以跳过网络直接面向用户提供服务。[①] 目前我国只有七家互联网电视牌照商具备在全国开展互联网电视的资格，分别是CNTV、百视通、浙江华数、中国国际广播电台、中央人民广播电台、湖南电视台、南方传媒。终端产品的生产厂家不仅包括传统的电视生产厂商，如长虹、康佳、TCL，还包括新兴的互联网公司，如小米、乐视，以及牌照方。在生产硬件产品利润较低的背景下，各方仍然集中精力推出终端产品，旨在在产品中置入各自旗下的应用，广开入口，聚集用户。无论国际国内，随着宽带的普及，带宽业务的进一步拓展，OTT终端市场至今处于放大过程中。需要注意的是，入局OTT终端市场的巨头越来越多（苹果、谷歌、亚马逊等），尽管市场远未饱和，但竞争已经趋于白热化。

（三）信息处理技术

1. 人脸识别技术

人脸识别是基于人的脸部特征信息进行身份识别的一种生物识别技术。利用摄像设备采集含有人脸的图像或视频流，自动在图像中检测、跟踪人脸，并对人脸进行分析。截止2015年最成熟的算法模型已经能将人脸识别技术准确率提高到99%，超过人类肉眼水平。人脸识别曾被广泛用于政府、安全防务、银行等领域，而如今进入互联网时代，人脸识别的商业潜力被挖掘。2015年3月在全球最知名的IT和通信产业盛会CeBIT（汉诺威消费电子、信息及通信博览会）上，马云展示了蚂蚁金服的新技术“扫脸支付”。2015年6月，由我国自主研发的、首台具有人脸识别功能的ATM机在杭州亮相。取款人通过

① 黄升民、周艳、龙思薇．八问OTT——OTT TV对电话产业的影响和对策解析[J]．现代传播，2013年第10期．

ATM 机取款时，设备采集到的人脸图像必须与公安系统采集的身份证登记图像或银行登记照片一致，否则无法完成取款操作，这一举措大大保障了持卡人的资金安全。

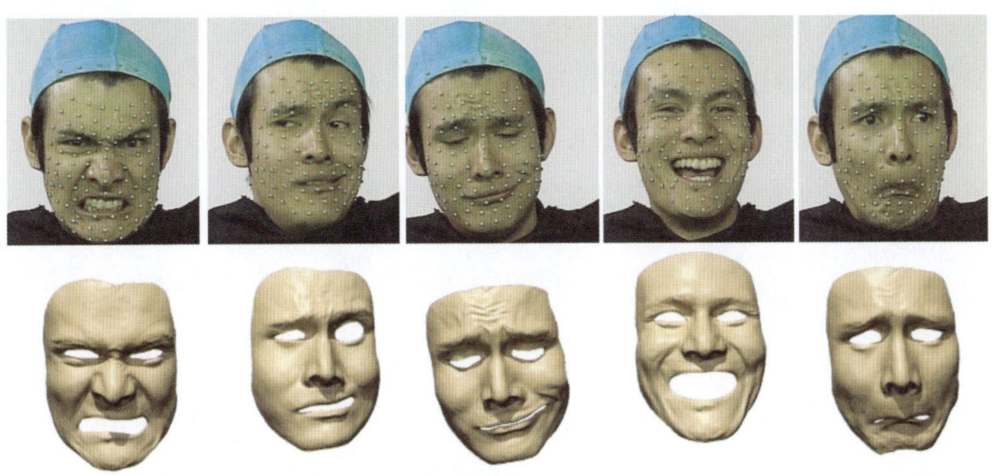

图 1—1 人类细节丰富的动态面部表情已可以被数字化模拟①

2. 大数据技术

大数据是一种能够整合资源的社会数据。运用大数据技术能帮助传媒组织直观、准确地了解到受众的信息反馈和信息需求。一方面，媒体能更好地把握受众需求，策划新闻选题；另一方面，大数据与新闻内容生产相结合，形成数据新闻。“数据新闻”是一种工作流程，通过反复抓取、筛选和重组来深度挖掘数据，聚焦专门信息以过滤数据，可视化地呈现数据并合成新闻故事。② 数据在新闻报道中起着“媒介”的作用，通过数据向受众反映新闻内容。数据新闻的数据量级一般都比较庞大。以英国《卫报》为例，作为英国综合性日报，

① 郭百宁．新一代自然用户界面—Kinect 引领人机交互未来［J］．《中国计算机学会通讯》中国计算机大会特辑报告，2013（1）．34—40．

② 方洁．全球视野下的“数据新闻”理念与实践［J］．国际新闻界，2013 年第 6 期．

较早投入到数据新闻的实践中，并专门开通数据博客（Datablog）和 Data store 栏目。令《卫报》数据新闻一鸣惊人的项目是其于 2010 年 10 月公开报道的一则伊拉克战争日志，数据来源于维基解密，多达 39.1 万条；在 2011 年“解读骚乱”项目中，共在社交网站 Twitter 搜集了 260 多万条有关骚乱的信息；在调查议员花销项目中，《卫报》通过众包的方式向公众开放了 45 万份关于议员花销的资料。2014 年春节前后，中央电视台《新闻联播》编辑部推出“据说春运”、“据说春节”，以百度的搜索大数据为基础，从大数据中找到新闻点，来展开关于春运、春节的故事，手法令人耳目一新。

3. HTML5 **技术**

2014 年下半年以来，H5 营销这个说法被反复提起。H5 是 HTML5 的简称，也就是 HTML 协议的第五个版本。广义的 H5 指的是包括 HTML、CSS 和 JavaScript 在内的一套技术组合，是构建以及呈现互联网内容的一种语言方式。与之前的语言相比，H5 在一定程度上改变了原有的语法特征，新增和删减了一些元素，使得 H5 页面设计更简化，促使了布局和样式的分离，降低了脚本的复杂性，减少了对插件的依赖性。H5 是互联网的下一代标准，被认为是互联网的核心技术之一。早在 2010 年，乔布斯就曾预言“全球已经开始步入 H5 时代”。2014 年 10 月 28 日，万维网联盟正式推荐 H5。对于开发者来说，H5 与原生的 APP 相比优势明显，其开发成本仅为 APP 的 1/5 甚至 1/10，同时可以免适配适应各移动终端，将移动端的跨平台传播成本降至最低，同时注重提高用户体验。H5 有可能改变目前移动互联网应用 App 为王的局面，大大促进 Web 应用的发展，模糊了浏览器和操作系统之间的界限，并将催生新的商业模式出现。2014 年 H5 应用大为流行的主要原因在于，兼容性强、维护方便、互动性强、开发成本低，对安装设备要求低，堪称移动端跨平台传播利器。

4. 可视化技术

可视化（Visualization）是利用计算机网络工程技术和图像处理技术，将数据转换成图形或图像在屏幕上显示出来，并进行交互处理的理论、方法和技术。[①] 可视化历史久远，广泛应用于地图、统计等领域。可视化在现代科学中有三个主要分支：科学可视化、信息可视化和可视化分析。在新闻传播领域，数据可视化的适用范围包括思维导图、新闻的显示、数据的显示、连接的显示、网站的显示、文章与资源以及工具与服务。2013 年度中国晚报界最高奖项“赵超构新闻奖”的评比中，《钱江晚报》的《图视绘》获得优秀栏目一等奖。2014 年 6 月，财新传媒数据可视化实验室推出的数据可视化新闻《青岛中石化管道爆炸》获得亚洲出版业协会（SOPA）的卓越新闻奖，这是中国新闻史上第一次有程序员获得新闻奖。之后 2014 年 11 月，财新传媒数据可视化实验室制作的《周永康的人与财》获得腾讯传媒大奖首度设立的“年度数据新闻”奖。随着大数据时代的到来，仅用新闻图片来呈现新闻已不能满足读者的需求。一些相对复杂的时政新闻的解读、突发性事件的调查、服务类信息的说明及一些社会事件的深度解剖与分析，新闻图片也难以一步到位地表达清楚，仅用文字又难抓“眼球”。由此，新闻的可视化技术应运而生——它将新闻转化成图像与图形的结合来呈现，即使是复杂甚至枯燥的新闻也能激发读者阅读的兴趣。

（四）智能传感技术

1. 可穿戴设备

各种智能健身医疗、健康监测产品层出不穷，可见产业界对于可穿戴设备

① 张双弓．新媒体时代下的纸媒新闻可视化［J］．中国传媒科技，2013 年 11 月．

的发展前景持乐观态度。目前可穿戴设备样式呈多样化的发展趋势，不仅仅局限于运动手环、智能眼镜，还有针对女性用户的首饰型设备、集成传感器的智能运动服。新型传感器也让它们的数据更加准确、多样化。可穿戴设备不仅仅是消费者的新玩具，也将为企业带来巨大商机。例如智能手表的事件提醒可以提高销售人员的效率，现场技术人员可以通过智能眼镜实时获取技术资料等等。2015 年 3 月 Salesforce.com 调查显示，近 80％的美国企业可穿戴设备使用者认为可穿戴设备将重塑企业未来。超过 3/4 的用户已经看到可穿戴设备对企业绩效的改善，86％的用户计划未来 12 个月增加这方面投入。[①]

2. 运动捕捉

运动捕捉，英文 Motion capture，简称 Mocap。近年来，运动捕捉技术取得了突飞猛进的发展，商业化的运动捕捉设备相继被推向市场，已被广泛应用于数字化保护、游戏、动画、模拟训练、虚拟现实等领域。2010 年由詹姆斯·卡梅隆导演的电影《阿凡达》全程运用动作捕捉技术完成，实现动作捕捉技术在电影中的完美应用，具有里程碑式的意义。2015 羊年春晚虚拟主持人阳阳就是采用动作捕捉技术，将人的运动轨迹与所设计的阳阳形象同步，从而实现人“羊”同台主持的效果。在实际应用中，动作捕捉技术涉及多方位的数据测定，需要在动作原型的关键部位设置跟踪传感器，动作捕捉系统捕捉跟踪器位置，再由计算机对数据进行处理，建立三维空间坐标，从而实现运动轨迹的连接。

① 8/10 的美国企业认为可穿戴设备将重塑企业未来［N］．http：//news.zj.com/detail/2015/05/15/1576693.html.2015－05－16.

（五）营销新技术

1. 精准移动定位营销 iBeacon

Beacon 即灯塔、信号浮标、指路明灯的意思。iBeacon 是苹果公司 2013 年 9 月发布的移动设备用 OS（iOS7）上配备的新功能。2015 年兴起的微信"摇一摇周边"应用的就是 iBeacon 低功能蓝牙技术。如果在店铺里设置 iBeacon 通信模块，通过蓝牙进行精准定位，移动设备靠近 iBeacon 基站，商家就能精准定位用户在商店中的位置，在适当的时候向用户推送需要的信息。它是基于地理定位的服务，当一个人位于一家商店附近时，系统可自动发布警告，提醒零售商，这些潜在目标的出现，进而零售商可采取相应的营销沟通手段。[①] 使用 iBeacon 的条件是：第一，商家布置 iBeacon 基站，第二，用户打开了蓝牙，第三，用户安装了支持这个 iBeacon 基站的 APP。

2014 年 7 月唯一保存老北京风情的街巷——南锣鼓巷上线了 iBeacon 技术，这是国内第一条应用 iBeacon 技术的商业街。通过 iBeacon 技术，南锣鼓巷构建了一套自动感应的网络，当游客走进南锣鼓巷之后，安装了 APP 的游客手机上就可以自动弹出南锣鼓巷的商家信息和优惠活动。2015 年 4 月微信新玩法"摇一摇周边"开始上线进行 Beta 测试，摇一摇周边是基于 iBeacon 来实现的，通过 iBeacon 的摇一摇为线下商户提供近距离连接用户的能力，并支持线下商户向周边用户提供个性化营销、互动及信息推荐等服务。

2. 移动原生广告交易平台

原生广告用一句话表述，就是将广告变成内容。相对传统移动横幅广告，原生移动广告通过融入它所在的移动应用的外观和设计风格，以更友好的表现

---

① 郭兆辉．精准移动定位营销［J］．软件和信息服务，2014 年 05 期．

形式为发布商、应用开发者和广告主创造更大的影响力和商业价值，同时改善用户体验。基于这些优势，原生广告的需求正在增加，今后原生广告市场前景良好。2014 年 7 月移动广告平台 InMobi 联手自动化广告交易技术公司 Rubicon Project 公司共同发布 InMobi Exchange 广告交易平台，期望共同建立起全球最大的移动优先程序化广告交易市场。据了解，该平台渴望实现：一是，为数以万计的广告商搭建起数百个购买平台；二是，每月覆盖全球 7.59 亿活跃用户；三是，来自三万个以上移动应用的广告展示。[①] 美国研究咨询机构 BIA/Kelsey 估计 2017 年美国社交广告市场规模将达到 110 亿美元，其中 40％为原生广告。

三、模式探索

（一）O2O 商业模式

近年来新兴的电子商务商业模式 O2O 总体来说有以下几个特点：第一，存在实体店，消费者最终消费地点是在实体店内；第二，借助互联网推送营销消息；第三，消费者需要完成线上支付，在线下提取所购买的产品或服务。[②] O2O 模式以互联网为媒介，商家将互联网作为线下商务活动的推广平台，消费者则可以省时省力地在线上筛选产品或服务。2014 年以 BAT 为代表的互联网公司纷纷加大力度开发 O2O 业务，竞争在入口、服务、在线支付三方面全面展开。

① 交易中国 .InMobi Exchange 广告交易平台发布［N］.http：//www.chinaft.com.cn/news/overseas/941.shtml，2015－5－16.

② 卢益清、李忱 .O2O 商业模式及发展前景研究［J］. 企业经济，2013 年第 11 期 .

BAT 的 O2O 布局			
	入口	服务	支付
阿里	手机淘宝、支付宝钱包、UC、神马、高德	美图、丁丁、快的、淘点点、银泰百货	支付宝钱包
腾讯	微信、手 Q、QQ 浏览器、搜狗、腾讯地图（四维图新）	高鹏、大众点评、滴滴、58 同城、华南城	微信支付、QQ 钱包
百度	百度搜索、百度地图	糯米网	百度钱包

1. 入口竞争日趋激烈

2014 年阿里巴巴合并 UC，又全资收购高德地图，在原本两大平台级入口——手机淘宝和支付宝的基础上又增添两大入口，如虎添翼，投资 UC 和高德地图的战略意义不容小觑。靠社交平台起家的腾讯依靠手机 QQ 和微信两大产品，独占其他两家巨头不可匹敌的优势。此外，通过投资四维图新，在一定程度上补齐了腾讯在 LBS 基础数据的短板。在移动入口行动最早的百度在 2014 年，布局 O2O 战略进展却相对缓慢。百度搜索＋百度地图的经典组合在 2014 年没有新的成员加入。但其于 2014 年 9 月 3 日正式推出的百度移动平台的官方服务账号——百度直达号令人瞩目，截至 2015 年 5 月全国已有超过 70 万商户加入百度直达号。

2. 应用服务发力点不同

2014 年 O2O 商务应用服务全面布局，服务民生的应用体系逐步成熟，市场规模加速扩大。阿里电商模式依旧独占鳌头，从“双十一”的战绩可见一斑，未来阿里会在农村电商、跨境电商、物流等领域发力；2014 年腾讯用资本手段全面布局 O2O。2014 年 1 月腾讯以 15 亿港元认购华南城 6.8 亿股华南城新股，借力华南城的渠道优势布局线下 O2O；2 月 19 日，以认购新股的方式投资大众点评网，成为其股东；3 月 10 日，腾讯宣布入股京东，将旗下拍拍网、QQ 网购及易迅等电商业务转移到京东旗下；9 月腾讯入股医疗健康互联网公司丁香园，布局医疗 O2O；在本地生活服务项目，腾讯投资了 e 袋洗、零号线等项目。据不完全统计，2014 年腾讯在 O2O 领域的布局投资超过 25 亿美元，投资范围包含本地生活服务、打车应用、医疗、电商等领域。

3. 移动支付领域的角逐

移动支付是布局 O2O 的关键。在移动支付市场，阿里的支付宝钱包占据了大半市场份额，而腾讯也在借力微信热度推广微信支付。2014 年初，围绕支付的移动打车投资大战令人印象尤为深刻，阿里和腾讯围绕出租车的全民补贴大战如火如荼，其核心目的就是为了争夺移动支付的市场占有率。相比来看，百度钱包动作迟缓，在移动端支付业务起步不久，既缺少用户基数，又没有像微信这样的社交平台可借势推广，因此百度钱包面临巨大的挑战。

（二）媒体电商

盘点传统媒体转型路径，会发现不少地方报业集团将发展电子商务作为一条出路，努力实现着媒体运营机制和产品服务的“平台化”。据不完全统计，截至 2014 年底，共有 13 家报业集团，跨界发展，着力打造“媒体电商”。与一般电子商务企业最大的不同之处在于，媒体电商是以传媒的公信力和影响力背书的，总体来看，报业集团打造的“媒体电商”运营和营销模式各具特色。

1. 运营模式各有千秋

（1）钱报有礼“人参节”：内容营销

报纸中的“软文”已是司空见惯，但仍是一个被讳言的“行业潜规则”。假如软文可以兼顾新闻公正和商业利益，而且可以保证一定的信息质量和审美水平，甚至可以对某一社会群体产生公益作用，在确保这些的前提下，服务于媒体电商盈利目标的软文是否可以获得媒体管理制度上的合法性？钱报有礼电商项目的内容营销策划正在探索这条道路。

钱报有礼电商平台页面中，有一个用于记录钱报记者亲赴货源地探访生产者的专门区域。从货源地和生产者的故事讲起，在经营策略上是对商品或品牌的文化包装，而其公益价值的根源则在于两个方面：扶持偏远地区优质农产品的市场销售和品牌赋值；提升城市消费者对特殊农产品质量的辨别能力①。这两个方面的意义，虽然最终都是服务于媒体电商销售，但媒体的信息服务价值和社会公共效益也不可否认。

钱报有礼"健康直购"团队的"人参节"就是一个典型案例②。其内容策划的执行流程主要包括三个环节：项目开始之前的主题定位和写作计划；一系列软文的写作、修改和发布；项目完成后对各阶段消费者反馈数据的整理和总结。而一系列软文则可以分为四个具体营销阶段：第一阶段：记者探访货源地，挖掘"参把头"（即人参种植专家）和"野山参"的故事；第二阶段："参把头"到杭州跟"野山参"消费者的互动活动的故事；第三阶段：冬令进补知识，"野山参"降价信息；第四阶段："野山参"消费者的反馈信息和钱报有礼销售业绩总结。

第一、二个阶段利用媒体影响力和公信力为产品品牌赋值，软文撰写是具体的操作手段；第三个阶段是较为直接的内容营销和商品信息服务，据该团队成员介绍，这一阶段软文见报之后，销售额增长明显，但这并非这一阶段软文发生的作用，而是隐含着前两篇的铺垫作用；而第四阶段则可以看作对钱报有礼电商业务的品牌塑造，同时也是一种与媒体消费者积极互动的形式。

---

① 根据课题组成员对钱报有礼电子商务有限公司副总经理姚丽萍的访谈内容整理，访谈时间为2014年12月19日上午。

② 根据课题组成员对钱江报系有限公司健康产业部、钱报有礼健康直购主任徐斌和健康直购项目团队成员寿亦萍的访谈内容整理，访谈时间为2014年12月17日上午。

（2）钱报有礼“瘦身达人挑战赛”：“O2O”式营销

在线上线下互动颇为流行的当下，“O2O”式的营销是一种广为采用的连接方法，它也被纸媒电商运用到了内容与营销的融合升级中。钱报电商商贸产业部以及电商平台上“爱购生活”的团队组织的“瘦身达人挑战赛”就是这样的例子[①]。整个活动的时间跨度为两个月，可以分为三个阶段：

第一阶段：通过报纸和微信号（钱报有礼的官方服务号“钱报 TOWN”和专门针对“爱购生活”的服务号“钱江晚报爱购”）征集健身运动爱好者，鼓励他们报名参加由钱报有礼和万象城共同举办的“瘦身达人挑战赛”活动，完成第一次产品和品牌曝光，提供线上购买入口（二维码、微商城和电商网站），以及第一部分用户数据沉淀；

第二阶段：由万象城提供健身场地，举办健身比赛和颁奖活动，在场地布置和健身教练身上“植入”产品，例如运动装备和健康食品等，并提供商品购买服务，完成第二部分用户数据沉淀（现场活动参与者和商品购买者）；

第三阶段：通过报纸版面回顾活动的发展历程，完成健身相关产品和品牌的再次推广，提供线上购买入口（二维码、微商城和电商网站），第三部分用户数据沉淀。

这个活动营销基本实现了“线上一线下一线上”的连接，其中的关键点有三：其一是依托线下商家资源实现服务于本地的深度体验，有助于提升钱报电商的品牌影响力；其二通过借助钱报 TOWN 和爱购生活两个微信号进行活动推广、消费者互动和商品销售，让本地的产品和服务商户都充分认识到纸媒电商不仅具备传统纸媒的策划力和影响力，也已经可以将纸媒品牌和生产资源转化到移动社交媒体平台中，为地方商户提供更精准有效的信息和销售服务；其

① 根据课题组成员对钱江报系有限公司商贸产业部、电商工作室主任张昵和电商部品牌经理陈晔的访谈内容整理，访谈时间为 2014 年 12 月 18 日上午。

三是实现线上线下三个阶段不同层次的用户数据沉淀，为更进一步的精准营销奠定基础。

(3) 南方优品“家家购”：跨界合作

相较于拥有十数年行业发展历程的电视购物，纸媒购物才刚刚起步。虽然传播介质存在明显差异，但在媒体所拥有的异质性资源上，两者也具有共通之处；更重要的是，纸媒和广电都是具有政府背景的国有企业，在战略合作上具有天然的亲近优势。基于整合优势资源的目的，南方报业集团的南方传媒发行物流有限公司南方优品项目组在 2014 年的“双十一”期间与广东广播电视台旗下全媒体购物平台——南方家庭购物公司开展了一次跨媒体的电商合作实践。此次实践中双方的优势媒体渠道资源包括报刊、电视、网站、手机、型录以及珠三角 50 万订户的产品目录直投，是对“媒体融合”产业趋势的典型回应，同时也是全国范围内首例纸媒电商与电视购物的合作案例。

合作中，南方优品项目组在《南方日报》投入了两次硬广和一次软文，以及含有 20 款特惠商品的面向珠三角 50 万报纸订户 DM；南方家庭购物的电视购物平台——“东方购物（广东）”则在“双十一”当晚连续三个半小时直播特惠商品。南方传媒发行物流有限公司物流事业部执行总经理龙聪认为，在媒体融合的产业背景下，纸媒电商与电视购物的合作可以有效整合至少三个方面的优势资源：省级报业和电视台的媒体影响力和公信力、纸媒读者和电视观众的受众人群资源、报业发行队伍升级为直复营销网络的物流配送资源[①]。

① 根据课题组成员对龙聪的访谈内容整理，访谈时间分别为 2014 年 12 月 25 日上午。

2. 媒体人员角色和职能转型

（1）“媒体人”到“产品经理”

面对媒体电商新业务，传统媒体中记者、编辑、广告销售人员和发行人员面临着从“媒体人”到“产品经理”的转型挑战。媒体电商业务根植于数字化和网络化环境中，与“互联网思维”相呼应的“产品经理思维”自然也适用。除此之外，拥有新闻生产和营销策划能力的传统媒体人，在转型为“产品经理”的过程中，可以也必须将这些能力纳入新的身份，因为媒体电商区别于一般电商的核心优势就是作为“媒体”的前提①。换言之，作为媒体电商的产品经理，在具备“用户需求观念”和“产品迭代观念”这两个互联网基本思维之后，还应该将专业新闻生产的“话题敏感性”转化为创意内容营销的观念和能力。

（2）从“发行员”到“快递员”和“销售员”

在全国十三家涉足电商业务的纸媒集团中，有四家发行公司直接承担电商业务：南方传媒发行物流有限公司、重庆日报报业集团发行公司、京华亿家物流（北京）有限公司、青岛报业商贸物流有限公司，而钱报有礼电子商务有限公司的许多人员来自钱江报刊发行有限公司。而且，从理论上说，地方报业媒体的报纸发行投递网络具有升级为直复营销渠道的基础和实力②，而直复营销渠道对媒体电商业务最直接的价值就是成熟的物流配送网络和团队资源。而从实践来看，在媒体电商业务普遍兴起之前，承担第三方物流配送已经是许多地

① 根据课题组成员对浙报传媒集团股份有限公司副总经理、钱江报系有限公司总经理、钱报电商项目总负责人何锋的访谈内容整理，访谈时间为2014年12月16日上午。

② 宋建武，黄森，新媒体的语法规则下中国传统媒体集团的新媒体发展策略［J］．新闻与写作．2013－01.

方报业发行团队的重要收入来源。

四、实践前沿

（一）行业动态

1.2014 报业融合实践

2014 年传统媒体的生存环境进一步恶化，而纸媒首当其冲。根据中国广告协会报刊分会、央视市场研究（CTR）媒介智讯联合发布的《中国报纸广告市场分析报告》显示，2014 年电视广告下降了 0.5%，平面媒体降幅在扩大，报纸降幅达到了 18.3%，比上年多出 10 个百分点，杂志降幅为 10.2%，也大大超过上年降幅。保持增长的是广播和户外，广播增长 10.6%，户外也增长了 9.5%。由此可见，报业面临着最迫切的转型压力。

2014 年被称为媒体全面深化改革元年，报业在媒体融合方面也加紧脚步，整体来看，分别在以下几方面大胆尝试，有所创新：

（1）提出媒体融合战略，从整体上布局媒体融合发展，例如浙江日报报业集团的“新闻＋服务”战略、上海报业集团的“平台”战略、南方报业传媒集团的“一体两翼”融合发展格局、成都传媒集团的进军新媒体“4311”战略等；

（2）在内容生产上，报刊业变革大众传播模式，创新内容生产机制，打造中央厨房式的全媒体生产平台，增强可视化报道力度，注重内容的个性化生产；

（3）在盈利模式方面，报业改变单纯依靠广告作为主要收入来源的模式，向更加多元化经营方向发展。传统媒体与互联网公司合作试水电商，联手搭建全国报业商贸平台。2014 年 4 月初，《新京报》、《京华时报》等 12 家报纸率先与阿里巴巴开展战略合作，联合推出“码上淘”业务，读者可以通过扫描报纸杂志上的二维码来购买商品。至 4 月底，参与此项业务的报纸扩大到 52 家。“码上淘”利用了纸媒的影响力和公信力，纸媒只需将二维码进行推广传播，而并未参与到电商行业的核心业务（供应链、物流和支付），从长期来看，随着纸媒发行量的萎缩，分成收入也将下降。部分报业集团尝试自建电商平台，依托原有的品牌公信力、读者用户以及完整的物流配送系统，闯出了一片天地。2014 年 5 月，温州日报报业集团温州都市报旗下电商平台“温都猫”（wendumao.com）上线试运行，当日点击量达 5 万多人次，成交 400 多单。预计到年底，可实现 1200 万元营业额。

（4）推动平台建设，探索互联网思维下的新媒体产品。2014 年 6 月上线的人民日报客户端，致力于成为中国移动互联网上最具公信力和影响力的主流新闻门户、权威观点引擎、聚合信息平台。在内容架构方面，人民日报客户端摒弃传统划分，在首页主打“闻”、“评”、“听”、“问”、“报”、“帮”、“图”、“视”、“类”、“政务”等板块，并于 11 月份推出“政务发布厅”，为党政机关和大型企事业单位提供移动端信息发布平台和与用户进行“指尖对话”的互动通道。目前，最高人民法院、最高人民检察院以及上海市人民政府、湖北省人民政府等约百家党政机构已入驻。此外，同样在 2014 年 6 月新华社正式推出“新华社发布”客户端，力求打造全国最大的“党政企客户端”集群，提供包括新闻发布、移动政务、便民服务在内的核心服务。截至 2015 年 6 月 28 日，新华社客户端总下载量达到 5204 万。

（5）加强资源整合、重组，实现组织融合。2013 年年底，解放日报报业集团和文汇新民联合报业集团合并为上海报业集团，引起了业界的广泛关注。合并后成立的上海报业集团，将资源向优势企业集中，减小了上海地区报纸的恶性竞争。从 2014 年上海报业集团的表现来看，一方面加强了新媒体平台建设，在发展已有平台，借力成熟平台的同时，开发新产品，相继推出“上海观察”、“澎湃”、“界面”三款新媒体产品；另一方面解放、文汇、新民三大报的体制改革和纸质内容改版也在同步进行。原两大报业集团所属报刊，按内容类型、社会影响、品牌效应等，分别对应归属解放、文汇和新民三大报社，形成“三大报系＋一个都市报系”的格局，从总体上基本实现了资源整合和优化的目的，成为了文化领域改革的一个风向标。

(6) 着力加强新技术的研发和应用。技术成为驱动媒体融合发展的引擎，而传统媒体在技术方面一向存在短板，逐渐意识到技术重要性的纸媒也开始加大对新媒体技术的研发。2014 年 3 月，人民日报媒体技术股份有限公司注册成立，专注于为人民日报提供技术支持和技术驱动。新华社则着力推进“新华社全媒体融合发展云平台”、“移动集成报道技术平台”等技术项目建设，充分发挥新华社技术实验室作用，掌握了一批具有自主知识产权的核心技术。

2.2014 **广电融合实践**

面临互联网和移动互联网的冲击以及广电系内部的激烈竞争，重压之下各大广电集团在融合创新上的动作不断。整体上看，广电媒体融合成绩有以下几个特点：

(1) 战略：整合一体化发展

电视台：“内容＋终端”：软硬兼施

以芒果 TV 为例，作为湖南广电集团旗下的新媒体，2014 年动作频频。先是推行独播战略，将母台的优势内容全部收入囊中；其次通过“芒果 TV inside”与 TCL、三星、海美迪、长虹等 40 余家海内外终端厂商加强深度合作，从而强化终端布局，旗下互联网电视产品的规模在业内首屈一指，在视频、游戏、家庭娱乐等多个领域满足用户的视听需求。芒果 TV“内容服务＋硬件终端”的垂直生态链整合路径非常明显，并最终实现全媒体整合一体化发展。

广电网络：向内容产业延伸

华数传媒于 2014 年 4 月融资 65 亿，其中 15.15 亿拟投入用于媒资内容中心建设项目，以升级改造现有媒资生产中心系统、购买内容版权、参与投拍影视电视剧等；2014 年 8 月和 12 月，又分别设立了华数资本和浙江华数文化传媒产业投资基金。目前华数传媒已与迪士尼、索尼、华纳、环球、福克斯等国际内容制作机构建立了稳定的内容合作关系，每年引进上千小时高清精彩节目。公司未来还将通过对优秀影视剧公司投资、入股的方式，更深入地参与内容产业链上游。

2014 年 8 月，歌华有线完成了手机电视内容服务平台和互联网电视内容服务平台建设，并与总局批准的相应播控平台运营机构达成合作、完成联网对接。内容牌照的落地进一步明确了公司在内容领域经营的许可范围。

（2）产品：加强互动属性和多元服务

APP：从电视伴随到互动化、个性化

2014 年，多家广电官方 APP 在推出或升级时加强了互动属性：如 2013 年 12 月 30 日上线的安徽卫视官方 APP“啊呦”。“扫一扫”功能不仅可以扫描二维码，还支持扫台标、扫 LOGO 多种类识别，将节目元素和游戏奖品有机融合；“摇一摇”功能，可将手机屏显示截图电视画面一键分享到微博、微信，还可以与同时段收看节目的观众即时聊天，为电视用户构建互动平台；此外还有“我要上屏”、“嘉宾互动”、“我拍你猜”、“积分商城”等功能，让用户直接参与到节目中去，带来全方位的视听娱乐体验。

2014 年 1 月 8 日上线的“BTV 大媒体”APP，是北京电视台布局互联网业务的核心产品。作为一款电视互动社交类 APP，在该应用中，用户可以关注自己喜欢的电视节目、观看节目直播、点播、设置节目收看提醒，参加 BTV 互动，赢取积分换礼品。用户还可以通过 BTV 大媒体“我在现场”模块了解最新的新闻资讯，参加拍客任务，第一时间发布现场新闻。此外，“BTV 大媒体”更增强了个性化的属性，在首页，用户可定义自己喜爱的电视节目，并关注对应的节目互动，从而使得首页呈现更加个性化、交互更为清晰；新用户注册时会引导用户选择兴趣标签，基于用户关注智能推荐同类节目。同时，还会根据其内容、特点标注相应标签，随着用户的使用记录，分析其行为和兴趣数据，依据推荐算法智能推送内容。

（3）业务：从单一“看”到多元“用”

随着家庭终端互联网化的发展，机顶盒支持的功能更加多样化，机顶盒不再仅仅是为了收看节目，而被赋予更多角色。2014 年 8 月，湖南有线电视运营商为了守住传统业务的疆土，开始向小米、乐视等互联网电视正面宣战，发放东方红机顶盒提供网络视频内容；2014 年 11 月，歌华有线推出了新一代智能机顶盒终端系列“歌华云盒”。与互联网机顶盒相比，“歌华云盒”功能更加强大，能够提供 DVB 高清、标清直播、时移和回看业务，“电视院线”等交互应用，更内置 DOCSIS 3.0 标准的 Cable Modem、WiFi，能够提供家庭无线网和超百兆互联网接入服务。

为了提高广电网络入口的竞争力，越来越多的广电网络开始提供多屏互动、语音操控、智能点播、时移回看等功能，以及游戏、教育、音乐等家庭娱乐业务。如 2014 年 1 月，福建省高清互动云电视平台正式开通，总的功能分为两个方面：一是丰富看电视功能，观众可点播、回看电视节目，实现想看什么就选择看什么；二是突破用电视功能，通过该平台，电视观众能浏览报纸、查阅股市、预约挂号、电视购物、缴费支付、视频通话等。2014 年 11 月，又新增“电视支付”功能，高清互动业务用户在电视上就可完成数字电视缴费、电力缴费和手机充值等多种支付。一个明显的趋势是，在提供高质量内容、高清晰体验以外，广电越来越多地开始为用户提供本地生活服务，以增强用户对电视屏的黏性。

3. 2014 **互联网融合实践**

2014 年，BAT 等互联网企业掀起了大规模并购和上市热潮。如果说 2013

年是互联网行业的并购元年，那 2014 就是井喷年，无论从并购数量还是并购金额，接连刷新了纪录；可以说，2014 年互联网行业呈现为 BAT 的天下。根据逐鹿网的不完全统计，2014 年总计有 94 家公司与 BAT 发生资本关系，涉及资金在 150 亿美元到 180 亿美元之间，其中，百度动用了 20 亿美元到 30 亿美元，收购或投资了 15 家公司，阿里动用了 60 亿美元到 70 亿美元，投资或收购了 36 家公司，腾讯动用了 70 亿美元到 80 亿美元，投资或收购了 44 家公司。①

（1）阿里巴巴——探索文化娱乐，构建互联网生态

2014 年，阿里并购交易涉及多个行业，如果说百度和腾讯的收购和投资行为还是围绕主营业务修筑护城河，阿里的收购和投资则想得更远更广，除了打造电商生态，阿里在金融、O2O、文化传媒、旅游、移动互联网等领域全面出击，构建互联网生态。阿里 2014 年在文化娱乐行业着重发力：3 月，8.04 亿美元投资文化中国传播集团；4 月，12.2 亿美元投资在线视频集团优酷土豆；6 月，5 亿人民币投资南方报业旗下媒体 21 世纪传媒……阿里巴巴靠电商起家，2013 年 9 月才成立数字娱乐事业群，文化娱乐板块是从头做起。虽然 2014 年阿里的手法看似散乱无章，但却步步掐紧文化娱乐板块，电影、电视、视频、移动等多个端口，接通电商的意图明显。特别是推出娱乐宝的举措，阿里巴巴企图借此来集纳各方内容制作公司和各类粉丝。

（2）腾讯——全面发力 O2O，抢占移动端

相比阿里的全方位布局，腾讯战略布局 O2O 的意图则更加明显。2014 年 2 月 19 日，腾讯成为大众点评网占股约 20％的股东。3 月 10 日，以约 2.15 亿

① 互联网情报网（逐鹿网）：2014 年 BAT 投资并购图谱：马云、马化腾、李彦宏吞下了哪些公司？http：//www.wtoutiao.com/a/1256141.html，2015－1－10.

美元拿到京东15%左右的股权，支持京东拓展实体电商业务，并在移动入口领域开展业务深度合作。6月28日，腾讯以7.36亿美元投资58同城，成为58同城第一大机构股东。8月29日，万达集团、腾讯、百度宣布共同出资成立万达电子商务公司，其中，百度、腾讯各持15%股权。根据协议，万达、腾讯、百度将进行账号体系打通、会员体系、支付与互联网金融产品、建立通用积分联盟、大数据融合、WiFi共享、产品整合、流量引入等方面的合作。由于手握微信、手Q这两大移动入口，与阿里相比，腾讯则更注重布局移动端O2O。腾讯希望通过入股大众点评网、京东、58同城等方式，利用微信等移动端入口，将线上庞大的用户资源引入到线下，再通过推出微信支付之后，建立自己在移动端线上线下的交易闭环系统。

(3) 百度——深耕技术，致力连接人与信息

与阿里、腾讯的疯狂布局相比，百度2014年显得相对弱势。或许是与创始人背景和搜索引擎特质有关，百度已被贴上“技术”标签。2014年百度Q1—Q3研发投入合计48.46亿，已超过2013年研发总投入，其中Q3研发投入总计18.32亿元，同比增长68%，研发投入占整体收入比例位居前列，百度显然已走上技术高投入路线。除了继续深耕技术优势外，百度在2014年的布局更多体现的是“连接人与信息”的观念，投资路线图显示，百度2014年投资最多的业务类型是在线教育，包括沪江网、万学教育、传课网和智课网等。由于缺少关键性的入口，百度目前在O2O领域相对弱势。此外，更重要的一点是，在O2O竞争上，百度在第三方支付领域也还没有足够分量的产品。

（二）区域动态

1. 华北地区

在这一年华北地区媒体融合发展实践，以北京和天津为代表，两地媒体在

报业、广电以及互联网媒体在融合方面做出了积极探索与实践，取得了一系列富有成效的进展。

（1）报业

新京报“全员新媒体”融合战略

新京报实行“全员新媒体”的融合战略，以新媒体部门的突围带动整个报社向新媒体的转型。全体采编人员不定时向新京报新媒体提供内容产品。建立统一指挥调度的新媒体平台，实行 24×7 的工作机制，全天候采集发布新闻及热点；遵循“数字优先，网络第一”的原则，形成新闻信息“一次采集、多种传播方式、多元化传播”的格局。社交媒体和移动媒体等新兴媒体，一直是纸媒布局的重点。2014 年，北京市纸媒在“两微一端”上继续发力：京报集团重点打造“北京日报官方微博”、“北京晚报官方微博”，强化集团主流信息传播平台和市民生活类信息实时发布平台的作用，截至 2014 年底，粉丝数分别达到 110 万和 237 万。经过几个月的运行，“北京日报官方微信”、“北京最新鲜”、“行走京津冀”等微信公众号已形成一定影响力。此外还有正在筹划中的 24 小时新闻客户端和手机报等。北京地区部分报纸媒体为推动媒体融合的发展，成立了单独的新媒体部门或公司。

早在 2011 年，新京报社委会、编委会就提出分步实施“新京报新媒体战略”，成立了由社长任组长、总编辑任副组长的“新京报新媒体战略领导小组”，编委会组织实施，具体工作由新京报旗下新媒体公司派博在线（北京）有限责任公司执行；2014 年 4 月，京报集团成立新媒体发展中心，对如何推进媒体融合，在具体的思路办法、路径步骤等方面提出了系统设计规划。京华时报社进一步理顺了报社内部机构和机制，打通了新闻中心和新媒体中心的网络壁垒，加强报纸记者与新媒体的对接，建立了合理的稿酬统筹体系，让记者稿件及时通过新媒体发表，从而加强传统媒体与新媒体的优势互补。无论是新媒体部门的独立，还是激励制度的优化，均体现了报业集团或报社对新媒体发展的重视。

大河报“互融互粉”发展理念

2014 年 6 月，人民网研究院发布“报纸移动传播百强榜”，其中大河报排名第 12 位，在都市报中位列第 6。在世纪华文发布的“全国都市报媒体客户端下载量排名”中，大河报在 9 月和 10 月两个月名列前茅。

在推动纸媒和新兴媒体融合发展的探索实践中，大河报以“互融互粉”为发展理念进行全方位的改革，所谓互融互粉，即在媒体融合发展中，坚持以人为本，从用户角度出发，打通内外机制壁垒，共享资源，进而实现共荣共赢。2014 年 6 月，大河报与 14 个省辖市的多家主流媒体或媒体集团组建合作联盟，实现内容、技术的优势互补和资源共享，首创媒体融合发展的“河南模式”。大河报客户端开通“个性订阅”功能，随后，启动与政府、媒体、教育、医疗等机构的合作，内容资源得到极大的丰富。在上述理念的指引下，大河报以用户为中心、以内容为主导、以技术为驱动，构建以全媒体采集系统平台为核心的“中央厨房”，包括信息采集系统、内容发布系统、自媒体订阅系统、生活服务系统、大数据分析系统、会员积分系统等多个子系统，从而实现了传统媒体和新兴媒体的互融互粉、优势互补、一体发展。

（2）广电

相比报纸媒体，北京市广电媒体不仅仅在“两微一端”上做内容搬运工，更注意构建用户互动平台，在内容之外，通过为用户提供互动交流平台及多元服务来提升用户黏性。2014 年，歌华有线在数字电视新媒体领域、移动新媒体、三网融合业务领域等全面布局，推进公司“由传统媒介向新型媒体、由单一有线电视传输商向全业务综合服务提供商”的战略转型，旨在实现“内容＋终端＋服务”产业链的整合发展。面对互联网的冲击，广播行业也走上了融合发展的道路。以北京人民广播电台为例，旗下拥有北京广播网、菠萝台、北京广播在线等网络传播平台，研发1039新媒体及导航仪、老年手机、行车记录仪、数字广播“听立方”等移动终端，陆续上线10余款节目客户端和交通路况、易打车等多种服务类客户端。多年的新媒体实践让北京人民广播电台积累了互联网广播运行发展的丰富经验，组建了含采编、技术、营销、多媒体编辑、无线业务等在内的新媒体团队，探索建立了适应互联网发展需要的工作流程和机制。

（3）新媒体

2014年以来，天津新媒体龙头企业北方网新媒体集团进一步加强了移动媒体的建设。目前，北方网已拥有包括官方微博、官方微信、手机新闻客户端、手机新闻网、手机生活客户端（天津通）、手机视频客户端（万视达）、北方论坛手机版在内的新媒体矩阵，并负责运维“天津发布”政务微博，总粉丝量和装机量近600万。在天津市人民政府新闻办的指导下，北方网负责“天津发布”政务微博内容在新浪、腾讯、人民网和新华网等平台上的发布。到2014年末，“天津发布”新浪微博的粉丝数超过148万，腾讯微博的粉丝数超过77万，在全国副省级以上城市政务微博排行中始终名列前茅。

各媒体在积极探索媒体融合路径的同时，还暴露了一系列的问题：纸媒们即使是转场新媒体平台，也依旧是将做纸媒的旧思维带进互联网。理念上存在的这些问题，是目前媒体融合发展的最大阻碍。除此之外，还存在商业模式不清晰的问题。传统媒体，特别是纸媒的盈利模式极为单一，大多数传统纸媒仅仅是将广告模式从纸上搬到了网上。在广告和付费内容之外，如何实现自身的造血功能，在融合过程中必须考虑。

2. **华东地区**

华东地区经济富庶，传媒产业发达，媒体融合实践也走在前列。以上海报业集团、浙报集团、杭报集团、华数传媒为代表的龙头企业不断探索媒体融合，收效显著。

（1）上海市

印刷出版

截至2014年初，上海发行报纸100种，期刊650种，图书出版机构38家[①]。近年来上海报业发展情况不容乐观：广告收入在数量与出价上双双出现跌落，且下滑趋势在业内有蔓延之势。鉴于此，2013年10月，上海报业进行重大整改，由文汇新民联合报业集团与解放日报报业集团合并重组而成的上海报业集团正式成立。与此同时，《新闻晚报》于2014年1月1日正式宣布停刊。这一组建、一终止体现出了上海报业集团不破不立的决心，释放出报业集团走向深化改革阶段的信号。上报集团整改的步伐并未止步于此，一方面表现为积极寻求多方合作，集团刚成立不久就同百度签署了在百度新闻上推出“上海频道”的战略协议。另一方面，在2014年里优化报业机构、突出报道特色、发力新媒体平台，《解放日报》、《文汇报》、《新民晚报》等主要报纸相继改版，“上海观察”、“澎湃新闻”、“界面”等新媒体项目相继涌现。2014年7月22日凌晨，由东方早报团队运作的澎湃新闻网站、APP正式上线。以“专注时政与思想的互联网平台”为口号的澎湃新闻，是上海报业集团改革后的第一个成果，也是新旧媒体融合的典型案例。

广播影视

截至2013年末，上海共有电视节目25套，全年播出时间18.01万小时，

① 上海新闻出版局数据资源．http：//cbj.sh.gov.cn/govInfo/resgov/resgov-pub.jsp.

广播节目 21 套，全年播出时长达 13.78 万小时[①]。为了更好地迎接市场的挑战，上海的广电行业也进行了机构间的合并与重组。由上海广播电视台、上海东方传媒集团有限公司和上海文化广播影视集团整合而成的上海广播电视台、上海文化广播影视集团有限公司（英文简称 SMG）于 2014 年 3 月 31 日正式成立，成为中国目前产业门类最多、规模最大的省级广电媒体及综合文化产业集团。在 2014 年前三个季度，SMG 营业总收入为 163.8 亿元，同比增长 12%[②]。11 月下旬，SMG 的改革又向前推进一步，其旗下百视通通过换股吸收合并东方明珠的方式，实现两家公司合并。除此之外，SMG 还与国内外知名企业签订了多个“跨界”、“跨国”、“跨屏幕”的合作项目。

广播方面，2014 年 6 月 9 日由上海广播电视台、上海文化广播影视集团有限公司（SMG）旗下现有 12 个广播频率整合于一体的东方广播中心在沪揭牌成立。其现任台长王建军提到要开启向互联网进军的战略计划，建立起一个基于上海广播的移动互联网应用平台。近年来，广播的传播渠道、传播内容以及接收终端都发生了巨大变化，新型的网络音频平台以及基于社交媒体的广播应用成为许多用户的首选。上海市场上相关公司就先后推出了蜻蜓 FM、喜马拉雅等网络音频平台。这些以移动互联网为技术支持，向用户提供更多个性化服务的广播新产品给传统的广播事业带来了巨大的挑战。

（2）浙江省

浙报集团：“新闻＋服务”实现以用户为中心的转型

2014 年，浙报集团继续大力推进媒体融合，以提升主流媒体舆论引导能

① 上海市统计局．新闻出版．http：//www.stats－sh.gov.cn/shglmenu/201105/216844.html．2014（8）．

② 黎瑞刚：领跑文化传媒产业改革 推动 SMG 整体上市．http：//www.smg.cn/review/201411/0163936.shtml.

力和科学发展能力为核心，加快全面改革、全面融合、全面建设，在守住传统媒体主阵地的同时，加快拓展互联网新兴阵地，集团影响力、传播力和综合竞争力显著提升。目前，浙报集团直接和间接掌握了 6 亿多注册用户、4000 多万活跃用户，成为全国拥有最大规模互联网自主用户平台的党报集团。2014 年 6 月，推出“浙江新闻”移动客户端，半年多时间内安装用户超过 500 万，创造了国内同类新媒体产品快速成长的纪录。集团现有 APP、微信公众号、媒体法人微博等新媒体产品 200 多个，粉丝量超过 1500 万。对于浙报集团来说，融合不是单一信息产品在多个平台、多终端的呈现，而是媒体在数据库这个内核基础上，在一个平台上兼容多种产品的生产、多个流程的运行和多个程序的共用；一体化是以数据库为底层设计，而在此基础上实现内容、技术、人才、管理和经营的全面融合。在以用户为中心、以数据库为内核的基础之上，浙报集团逐步构建起大数据、大传媒的战略构架：以新闻资讯、数字娱乐和智慧服务为三大主线，进行垂直领域和区域性的“新闻＋服务”平台化探索。

杭报集团：打造“强大优美”的传媒集群

杭报集团坚持以建设“现代传媒集群”来实现媒体融合转型。所谓建设现代传媒集群，就是坚持用互联网思维，把握去中心化方向，坚守“用户”理念，从有利于促进传统媒体与新兴媒体融合的角度实施改革创新，实践科学发展，实现转型升级。新媒体集群：即具备独立运作能力和清晰商业模式的桌面互联网和移动互联网产品和企业群体，重点打造以 19 楼为代表的社区网站，以杭州网为代表的新闻网站，以快房网为代表的电商平台。融媒体集群：即以实现即时互动多媒体发布为目标的“一个编辑部、多个发布端”的融合传播平台，重点是杭州日报融媒体、富阳日报融媒体、每日商报融媒体。多媒体集群：即以用户群全覆盖为目标的“多种介质、多种渠道，全方位、立体化发布”的综合传播平台，重点是都市快报全媒体、萧山日报多媒体、城乡导报多媒体。随着杭报集团的上市，通过借资本之力，其在媒体融合发展方面应该会有更大的动作；其与浙报集团之间的竞争，也值得我们继续关注。

华数传媒：打造一体化的综合传媒平台

以有线现实业务为基础业务的华数传媒，在媒体融合时代，受到了新媒体业务的冲击。华数传媒积极在其他地域、领域等展开扩张与融合，以及华数本身对有线电视业务的升级改造，这都使得有线电视业务避免被取代的命运。目前，华数高清云电视包罗百万小时影视、资讯、音乐、看吧等海量、多元化的高清内容，涵盖政务、生活、财经、教育、购物、阅读、游戏等全方位的城市信息化服务，形成了基于有线数字电视的综合信息服务平台，实现了从“看电视”到“用电视”的转变。

除有线数字电视之外，华数已经构建起了包括手机电视、互联网电视和互联网视频为主的多屏业务模式，在本网、公网做到了渠道的最大化覆盖。在PC端，华数以华数TV网为主战场，汇集全国500多档热门电视栏目，用户可以任意点播不同电视频道、不同播出时段的电视节目，直播频道为用户提供多达上百套的电视台同步直播信号。在此次世界互联网大会上，华数集团作为首届世界互联网大会官方合作伙伴，承接了互联网大会的现场直播输出，提供全球直播信源保障。而华数TV网也因此作为官方指定的直播信源输出平台，将新闻提供给海内外所有网络媒体。

当然此次直播除了PC端之外，用户也可以通过华数TV移动端进行观看。而说到移动端，除了华数TV视频客户端之外，还包括手机电视、微信产品、联通、移动、电信运营商专网产品等，其中由于移动运营商加强4G建设以及虚拟运营商的推出等原因，手机电视业务一直保持高速增长。

互联网电视作为最能体现其融合特征的一项业务，近年来一直是华数发力的重点。2014年11月18日，华数互联网电视产业链上下游150余家合作伙伴云集杭州，对外发布最新的华数互联网电视ZERO版本，以及华数互联网电视生态共赢计划。

华数互联网电视携手索尼 PICTURE、富士通 DRM，打造 4K 拍摄、4K 剪辑、4K 编码、4K 分发为一体的 4K 产业链条，为用户带来真 4K 全新视觉体验。不仅在视觉效果，听觉效果上华数与杜比中国共同为华数用户打造了中国最大的杜比内容专区，2000 余小时内容底量，上千部杜比内容，保证真正的视听一体。

3. **中南地区**

作为传媒发展先头军的文化湘军沿袭了其一直以来敢为人先的作风，尤其是湖南广电更是制定了“一云多屏”全媒体战略，开启了传统媒体转型及媒介融合的创新之路。

2014 年 4 月份开始，湖南广电正式启动“一云多屏”全媒体战略，围绕现有的电视核心内容大力开发新媒体业务，构建包括手机、平板、电脑、电视的“一云多屏、多屏开花”新传播生态和文化产业格局，最终把传统的观众变为用户。

“芒果 TV”全平台

“芒果 TV”全平台以视频网站和互联网电视为两大核心主营，在横向上，包括芒果 TV 视频（PC＋Phone＋Pad）、芒果 TV 互联网电视、湖南 IPTV，实现了多平台、多终端业态模式；在纵向上，芒果 TV 建立“渠道＋内容＋终端应用＋用户”的立体生态体系，初步建成了“一云多屏”的文化产业格局。在独播战略的推动下，芒果 TV 迅猛发展，根据数据统计，截至 2014 年 8 月底，仅芒果 TV（PC）的视频内容资源总量（正版）已达 20.4 万集（段），总时长 7.32 万小时。芒果 TV（PC、Phone、Pad）的日均独立用户为 2000 万左右，芒果 TV（互联网电视）用户为 400 多万，湖南 IPTV 用户为 150 万，覆盖海内外广泛地区。

在硬件方面，截至 2014 年 7 月，国家新闻出版广电总局共发放了两批 7

张互联网电视集成牌照和 9 张内容牌照，而湖南广电拥有内容和集成两张牌照，具备进入 OTT TV 的准入门槛。芒果 TV 当仁不让要在内容集成方面发挥优势，紧紧围绕“互联网”这一关键词网罗各大终端播放平台，形成一系列芒果家族互联网电视产品，包括了电视一体机、机顶盒等产品。其中，在电视一体机方面，与三星、TCL、长虹等推出了多款电视一体机；在机顶盒方面，已先后联手华为、海美迪、英菲克、亿格瑞、百度、清华同方、TCL 合作推出了自有品牌芒果派、芒果嗨 Q、芒果飞盒、芒果乐盒、百度影棒 3、云罐、七 V 等机顶盒产品，在很短的时间内，“芒果 TV inside”就已经迅速成为一个品牌标志，用户突破 500 万。

台网融合深度打造芒果 Style

芒果 TV 依托湖南卫视的强大 IP 内容优势，在互联网视频领域迅速站稳了脚跟。随后，其正式开始向自制布局，启动了芒果 TV 自制——“马栏山制造”。围绕“青春”这一芒果主旋律，芒果 TV 目前已完成的自制项目有《金牌红娘》、《搭讪大师》、《花样江湖》、《偶像万万碎》等，同时还有《古镜》、《学童进击》等开机项目，《热浪拯救队》、《女生日记》等筹拍项目。凭借湖南广电强大的制作团队背景，芒果 TV 在自制专业程度、水准及创新能力等各方面都拥有得天独厚的优势，在充斥了粗制滥造网络自制剧的市场中，芒果 TV 以“马栏山制造”为自制品牌输出优质内容，建立网络自制全新标准，促进了市场良性发展。

广州日报变革新闻生产线

2014 年 12 月 1 日，广州日报社成立 62 周年，广州日报报业集团全媒体编辑部正式成立。编辑部下设《广州日报》夜编中心、全媒体中心（含数字新闻实验室）、音视频部以及大洋网等部门，主要承担的职能有新闻组织策划、内容采集、信息集成、把关发布等。其中也包括《广州日报》官方微博、微信、客户端和大洋网等新媒体产品的维护和更新，还有《广州日报》主要新闻版面的编辑工作，全媒体编辑部作为中央厨房，是广州日报报业集团推进传统媒体和新兴媒体融合发展的中枢神经。广州日报在全媒体编辑部的统筹指挥下，新的内容生产方式和采编业务流程发生变革和创新，“统一指挥，统一把关；滚动采集，滚动发布；多元呈现，多媒传播”的全媒体内容生产体系得以建立。

4. **西南地区**

四川在推进媒体融合上，纸媒与新兴媒体融合的速度更快、步子更大。其中，尤以四川日报报业集团为代表，在西部媒体中走在了前面。其着力通过“两个再造”、“三个转型”、“四个转变”加快发展、加快转型。“两个再造”是发展大平台的再造。川报集团党委对集团主要媒体发展格局作了结构性调整和战略性拓展，重点打造两大集群，即川报全媒体集群和华西传媒集群。川报全媒体集群以《四川日报》为龙头，整合四川在线、四川日报网、华西手机报及集团部分媒体优势资源，加快四川日报数字化转型和四川日报网络传媒发展有限公司的战略升级，加快集群媒介链条体系整合，力促集群全媒全域拓展，加速建设新型主流媒体。建成以立体传播为主导、传统媒体与新兴媒体融合发展的全媒体集群。华西传媒集群以华西都市报为依托，以华西都市网络科技有限公司、华西都市电子商务有限公司为融合载体，以华西城市读本、华西社区报向区域深耕，以“华西都市报两微一端”、“掌上四川两微一端”等移动新媒体产品为平台支撑，大力推进媒体融合“i战略”实施，形成“小前端、大平台、富生态”的融合发展格局，建成拥有强大传播力、公信力和影响力的西部第一新型融媒体集群，领先全国都市主流媒体。

“三个转型”是通过两大集群内各媒体资源融合打通、倒逼转型。一是将以报刊出版为核心的生产流程，转型为以数字化产品生产为主要目标、保持并提升报刊出版效率的生产流程；二是将以投递发行为核心的报刊传播方式，转型为以互联网、移动媒体以及平面媒体相融合的多介质信息传播方式；三是将以报刊广告销售为核心的盈利模式，转型为资本运营、品牌运营、技术运营与全媒体广告运营相结合的全面运营能力。

与之相对应，集群内重点要素与关键环节要努力实现“四个转变”：一是再造采编流程，从“物理层面”的报网互动向“化学层面”的报网融合转变；二是创新新闻产品，从采写新闻网稿向生产互联网新闻产品转变；三是记者全面转型，从单兵作战向全媒体报道团队转变；四是创新管理机制，从静态采编管理向动态协作生产管理转变。

（三）国外动态

1. 传统报业继续探索数字化和网络化

（1）《纽约时报》

在全球媒介大发展、大创新的当代，《纽约时报》也不遗余力地专注于《纽约时报》数字化转型的大计，新举措新创意不断，如“NYT Now”改变了新闻在移动设备上的呈现方式；“Cooking”重构了数字平台上的服务性新闻；“Times Insider”让人们看到纽约时报记者是怎样工作的；“Upshot”将智能分析、写作、数据可视化与个性化相结合。数字化的创新之于《纽约时报》而言，其成功后的回报无疑是振奋人心的。在2014年5月中旬，《纽约时报》公布了一份内部创新报告。这份报告中提到了《纽约时报》在数字化转型中面临的问题，并对这些问题进行了全面细致的分析，与此同时，还提出了下一步的转型建议。

该份报告中显示，尽管《纽约时报》近些年采取措施应对数字化挑战，但与美国最具影响力的新闻博客网站赫芬顿邮报、美国知名在线新闻平台商业内幕（BusinessInsider）等数字化媒体相比，显然还位居其后。这是《纽约时报》必须直面的现状，也是其迎头赶上的目标所在。报告总结了《纽约时报》

目前面临的六大挑战：

- 网站首页浏览量正在降低。
- 重现和重新包装“老故事”的办法欠缺。
- “小测验”利用度不高。
- 不能更好地利用社交媒体。
- 不能为读者提供更好的个性化工具。
- 不能让读者更容易地跟进新闻报道。

针对这六大挑战，报告还具有针对性地提出了十条转型建议：

- 印刷版记者和数字记者深度融合。
- 建立灵活的新闻采编部。
- 每位编辑和记者都要将拓展受众作为重要任务。
- 重视打造网站主页以外的渠道来满足读者需要。
- 增设专门负责拓展受众的领导团队。
- 建立新闻采编分析团队。
- 建立新闻采编战略团队。
- 新闻采编部门与技术和用户研究等部门密切合作。
- 招聘优秀数字人才。
- 鼓励每位员工更加关注用户体验。

（2）《华盛顿邮报》

《华盛顿邮报》被收购后订阅量创历史新高。自 2013 年 10 月亚马逊创始人杰夫·贝索斯以 2.5 亿美元收购华盛顿邮报公司旗下《华盛顿邮报》在内的报纸业务以来，这家新闻机构被注入新的活力。《华盛顿邮报》新聘员工 100 多人，获得两项普利策新闻奖，7 月份订阅量创历史新高。贝索斯也在探寻新的营收渠道，计划向地方和地区报纸出售《华盛顿邮报》后端内容管理系统（CMS），通过授权业务在技术领域寻找到新的增长点。

2014 年的传统新闻媒体，《纽约时报》经历的一系列风波尤为引人注目，作为历史悠久的报业旗舰，该报在媒体融合和数字化创新上的一举一动在新闻业界都具有“风向标”的意义。5 月，随着《纽约时报》内部的一场“人事地震”之后，作为美国另一家报业旗舰的《华盛顿邮报》在 2014 年的变革则进行得不温不火，但是其高潮也是以“人事地震”为标志。8 月亚马逊创始人杰夫·贝索斯在收购《华盛顿邮报》一年后，毅然辞掉了任职七年的老社长凯瑟琳·韦茂斯，彻底终结了“统治”该报长达 80 年之久的“格林厄姆王朝”——这个家族曾经是美国报业“黄金时代”的象征。而新社长则是此前曾担任“政客”网站的创始人兼首席执行官的弗雷德·瑞恩。贝索斯在《华盛顿邮报》网站发表公开信称，互联网正在改变当今新闻业的每一个元素——缩短新闻周期，侵蚀长期可靠的收入来源，并产生新的竞争，且大多数竞争中很少甚至毫无新闻采集成本。“因此我们必须不断创新，而我们的标准应当源于读者，要了解他们所关心的话题。”因此，二人的联手为媒体融合管理的措施注入了新的元素。如，借鉴亚马逊网站的经验，推出了“买一送六”的“捆绑”式促销手段，提升专业新闻博客的订阅量；精减新闻采编部门的人员，加大对独家报道、评论和视频的投入；建立“数字媒体伙伴”项目，与 220 多家地方媒体合作，提高《华盛顿邮报》在美国各地的订阅量，联合采写深度调查新闻等等。

未来的报纸正在通过四大渠道来获得生存：纸质、网络、智能手机和平板电脑，并要让内容符合各自媒介的特点，满足读者的不同需求。例如，报纸的电子版不能只是纸质版的翻版，而应该学习网络媒体的特点，运用多种可能性，让文字让位于图片、视频、图标等。最重要的是，报纸要让自己的产品和品牌得到读者的认同，这样才能让读者愿意为报纸付钱，报纸才能生存下去，《华盛顿邮报》显然在践行这一目标。

(3)《金融时报》

《金融时报》的改革似乎更加倾向于摆脱纸媒传统的生产运作方式而去拥抱和依赖于互联网。2013 年 10 月英国《金融时报》把全球五个不同版本（美国版、欧洲版、英国版、中东版和亚洲版）的《金融时报》合为一个版本的报纸。同时表示，将来的纸质版《金融时报》的内容亦将脱胎于数字版的热点新闻。《金融时报》总编巴博尔认为，聚焦网络热点的改革能加强纸质报纸的质量，使之能够媲美于杂志，在数字阅读时代，此举顺应了现代读者的阅读习惯，并强调纸媒仍将是其多媒体平台的重要组成部分。

《金融时报》这样大刀阔斧的改革的确是应时势所趋，根据英国发行量审计局（Audit Bureau of Circulations）2013 年 4 月发布的统计数据，《金融时报》电子版付费订阅用户逾 32.8 万，印刷版的发行量为 26.6 万份。至 2013 年 8 月，发行量审计局更新了统计数据，《金融时报》纸质版售量降至 23.6 万份。其中，英国本土销售量 7.3 万份，以全价 2.5 英镑价格售出的仅 4.1 万份。可以看到，数字化的报纸在诸如报纸内容生产和报纸发行与销售等多个方面都超越传统纸质版报纸。

《金融时报》2014 年上半年发布全球印刷单行版（A single edition），目前总发行量约为 66.5 万，其中数字版 44 万，纸质版 22.4 万，其设置在全球各地的编辑发行中心从 25 个减至 17 个。之前，该报在 2013 年 10 月宣布“取消深夜作业模式”，将前四版（FRONTPAGE）内容定位为评论及深度报道，选题可提前确定，因此地方版无需再大幅调整内容，整体生产流程的时间节点前移，更有利于将纸质报纸出版作为全媒体发布其中的一环，配合其他产品渠道。而“全球单行印刷版”是指每天在各地只出版一个编辑版本，不再出更新版本，更多更新内容由网络版来体现，此举目的在于培养读者群的网络消费习惯。

2. **传统电视与网络电视互相渗透**

美国市场研究公司 Leichtman Research Group（LRG）的研究显示，截至 2014 年第二季度末，美国有线电视公司互联网服务订阅用户已经达到 4991.5 万，刚好超过付费电视用户的总和 4991 万。与这一市场需求趋势相对应的，美国两大电视台——HBO 与 CBS 均公开宣布推出独立视频包月服务，即面向不购买有线电视和卫星电视的消费者推出不捆绑有线服务的独立网络视频服务。CBS 将这项服务命名为“CBS All Access”，定价为包月 5.99 美元，CBS 所有电视剧在电视台播出 24 小时之后，将进入付费视频产品中，且电视剧插播广告将会比电视台播出时减少四分之一。CBS 的新举措还包括将电视剧等节目提供给 Netflix、Hulu、亚马逊等网络视频平台。这一举措改变了之前电视台从互联网撤回节目自立门户的势头，转而对互联网电视市场采取积极融入的态度。

早在 2006 年，BBC 就提出了名为“创意未来”的改革发展计划，基本理念和目标就是：“BBC 不应把自己建设成附带一些新媒体的传统广播电视机构，而要超越传统广播电视模式，改造成根据用户需求提供视听节目和视听信息服务的新型传播媒体。”2007 年 BBC 就首发网络播放器 iPlayer，确保观众可以在这个播放器上回看以往 30 天之内播过的所有电视节目。其次，BBC 还致力于以品牌节目为依托，打造一条完整的全媒体产业链。如《Top Gear》是世界范围内知名度最高、历史悠久的时尚汽车节目之一，粉丝达到 3.5 亿。BBC 巧妙地借助全媒体平台，利用互联网、数字电视频道、移动通讯、出版发行等多种渠道，成功地实现了这一品牌栏目年销售收入稳居第一的收视奇迹。再次，2007 年“超级编辑部”的着手建立，无疑也是 BBC 媒介融合的重大举措，通过重组编辑部，将电台、电视台和网络三大部门整合成两大“超级编辑部”，即多媒体新闻编辑部和多媒体节目部，使得新闻资源得以有效地循环利用。最后，之于 BBC 的内部运行机制而言，为了迅速有效地适应媒介融合的需要，2014 年 BBC 践行采编一体化和多媒体新闻采集小组，集合了各个平台的专家型记者以及 BBC 互动电视的记者，同时为多媒体新闻编辑部和多媒体节目部服务，为节目的运行提供标准化的新闻素材，不仅如此还有效地降低了运营成本，实现利益的最大化。

美国第三大传媒公司维亚康姆集团在 2014 年入驻索尼 OTT 电视服务，也是呼应网络电视服务的市场需求的举措。维亚康姆（Viacom）9 月与索尼达成协议，来自维亚康姆的 22 个电视频道将入驻索尼推出的基于云的 OTT 电视服务（cloud－based TV），其中包括主营儿童节目为主的 Nickelodeon（尼克国际儿童频道）、Comedy Central（美国喜剧中心频道）。这一服务协议的达成，被认为是清除了索尼进军 OTT 视频服务障碍——过去那些只能通过有线电视观看的付费频道，现已可以通过 OTT 电视提供。

3. **传统媒体重视受众体验：社交、社区、互动**

改变以网页为核心的产品呈现形态，重视受众体验，尤其关注社交渠道对信息传播的作用，充分满足受众的互动需求。这是《纽约时报》2014 年在数字化和网络化探索中的几个主题，其原因在于《纽约时报》在市场调查中发现，网页虽然仍有较高的访问量，但其影响力正在快速衰退，读者对《纽约时报》的注意力越来越多地来自社交网站和私人邮件订阅，换言之读者越来越少地主动浏览网页。但另一方面，调查也发现 90％的读者在遇到他们重视的报道时愿意留下联系方式以便获取进一步信息或者分享反馈。可见，虽然受众对大众化传播的注意力快速消退，但个性化的互动意愿始终存在。基于以上判断，《纽约时报》在其最近发布的《创新报告》中认为应该加强对社交网络的利用，并尽可能实现与受众的互动。具体而言，可以从以下方面入手：首先要调整内部构架，有组织地进行推广；其次要发挥作者和记者的影响力，让他们为自己推广；再次是创造“影响力工具”并训练各部门编辑使用；最后是优化数据和流程，确保工具和工作流能随需而变。

4. 收入模式：付费墙延续、原生广告有待观察

“付费墙”模式延续，截至2014年中期，美国有500家报纸网站设立了不同形式的“付费墙”，约占美国报纸总数的40%。而从《纽约时报》2014年第三季度财报来看，数字化探索虽然成本巨大，但也开始对传统媒体不断下滑的收入有所弥补。《纽约时报》第三季度900万美元的运营损失中很大部分来自数字化的新产品投入费用，预计在未来一段时间内这一类损失还将继续，因为新产品研发和运营成本高而短期利润难以显现。另一方面，数字化的探索已经开始带来收益，第三季度17%的数字广告收入大致可以与5%的发行损失相抵消；而纯数字发行的净利润弥补了印刷发行的利润损失。

5. 网络巨头涉足媒体业

在传统媒体主动拥抱新媒体的同时，拥有雄厚资本实力和网络平台资源的网络巨头在2014年也开始转向媒体行业。2014年初，社交媒体巨头Facebook宣布推出首份数字报纸产品“报纸”（Paper），2月初这款移动新闻应用在苹果商店上架。在本质上这款应用和当前流行的社交新闻阅读器Flipboard类似，这意味着Paper将聚合来自Facebook及其合作媒体公司的更新内容，通过移动端向用户呈现。

（本章编写者：吕园园、王宇婷、黄淼）

第二章　内容融合

信息技术的革新推动着信息传输技术及媒体内容形态的变革。基于传播方式和载体形式的改变，新的传播体系所提供的产品和服务将会有所不同。一方面，“内容”概念的外延将扩大，互联网条件下，媒体机构的价值不仅在于新闻信息的发布，也在于用信息和其他相关服务来帮助人们的工作和生活。媒体传统的广告服务的价值也不再完全取决于媒介的传播力本身，而更多地取决于社会经济活动的各类主体对于商业信息传播服务的需求和认知。数字化浪潮下，平面媒体将突破以纸张为介质的媒体形态，视听媒体也在超越传统技术载体而向网络传播平台扩展，媒体资讯服务内容正在越来越多地借助应用软件形式进入百姓的工作和生活。目前来看，仅仅把传统媒体电子化、数字化不应是媒体转型、媒介融合的关键，甚至传媒业界曾经强调的“一次采集、多媒体发布”也仍然不是最终目标。媒体融合趋势下，专业媒体机构的真正的价值实现在于如何将媒体收集的信息和数据以及自身的传播能力和整合社会资源的能力服务于社会生产和生活。本章将梳理这些产品和服务是什么？它们将以什么样的形态存在？

一、融合背景下内容生产方式的变化趋势

2014 年，随着新媒体的迅猛发展，传统媒体与新媒体融合发展的趋势日益明显。这种融合发展的趋势对传统媒体的传播平台、采编体制、人员素质等

多个方面提出了变革的需求。从社会效益和经济效益角度来看，无论传统媒体如何融合发展，其新闻产品始终处于核心地位——生产什么样的新闻产品决定了传统报业融合发展的形式和方向，新闻产品的质量决定了传统报业的生存和发展。传统报业面临衰落态势，但作为新闻产品的优质生产者和传播者则必将迎来崭新的明天。自 20 世纪末开始，中西传统媒体均迈开了与新媒体融合的步伐，在不断的尝试和探索中对新闻报道形式进行了积极的创新，这些创新主要体现在以下几个方面：

（一）融合新闻报道

媒体融合的进程中，体现在内容融合的层面上就是“融合新闻”的出现。融合新闻，也有人称为多样化新闻，实质就是媒体工作者采用多媒体手段进行的新闻传播活动。与传统意义上的新闻比较，融合新闻呈现以下特点和趋势：

1. 报道的融合

融合新闻利用多媒体技术将文字、声音、图片、图像和 Flash 集于一体，因此在视觉表达上将更加丰富多样、形象生动。例如，在新闻的采制中，融合新闻不仅要求文字、图片等素材，同时还需要音频、视频等数字化素材，即全信息化的采集。在新闻报道上，可能通过文字对新闻进行深层报道和分析；通过借助图像对新闻事件动态变化进行直观了解；通过 Flash 和计算机模拟使深奥难懂的科技新闻通俗易懂。可视化的报道使得视觉传达方式更加人性化和便捷化，降低了人们接受新闻的费力程度。

2. 信源的汇合

虽然专业媒介组织在新闻传播中仍然占有主导地位，但随着新兴媒体的出现，广大的普通受众有了身份上的变化，积极地参与到新闻传播中去。人人都是自媒体，他们借助手机、电脑、微信、微博等新的媒介和平台，发布新闻信息，表达新闻观点，这些“草根记者”参与传播新闻，有效地改变和扩展了信息传播渠道，例如东南亚海啸、伦敦地铁爆炸事件，第一时间发布信息的都出自普通公民而非职业记者。

3. 流程的整合

美国佛州坦帕新闻中心的成立被视为融合新闻的标志性事件，该媒介综合集团设立“多媒体新闻总编辑”，统筹新闻、报纸和网络三类媒介的新闻报道，使其在新闻报道方面实现联动。该案例的成功为融合新闻提供了借鉴，即在融合的媒体集团中，不同的媒体可以通过生产流程的设计和控制实现资源重新整合，利用不同类型媒介的介质差异，在新闻传播上实现资源共享而又产品各异，以内容的有效整合参与竞争，从而有利扩大市场。

（二）强调互联网思维

随着互联网的高速发展，信息时代悄然深入人们生活中的各个环节，快节奏的生活方式，使得人们对信息的解读发生了翻天覆地的变化，正在由过去有限的信息解读转变成多角度、不同思维的解读，逐渐呈现碎片化和个性化的阅读模式。这就注定要用最小的空间进行最大和最充分的信息整合，才能最终满足不同受众的口味和知情权。媒体界越来越强调“互联网思维”。什么是互联网思维呢？对互联网思维有很多界定方式，但大体上可以归结为：互联网思维是相对于工业化思维而言的，互联网思维是一种商业民主化的思维，是一种用户至上的思维。为此，对于互联网思维的定义可以表述为：互联网经济模式对传统商业模式再思考或颠覆的思维逻辑总结。但传统媒体需要明白的是：不是因为有了互联网，才有了这些思维，而是因为互联网的出现和发展，使得这些思维得以集中爆发。互联网思维是一种“以人为核心”或者说“以人为本”的思维方式。

思维方式决定路径选择，也决定发展成败。要走好现代广播的融合发展之路，首先是要强化以开放、参与互动为核心理念的互联网思维。马化腾认为互联网的一个重要精神，是追求极致的产品体验、极致的用户口碑，这种精神也会出现在厂商和服务商身上，消费者参与决策竞争非常重要。同样，这对广播的融合发展也至关重要。眼下，一般化的信息不再是稀缺资源，人们的个性化需求倒逼内容生产必须在特色化、分众化上下功夫。在媒体融合发展的过程中，更要加强个性化节目生产，有针对性地生产特色信息产品，做到量身定做、精准传播，提高传播实效性。要把互动思维渗透到采编播各个环节，加强媒体与用户间的互动交流，吸引用户提供线索、报道素材和意见建议，提高用户的关注度和参与度，在互动中参与，在参与中传播。

互联网颠覆着新闻生产，传统媒体也日益强调对互联网思维的应用。首先，内容不再是单一的文字、图片、视频，而是以更多交互式的动态展现形式出现；新闻的数据化和可视化（Data Journalism）乃至游戏化都成为潮流。除此之外，内容的产生也在变化，随着社交网络的出现，新闻传播变得更快速，另一方面新闻也变得更加可分析和可跟踪。新闻的产生和传播都出现社交化的趋势，对传播情况的监控和评估、采访编辑过程中的智能化、人机结合都变得不仅可能并且更加重要。体现互联网思维的新闻生产变革较为集中地呈现为以下形态：

1. **集约化报道**

为了适应媒体融合时代飞速发展的现实情况，满足用户的多方面需求，新闻报道必须在加大容量、提供全方位服务等方面下功夫，其中，建构集约化生产模式是媒体新闻报道的一种重要创新。例如新华社推出的“地球绿飘带”、“面向未来的赶考”等媒体联合行动的大型集成报道，就是进行集约化新闻报道的成功尝试。

在新华社策划的“地球绿飘带”集成报道中，他们组织了十几个记者开展进行式采访，随采随发，并通过新华通（集成服务体系中的交互平台）、新华网、微博、客户端、社办报刊等多种媒体和多个终端来集成展示报道成果。其中的长篇通讯《“三北”造林记》获得了1.2亿的阅读受众，有数千万人参与了网上互动。新华社打造的“面向未来的赶考”集成报道，得到1000多家网站转发，报道上线4个小时就收获了2000多万点击量，最终总点击量达到2亿多次。此报道不仅取得了良好的社会效益，还创收4000多万元，取得了可观的经济效益。[①]

2. 聚合互动新闻

自2009年，纽约时报集团、《华盛顿邮报》与Google合作推出了“聚合互动新闻”：《纽约时报》和《华盛顿邮报》的记者负责采写分属若干主题的新闻，由Google提供技术平台，使两报可以跨媒体整合新闻。统一主题的新闻内容呈现在同一页面内，每一个主题按照时间顺序展现过程，用户可按主题、参与者或以多媒体参与探讨；阅读灵活，用户每次重新回此页面时，内容都已更新。而原报道改以概要呈现。聚合互动新闻使传统媒体的“单篇新闻”被更加灵活和丰富的新闻集纳所取代，由只能给读者提供新闻的片段转变为向读者提供新闻的全貌，以及包括各类背景在内的立体化新闻报道。[②]

3. “群体外包”式报道

所谓“群体外包”式报道，是指记者通过新媒体发动读者提供新闻线索和新闻事实，并在此基础上进行新闻报道。甘尼特集团是最先尝试“群体外包”式报道的传统媒体。曾有一位读者给甘尼特集团旗下某报社打电话，投诉政府部门违规收取高额费用，报社并未像往常一样派出调查记者，而是由记者在报

---

① 时任新华社社长李从军2014年4月23日在江苏省委党校所做《推动传统媒体与新兴媒体融合发展》的报告。

② 周洋：《媒介融合语境下的新闻业务流程再造》，《南京政治学院学报》2011年第1期。

纸的网站上发动知情的读者来提供相关信息，结果收到了读者的许多回应，记者据此写出了高质量的报道。最后，迫于报道压力，相关的部门也降低了收费。①

4. 机器人新闻

在新闻的信息采集和报道领域，大数据技术对新闻报道的变革作用更加明显，出现了计算机直接写作，和人机合作的半自动化新闻等。美国一家名为Narrative的小公司，利用大数据技术能够实现让计算器每30秒钟就撰写一则新闻稿，令新闻业震惊不已。美国《连线》的记者史蒂芬·列维甚至表示，未来机器人能代替人生产90%的新闻。虽然这个预言有些夸大了互联网和大数据的作用，但是不可否认的是，互联网技术已经在新闻报道方面实现了变革和突破。

（三）数据化新闻生产

由于大数据时代数据资源极大丰富，可以为新闻生产提供大量的新闻线索。记者可以利用大数据挖掘传统媒体、网络媒体、社交媒体上的数据信息，发现受众的关注点，从而找到新闻线索。大数据时代，云计算技术可以为新闻采集提供“提纯”技术，将符合新闻媒体的数据资源从海量的数据信息中提取出来，并通过相关性的搜索和整合，形成新闻。

1. 新闻采集

基于数据技术的新闻信息采集，数据的三个主要来源分别是：一是互联网上人与人的交互信息、位置信息，交互信息可以获知用户的关注点，及时进行

① 田智辉：《新媒体传播：基于用户制作内容的研究》，中国传媒大学出版社2008年版，第163页。

议题设置；位置信息可以帮助广电媒体实时监控路况。第二大数据来源是物联网中的数据，来自物联网中的数据随着物联网的普及而迅速增长，遍布于物体表面和内部的各种传感器实时进行数据收集，帮助媒体及时发现重要变化，制作传感新闻。例如美国的 Public Labs 利用具有拍照功能的风筝和气球，进行数据采集，最终通过数据分析反映了海湾地区石油泄漏的情况。第三个来源是企业内部的经营交易数据，媒体通过大数据收集这些信息，可以为预测金融危机、提供企业决策、撰写经济稿件提供很大帮助。

例如新浪微博开通了一项新的功能“24 小时热点新闻”，通过大数据技术收集在微博上的热点信息，24 小时不间断地监控微博平台，采集那些用户点击量高、转发或评论多的热点微博，并加工成新闻的形式予以发布。一些大型门户网站也利用受众的使用行为进行新闻数据的采集，用户登录门户网站后的使用行为，比如点击率、停留时间、关键词搜索等，这些数据被后台收集，用于帮助网站的记者和编辑了解受众需求，再运用大数据技术加工制作成数据新闻，提供给用户。

2. **数据存储**

大数据时代的数据存储与以往不同，呈现出碎片化、低密度、结构多样的特点。新闻媒体随时接受到大量的、复杂的、随机产生的、实时的数据信息，把这些不同格式的非结构化数据存储下来加以分析利用，是一项非常庞大困难的工作，这要求新闻媒体的数据存储形式产生变革，能够高效实现集约化和结构化是媒体对数据存储技术提出的两个要求。

目前由于大数据技术还没有完全解决数据存储方面的难题，因此想要在新闻传播领域落实这一变革，还需要一定的时间。但随着大数据技术的发展，新闻媒体的数据存储手段将会产生重大变革，低成本、高效率、集约化、结构化将成为媒体数据存储技术的新标准。

3. 数据使用

大数据技术可以通过关键词搜索的方式找到新闻线索，再通过相关搜索找到新闻稿的背景材料和最新消息，通过时间、空间或者一定逻辑顺序的模板，计算机可以将新闻数据编排布局成一篇新闻稿。同时由于大数据技术的时效性，可以根据数据库中的最新消息增减新闻稿，真正实现新闻报道的时效性。但是纯计算机写作的新闻稿，目前仅仅是在模板相对固定、信息来源相对稳定的体育或金融领域，并未在全社会领域广泛实施。机器写作新闻稿困难很大，但是人机协作的新闻，难度则大为降低，因此会在大数据时代率先普及。人机协作新闻又称为计算机辅助报道，是计算机在记者写作中，利用大数据技术进行背景资料的搜索与获取、数据资源的整合与分析的报道形式。这种报道形式多用于深度报道。记者获取新闻线索、确定新闻选题之后，利用计算机和大数据，获取数据信息写作新闻稿，大数据主要提供背景材料、预测分析、相关报道等，稿件内的逻辑关系和编排布局由记者完成，因此协作新闻是一种人机合作的成果，是对传统的、单纯记者写稿的报道方式的变革。除了深度报道和计算机报道以外，大数据技术还将广泛应用于趋势预测性报道和个性化报道。两者都是在充分的数据挖掘的基础上，了解受众喜好和关注点，在大数据技术的驱动下进行的，将为受众提供更加具有时效性和个性化的新闻报道。

4. 新闻呈现

大数据时代，新闻在呈现方式上也将出现重大变革，进入新的“读图时代”，数据新闻将更多地运用图片、图形、表格、视频等方式传递新闻信息。对数据新闻的报道，单纯地运用文字和图片，有时候很难解释清楚其中的关联和动态的发展变化，这就要求新闻报道运用新的可视化的报道形式。

在英国《卫报》对伦敦骚乱案所进行的数据报道中，就充分利用了可视化呈现技术：媒体的大数据分析人员对 Twitter 上的 260 万条相关数据进行分析，找出造成骚乱的 7 条谣言的传播过程，在新闻报道的地图中用 7 张照片代表 7 条谣言，点击任何一张照片，即可进入该谣言的动态传播图，并用不同颜色的圆圈代表人们对该谣言的态度，随着时间轴的推移可以清楚地看到各种谣言此消彼长的发展状况。这种可视化的新闻呈现方式，是大数据时代新闻报道方面的显著变革。

二、融合背景下内容生产流程的创新

信息技术的加速发展已成为当前媒体集团生存与发展的现实背景，传统媒体竞相推进数字化转型战略，以求得与新技术的融合。而融合的过程，即是传统媒体改变或扩展自身媒体形态、技术手段、传播渠道、生产方式、运营方式的过程，从传统的介质形式向新旧媒体融合转变，以至向“全媒体”演变。从业界实践来看，数字化、网络化、全媒体化构成媒体融合的整体趋势，传统媒体突破了既有的产品形态和生产组织模式，逐步进入以互联网为中心的信息生产。这一转型过程，对于传统媒体来说，挑战是多方面的，不仅触及媒介理念的颠覆，也涉及产品的革新，甚至生产流程的再造和融合型生产平台的搭建。

1. 流程再造：全媒体新闻中心的实践

媒体融合时代，受众选择信息的方式日趋多元，单一种类的媒介形态和信息产品已不能满足受众的需求。受众不仅想通过文字获取信息资讯，还喜欢通过图片、图表、声音及影像等获取更生动形象的信息资讯（超文本阅读）；他们不仅需要了解一般动态信息，还想要获取新闻的深度解读，了解扩展和延伸的资讯（超链接阅读）。原来的大众媒体固有的新闻采编流程难以适应受众需要，因此需要进行采编流程再造，构建融合型的编辑部，培养融合型的采编人员，打造融合型的新闻产品。国外的一些新闻媒体在采编流程再造方面取得了许多宝贵的经验，值得借鉴。如美国的纽约时报成立了一体化编辑部，设有互动技术组、视觉设计部、视频部等部门，他们的记者已变成“连续报道记者”。

英国的《每日电讯报》在流程再造方面则将报社的11个新闻部门汇聚到一个大办公室内，办公室呈中心放射状，每一个新闻采编分支呈轮辐状，从新闻总控中枢发散出去。在对编辑部进行流程再造方面的探索与实践中，应把融合、整合、聚合作为流程再造的重点，最终打造出适应媒体融合需要的新的运转流程、运作机制和运行线路。

2. **用户参与：全民新闻采集平台的构筑**

在“人人都有麦克风”的网络化时代，随着数字技术、移动通讯技术的更新与普及，用户在许多重要新闻的报道特别是突发性报道中大显身手，有的还直接参与到新闻报道的全过程中。在这样的背景下，媒体应当对采编组织重构，将UGC（用户生成内容）的主体纳入新闻采编流程的视野之中，搭建专业与业余新闻内容采编的合作平台，并实行不同于过去传统媒体建立通讯员队伍的管理、培训、沟通等新的机制，以适应融合化发展需要。探索构建“大编辑部”的新机制。如在特定用户中，他们通过社交平台建立群和朋友圈，培植提供信息和反馈的有生力量。让受众在分享信息的同时，还参与信息的发现、制造、挖掘以及传播，并将此变成新闻报道采编链条中的重要环节。

如以色列近年推出的一个节目模式，这个节目里把选手变成了游戏里的角色，观众通过APP进行操作，观众决定他们的所作所为，包括吃饭、睡觉、穿什么衣服等。从节目开始到后来会看到发展的过程，一开始房子里空空荡荡，一无所有，所有东西都是观众捐赠给选手的，通过传送带传到现场，如沙发、床、吃的东西都是观众买了之后送给他们的。这个节目把操纵游戏的概念玩到极致。天津卫视的《百万粉丝》在某种程度上就是借鉴了这个模式的一些元素。其实，在电视内容开发方面，也可以区别出很多层次。

互联网的出现，改变了新闻传播景观，原有的传者、受者模式被打破，新闻的互动性变得更强。传统媒体通过建立适合的机制，完全可以让受众参与到新闻内容采编的过程中来。智能手机作为最普及的移动终端，让用户随时可以记录所见所感，并通过社交网站即时发布。因此手机持有者就具备了传播中的受者和传者的双重属性，用户参与新闻报道也就成为可能。

3. 数据挖掘：大数据提升新闻服务价值

在内容生产方面，传统媒体的传播服务支撑系统主要是采编系统，强调的主要是新闻本身的生产。但是在内容形式上，没有视频、互动程序（如新闻的游戏化呈现）这些属于电子化展现形式的支撑。更重要的是，由于传统媒体时代的传播条件所限，原有传播服务支撑系统没有利用信息化手段，分析、处理、筛选新闻和舆情的能力，没有深度挖掘内容数据，实现新闻自动化或者半自动化生产的能力。在传播能力评估、传播策略校准方面，虽然浙报集团这样一些意识相对先进的单位有考核系统，但是侧重于内部的考核评估，指标设定主观性较强，未能利用互联网传播特性所能提供的大量客观数据，也没有相对较为深入的新媒体传播模型研究来分析利用这些数据。

大数据，以一种前所未有的方式，通过对海量数据进行分析，获得有巨大价值的产品和服务，或深刻的洞见。大数据的发展，可以让一档电视节目借助于视频网站的数据分析能力，促使其二者的联动更具实用性。如湖南卫视的综艺节目《快乐大本营》，从头到尾都有明确的环节设计节目，视频网站能记录哪些环节被快进或者被跳过，如果这些数据解析后能够反馈给栏目组，那么栏目组就可以参考数据对某些环节进行改短甚至剔除。视频网站和电视媒体可以基于大数据分析的技术优势，制作出符合视频网站与电视媒体受众需求的优质节目内容。

4. 内容反哺：新媒体向传统媒体输送内容

长期以来，一直是传统媒体向新媒体输送内容，但随着资本、人才的大量进入，新媒体内容生产能力迅速提升，不仅实现了内容共制，还进行了有益的内容反哺。以电视媒体为例，随着网络受众的急剧增长，视频网站与电视媒体开始尝试在策划和制作过程中联合制作，互换资源，扩展影响力，从而更好发挥二者的内容效应。视频网站与电视媒体作为现有的两大视频体系，裹挟在新媒体时代里，开始表现出不同以往的竞合关系。视频网站强于内容的个人性、互动性，电视媒体强于内容的大众性、专业性。在视频网站与电视媒体的内容融合进程中，视频网站纷纷进入内容产业上游，摆脱了以往简单的平移式内容合作，电视媒体也开始了更具新媒体特性及互联网基因的有益尝试。二者合力整合行业优势资源，促进了视听媒体在内容生产领域的有益发展。

在新媒体技术高速发展的时代背景下，虽然视频网站的带宽成本得到了一定程度的缓解，但是视频网站的版权价格却一直居高不下。视频网站意识到内容版权的重要性，纷纷笃定“内容为王”，高举自制大旗。如此背景下，视频网站与电视媒体间在内容合作上有了转变。除了由电视媒体向视频网站输入优质内容外，近年来，视频网站开始了对电视媒体的内容反哺。视频网站成立之初，电视媒体开始了和视频网站的内容合作，但只是停留在简单的内容平移。视频网站只是作为电视媒体的补充平台，并不能充分发挥其自身优势。台网的内容融合也仅仅是停留在形式层面，所谓的“拿来主义”。电视媒体利用视频网站来扩大其收视群体，而视频网站也是利用电视媒体的优质资源来提升其广告收益。然而近年来，随着“内容为王”优势地位的逐步凸显，视频网站开始加强自身内容阵地建设，并有所成就，主要表现在视频网站开始向电视媒体输出自身优势节目。

视频网站不仅反哺电视台，也给电视媒体提供节目资源与素材，许多电视台的节目（如才艺表演类）都会从视频网站上进行资源搜集。视频网站进军内容产业上游，其影视剧等内容生产能力大幅提升。通过 2015 年视频网站与电视媒体的推介资源会，我们看到，由爱奇艺所制作的多档综艺节目将出现在 2015 年的电视荧屏上，这也预示着视频网站的反哺能力愈加强大。

三、2014年媒体内容融合创新实践

（一）内容产品创新

1. 主流媒体发力新闻客户端

速途研究院2014年5月发布的《新闻客户端市场分析报告》指出，新闻客户端已经超越微信、微博、新闻网站、电视、SNS网站、报纸、杂志和广播，成为人们获取新闻资讯的第一渠道。中国互联网络信息中心2014年12月发布的报告显示，手机新闻客户端的用户规模已达4.15亿。

2014年以来，移动互联网迎来新一轮的新闻客户端建设热潮。令人印象深刻的是，上一轮的新闻客户端，比如腾讯新闻、搜狐新闻、网易新闻、凤凰新闻、新浪新闻，主要由门户网站主导。而这一轮，主要由传统媒体主导。新华社发布、人民日报相继上线，加上2013年就已上线的央视新闻，构成中央媒体新闻客户端的国家队，澎湃新闻、浙江新闻等地方队也华丽亮相，主流媒体的传播矩阵正在形成。而除了门户网站新闻客户端、传统媒体新闻客户端之外，以“今日头条”为代表的技术流派新闻客户端也日渐成为移动互联网的新宠。

2. 品牌内容的衍生产品开发

（1）电视媒体集团

芒果TV作为湖南卫视的官方新媒体平台，在2014年4月份宣布独播战略。至此，电视媒体开始挥手告别长久以来为他人做“嫁衣”的岁月，从最开始的为民营商业视频网站导流，走向了着力发展自身新媒体平台之路。当《爸爸去哪儿》在各大电视荧幕上刮起一阵阵亲子旋风之时，湖南卫视的新媒体平

台芒果 TV 也没有享受这“大树底下好乘凉”的安逸，而是积极制作衍生内容，与电视媒体形成良好的优势互补。既丰富了节目内容，又培育了自身新媒体平台。在芒果 TV 平台上，我们可以看到，除了有节目正片播映外，还增加了“精彩片段”、“独家彩蛋：未播出片段”、各个家庭的精彩集锦以及“‘果妈’精彩盘点”等衍生内容。这些内容设计，一方面可以弥补电视媒体对内容播出的时长性限制，另外一方面可以无限满足广大网友对节目的多样化、碎片化及趣味性的收视需求，充分发挥视频网站的传播优势，使得其与电视媒体产生良好的协同效应，实现更好的内容融合。

（2）商业视频网站

以前，视频网站获得一档优秀电视栏目的网络播映权后，只是简单地对其节目内容进行平移式的呈现。近年来，随着视频网站与电视媒体内容融合的深入，视频网站自身内容储备的需要，以及视频网站自身自制水平的提升，其与电视媒体的内容融合出现了变化。《中国好声音》是浙江卫视引进荷兰的一档歌唱选秀类节目，因为其节目中特殊的竞赛形式、情感化的节目编排以及完美的收视体验在国内产生巨大的收视奇观。2014 年，腾讯视频一举拿下了《中国好声音 3》的网络独播版权。值得关注的是，腾讯视频为此制作了一系列相关衍生节目，产生了与客厅中的好声音完全不同的收视体验，产生了“电视台＋视频网站＝内容＋播出渠道＋新内容产生”的深层次互动。视频网站通过依靠卫视的王牌节目，不仅增加了其自制版图，衍生设计还形成了视频网站发展的差异化，增加了收益和品牌影响力，充分发挥了视频网站的长尾价值。同时，这也为电视媒体积攒了受众人群，提升了节目关注度和影响。根据视频网站的数据显示，其原创衍生内容总播放量达 9.6 亿次，节目累积网络观看人数达 10 亿。

随着视频网站在内容自制投入的愈演愈烈，如何形成内容呈现的差异化一直是值得视频网站关注和思考的地方。视频网站应该加强与电视媒体的内容融合，背靠电视媒体“现象级”节目的品牌效应和用户影响力，在自身平台进行内容衍生设计的再创作，形成不同于电视荧幕的网络荧幕收视力量，既能补充视频网站自身的节目储备，更能与其他视频网站形成有效差异化，增强自身品牌形象建设，进而实现效益价值。

3. 个性化信息服务产品

（1）基于个性化信息聚合的信息推荐模式

这种模式是对新闻生产机制的颠覆性转变。“个性化信息推荐”首先是基于个性化的信息聚合，即通过人工智能分析和过滤机制，根据个性化需求聚合相关的信息和应用，并以此对信息进行深度智能分析，以实现用户个性化的、动态的需求[①]。信息聚合已经不再是由媒体主导的信息过滤与筛选，而是基于互联网生产逻辑的信息聚合的过程，并借助语义分析等技术的发展，形成了基于个人兴趣的个性化信息合成和推荐模式。

社交网络和移动互联网的发展，为个性化信息聚合提供了更广泛和更便捷的平台，使深入分析用户标签之间的联系、跟踪用户标签的使用习惯和频率成为可能，并能够以此为用户推荐个性化内容。

（2）基于用户兴趣图谱的个性化新闻推荐模式

以“今日头条”APP 客户端为例，其有两个最大的特点：一是基于用户兴趣图谱分析的个性化阅读推荐。“今日头条”基于大数据挖掘技术，会有一个所谓的“冷启动”过程，即通过对用户微博账号的分析建立一个“兴趣图谱”，即兴趣模型，原理是根据用户在微博上发布的内容及其所属类别、用户

① 程风刚：《基于智能 Agent 的个性化信息服务模型的构建》，《计算机时代》，2009 年第 10 期第 3—4 页。

自标签、社交关系、社交行为、参与的群组、机型、使用时间等数据源来推断出用户的兴趣点有哪些。随后系统后台做出分析，建立初始的用户兴趣DNA数据，并根据这些兴趣的权重来进行推送。二是“今日头条”通过对网易、新浪等各大门户网站的新闻进行内容聚合，完成基于“推荐”、“热门”、“好友动态”三个维度向用户进行包括资讯和评论在内的内容推送。“今日头条”应用的开发者张一鸣认为：“所谓个性化推荐，本质上是不需要用户做出任何选择的。只有让用户越方便，越偷懒的应用，才能体现出真正的个性化推荐。”①

其实今日头条的算法推荐跟《大数据时代》中提到的美国克罗斯的创新公司Prismatic非常相似，“Prismatic收集网上资源并排序，这种排序建立在文本分析、用户喜好、社交网络普及和大数据分析的基础之上”。内容是否受欢迎，是通过点击率和分享次数来体现的。信息的来源并不重要，再利用网上的媒体资源很重要。《大数据时代》还告诉我们，赫芬顿邮报和高客网上传播的新闻通常取决于数据，而不再取决于编辑的新闻敏感度。因为数据比有经验的记者更能揭示出哪些是符合大众口味的新闻。

（二）生产方式创新

1. 中央厨房：重塑新闻生产流程

以广州日报社为例，其于2014年12月底成立中央编辑部，建立垂直化中央厨房生产新闻。中央编辑部由夜编中心、大洋网、全媒体中心、音视频部、数字新闻实验室等部门组成，搭建跨越纸媒和新媒体的新闻统筹平台，将把新闻生产带入“滚动采集、滚动发布；统一指挥、统一把关；多元呈现、多媒传播”的融合发展新时代。新媒体新技术将是广州日报实现从一张报纸向一个覆

① 陈粲然（2013）：《泛阅读产品“今日头条”是如何基于微博用户兴趣图谱做个性化推荐的？》http：//www. pingwest. com/demo/jinritoutiao－reading/

盖全媒体平台的文化传媒集团转型的历史机遇。在中央编辑部的统筹指挥下，广州日报“1＋N”全媒体矩阵将精彩不断，可以实现24小时滚动发布新闻。前方记者采访回来的新闻素材，经过中央编辑部，可以多平台、多形态地实时发布，为读者随时提供全方位信息。

广州日报中央编辑部是一个跨越纸媒和新媒体的新闻统筹平台，其主要特色就是统一指挥与新闻内容质量把关、滚动采访与不间断滚动发布、多元化呈现与多媒介传播。这样中央编辑部由于将发布端端口进行物理统一，又将职能与人员配置统筹统一，将优质内容引入到全媒体，让专业的内容生产更智能化、更高效化，实现了统一采编，集中有效资源，统一发布端口，保证了整合营销。

广州日报社还在纸刊、电子版、微信公众号都部署了《导读与索引》的菜单栏。这样的菜单设置，能够浓缩一期报纸的精华，通过个性化导读让用户能够获取自己需要的信息，满足了用户碎片化阅读和快速阅读的潜在需求。导读索引菜单的设置，让用户自主选择媒介（纸刊、电子报、微信和报纸），促使用户主动选择信息阅读。主动性的提升是用户黏性增加的必要环节。

在新闻内容质量上，广州日报“中央厨房”的“烹饪”方式采取“浅阅读＋专题＋深度关联新闻”的策略，将一般报业所追求的同质化的“快餐式”新闻转向为“营养家常菜”，注重信息量的提升和内容深度的深挖，做到“营养烹饪”，文字排列注意简短，专题更深透，做到“回味无穷”；整体新闻主体话题的引入以点带面，激发用户对关联新闻话题的“深阅读”欲望，也就是做到“餐后甜点”的精准推送。广州日报的内容制作以“深度”比“速度”，“火候”比“时间”，“原创”比“海量”，真正做到了人无我有、人有我精，让独家新闻和深度新闻直击移动互联网用户的两大需求痛点，使报业媒体的权威性和公信力进一步巩固和提升。

2. **跨屏思维：始自节目创意阶段**

对于传统电视来说，正在遭遇来自手机、平板电脑等移动屏幕的日益挑战。新技术日新月异，日益改变电视呈现的形态和观众之间的关系。在这样一个环境之下，电视需要主动改变自己，寻求跟其他屏幕的合作。以往电视传播是被动的、单向性的传播，但是，随着移动互联和交互技术的发展，跟观众之间的跨屏互动、全媒体生产成为对电视传播的一个新的要求。广电全媒体内容生产是针对传统内容生产而言的，全媒体生产就是改变单一内容采集、单渠道发布流程，实现多信源采集、共平台生产、全媒体多终端发布的目标。在实践中，2014年多家广电已进一步开展了跨屏互动实践，在节目创意阶段，基于跨平台创作的思维，树立大视频观，对制作前、中、播出后的所有资源进行综合设计，形成针对不同播出平台、不同的受众群体的节目系，实现电视直播流、IP网络点播、手机互动等的立体化综合创意思路。

电视节目跨屏互动的主要层次，大致可分三大块：内容、营销、产业链。国内电视台目前做得比较好的只是在营销这一层面，即利用社交网络、微博、微信进行节目营销，营造节目口碑等，的确也有效果。相关数据表明，9%的网络热度会提升10%的电视节目收视率。在内容层面上，最简单的方式就是相同内容，在电视上有一个版本，微调之后，在网络上进行跨平台传播，就能获得多次收益。电视节目如何运用新技术开发适合跨屏互动的内容，目前已经成为国际电视业的焦点。就国内而言，已有相关合作的东方卫视的《女神的新衣》、天津卫视即将播出的《百万粉丝》，以及光线传媒引进国外较火的音乐选秀类节目也确定要跟微信进行深度合作等。

不管是电视节目，还是视频内容，跨屏互动的设计可能会成为成功节目标准的配置。在多屏并起的时代，观众注意力越来越分散，只有激发不同平台之间用户的转化和共振，才能真正树立起节目的影响力。但是，跨屏内容的发展肯定不是传统电视节目简单的挪用，需要从创意、叙事、营销等各个层面注入所谓的跨屏思维，更重要的是在生产机制上要有根本的转变。视频节目的精品化、品牌化一直是需要去突破的方向，而行业内的相互合作，相互融合，才能促进整个行业的良性发展，这样的媒体环境，才会不负众望。这也促进了视频网站与电视媒体基于大数据技术的融合可行性。

当社会进入转型发展的时期，原有的社会阶层被解构，新的社会关系开始形成，不同价值观念形成不同的小群体，个体开始发声，社会开始出现分众化现象。在这样的社会背景下，电视收视人群也开始日渐分化。随着新媒体技术的发展，市场对新的原创电视节目有着越来越大的需求。电视媒体是一种“时间性货架”的存在，这种货架本身不具有可延伸性（播出时间不超过 24 小时），决定了只有少数“产品”（节目）能够进入这个货架，进入“黄金段”（黄金时间）。因此，电视媒体没有足够多的频道和时长来承载大量的内容，视频网站则为广大受众提供了一个电视媒体无法提供的渠道，并且与电视媒体充分利用节目资源，扩展影响力，从而维持与电视媒体良好的协同效应，“长尾”内容平台得以开拓。视频网站开始大刀阔斧地投入了内容自制阵营中，已然摆脱了以往的“拿来主义”。在二者融合进程中开始了内容衍生的设计，即不再简单地对电视媒体的版权内容进行平移，而是依托节目内容自制一些新的节目类型，既保留节目本身在电视播出的独立性，又增强了节目在视频网站上的影响力；既丰富了视频网站的节目内容，又促进了双方的收视率和点击率。

3. 移动互联：广播媒体适应手机时代

汽车用户和手机用户已成为广播媒体两大特别需要重视的市场。在广播发展史上，已经出现过“汽车挽救广播”的历史，今天，广播依托汽车而发展的历史还将继续。特别是在当今中国社会，在现代化、城镇化、信息化等发展过程中，汽车都扮演着越来越重要的角色，汽车与人们的生活越来越密不可分，广播的收听市场也越来越多地转向汽车用户。2015 年 1 月中国互联网络信息中心发布的《第 35 次中国互联网络发展状况统计报告》显示，截至 2014 年

12 月，我国网民规模达到 6.49 亿，互联网普及率为 47.9%，较去年底提升了 2.1 个百分点。其中手机网民规模达 5.57 亿，网民中使用手机上网人群的比例提升至 85.8%，手机网民在网民中的占比已处于相当高位。移动互联网智能手机已经越来越成为人的一个“电子器官”。移动互联时代，“手机控”可能成为今后的人们无法摆脱的一个基本行为。

手机用户已经成为广播需要给予高度重视的另一个群体。智能手机比汽车更多地、更轻易地影响人们的生活，它使我们无法离开。其次，手机用户中的大量移动人群最适合接触的传播媒介无疑仍是广播。手机作为智能终端，也是收音机，手机用户也是广播的用户，理应成为广播不容忽视的服务群体。可以说，智能手机的发展，对我们传统广播媒体是杀伤力最大的一把剑，但同时为我们做新媒体融合下的广播也打开了最大的一扇门。广播媒体正积极地迎接移动互联时代所带来的机遇和挑战。以北京人民广播电台为例，旗下拥有北京广播网、菠萝台、北京广播在线等网络传播平台，研发 1039 新媒体及导航仪、老年手机、行车记录仪、数字广播“听立方”等移动终端，陆续上线 10 余款节目客户端和交通路况、易打车等多种服务类客户端。多年的新媒体实践让北京人民广播电台积累了互联网广播运行发展的丰富经验，组建了含采编、技术、营销、多媒体编辑、无线业务等在内的新媒体团队，探索建立了适应互联网发展需要的内容生产工作流程和机制。

4. 大数据：融入主流媒体新闻制作

（1）引进大数据，优化新闻选题

2013 年，央视开始和亿赞普公司合作利用大数据报道新闻。2014 年我国“两会”期间，央视加大了大数据分析在新闻报道中的应用力度，在新闻联播中插入 4 分钟的专题《两会解码 两会大数据》。亿赞普公司作为央视此次“两会”报道中最大的大数据提供商，携手百度、腾讯，利用其拥有的大数据平台网络，每天为该栏目提供全球范围的实时数据挖掘、多维度的数据对比、深度的大众思想分析以及直观易懂的可视化服务。这样，央视可以通过亿赞普提供的大数据对新闻源的选取进行考量，及时地反馈受众数据信息，还为下一步的内容制作提供了方向和修改意见。

（2）应用大数据，改进新闻制作

2014年春节，央视综合频道《晚间新闻》栏目中推出的“据说春运”专题报道受到广泛的关注和好评，这档节目引入百度地图LBS定位大数据，在屏幕上直观地向观众展示全国范围内春运人潮流动情况，人口迁徙的最新动态一目了然。该节目在生成机制、内容选题和报道方式等方面都具有创新意义。

从2014年开始，百度的医疗大数据发展越来越清晰，不仅开放百度大数据引擎接入医疗信息系统，还通过移动医疗健康平台和可穿戴设备记录人们的健康数据，上传到百度云，形成了专业系统的百度大数据。2015年4月，央视与百度合作推出“数说肿瘤”新闻专题，用大数据解读医疗健康现状。“数说肿瘤”用百度搜索结合大数据技术，全面解读网友对肿瘤这一恶性疾病的关注，配合4月15日到21日的“全国肿瘤防治宣传周”进行宣传报道。这种全新的生产方式不仅把每年激增的癌症数量形象展示出来，也提醒人们面对不健康的生活环境我们应该做些什么。

在国外，2014年7月，美联社宣布采用新闻书写软件代替人力编写部分财经报道。利用机器人写稿其实就是利用了大数据技术，通过引进大量财经信息数据，基于美联社预先编辑好的写作结构来完成稿件的撰写。一篇150—300字的稿件通常在几秒钟内就可以完成。

（本章编写者：彭洋、董鸿英）

第三章　渠道融合

所谓渠道，可以理解为“网络”＋“终端”。“网络”指信息传播经过的通道，而“终端”则指使最终的内容产品得到呈现的设备。互联网条件下，渠道融合主要体现为技术发展的推动，渠道主要由信息的数据传输网络和数字终端应用构成，信息数据传输网络目前的主要形态是有线互联网、移动互联网和卫星通讯，而终端则意指“人机接口”，是与用户连接，进行信息收发转换的用户端。基于对信息技术未来发展趋势的判断，新传播体系中深具潜力的两大主流终端是个人移动终端（如智能手机）和家庭终端（亦称“家庭大屏”）。基于各自的技术特性及其在社会生活中的应用特征，这两大渠道（两屏）必将在媒体融合中扮演重要的角色，并且两者之间形成互补关系。个人移动终端基于其便携性、个性化、多媒体等特征，将成为个人的信息、通讯和娱乐终端；而家庭终端承载更多家庭情感共享的价值，一旦将电子技术与多媒体技术、网络通讯技术相联通，通过不断的功能扩展，将在家庭的娱乐、亲子、教育、医疗、安保、物联网等方面成为控制中心。新时期的媒体融合，须对这两大渠道的技术特征、信息结构和发展态势予以重点关注。

一、渠道融合发展趋势

（一）互联网络的作用与功能日益突出

在互联网重塑新闻传播形态的过程中，特别值得关注的一点就是互联网对于整个社会信息基础设施的重构。互联网经历了30多年的发展，已经成为支撑社会运行和发展的关键设施，人们的生产生活对互联网的依赖性越来越大，互联网的应用加速向传统产业领域渗透。互联网已经成为信息化时代最大的信息传播渠道。在工业经济时代，社会经济基础设施所依赖的是电力、交通运输、银行等，而今，这种工业经济体系正在让渡给以高速的宽带、云计算、智能终端和现代物流体系所构建的信息经济的基础设施。现今人们正在经历的即是通讯领域所发生的重大变化，OTT（越过运营商提供服务）在大量扩散，微信这样的应用对三大电信运营商造成了巨大的冲击。新闻传播领域也同样正在发生巨大的变化——不光是内容，也包括传播管道被快速地比特化。传统媒体机构曾经花费大量投资建立的专属管道（卫星传输网络、自办发行网络等）在互联网作为信息传输基础设施的情况下，独占性优势逐步被消解。也就是，传统媒体机构将不再是社会中新闻和信息集散的必由或唯一路径。与失去内容生产的中心地位相比，失去对传播渠道的独占性是传统媒体机构面临的更大生存危机。

1. 移动互联进一步推动人们生活“互联网化”

在桌面互联网时代，基于铜线（XDSL）乃至光缆的线缆接入是渠道近乎唯一的选择，彼时延伸出家庭布线端口位置的竞争，直到WLAN（WiFi）技术普及之后才显得不再重要。进入移动互联网时代，渠道方面，虽然基站、光纤等物理网络基础设施依然被电信运营商所把控，但随着WiFi运营的商业化和运营商资质的虚拟化，智能手机的普及和越来越多的中间层丰富了渠道的内涵，也为用户带来更多入口的选择。放眼未来，最为值得一提的是云端，这是移动互联网时代不可或缺的信息基础设施，并且随着移动互联网无线带宽的升级，“一切应用都在云上”、“一切数据都在云间”的趋势非常清晰，可以说，云是最大的“入口”，也是最大的“出口”。

CNNIC报告显示，我国手机网民规模于2014年6月首次超越传统PC网民规模。2015 年 1 月中国互联网络信息中心发布的《第 35 次中国互联网络发展状况统计报告》显示，截至 2014 年 12 月，我国网民规模达到 6.49 亿，互联网普及率为 47.9%，较去年底提升了 2.1 个百分点。其中手机网民规模达 5.57 亿，网民中使用手机上网人群的比例已由 2013 年的 81.0% 提升至 85.8%，手机网民在网民中的占比已处于相当高位，手机作为第一大上网终端设备的地位更加巩固。移动互联网智能手机已经越来越成为人的一个“电子器官”。“手机控”可能成为今后的人们无法摆脱的一个基本行为。

CNNIC 报告指出，手机网民规模在 2013 年全年激增 8009 万之后，潜在手机网民已被大量转化，手机网民在网民中的占比已经处于相当高位，其后一段时间我国手机网民增长将主要依靠创新类移动应用迎合非手机网民潜在网络需求来拉动。一方面，移动互联网的发展推动网民生活的进一步“互联网化”，尤其在移动金融、移动医疗等新兴领域移动应用多方向满足了用户上网需求；另一方面，在移动支付等应用的拉动下，整体互联网商务类应用迅速增长，如手机网上支付、手机网络购物、手机网上银行和手机旅行预定应用增速近年来均超 40%，成为创新的典范。移动网上支付与消费者生活紧密结合拓展了更多的应用场景和数据服务（如账单功能），也推动了手机端商务类应用的迅速发展。

2014 年，网络视频用户整体规模仍在增长，但使用率略有下降，手机视频的用户规模和使用率仍然保持增长态势，但增速已明显放缓，网络视频行业步入平稳发展期。近两年，用户在 PC 端收看视频节目的比例在持续下降，而手机端的比例则在持续上升。截至 2014 年 12 月，71.9%的视频用户选择用手机收看视频，其次是台式电脑/笔记本电脑，使用率为 71.2%，手机成为收看网络视频节目的第一终端。平板电脑、电视的使用率都在 23%左右，是网络视频节目的重要收看设备。

2. 有线电视网络整合更多宽带服务

在国家“三网融合”大背景下，对原有传统有线电视网络的升级改造，加入了数据交换业务，实现了宽带上网、网络电话和交互电视等业务，实现了用户从“看”电视到“用”电视的习惯转变。以歌华有线为例，有线电视网络的升级改造，除了能够让市民随心地收看电视节目，也为市民提供了更多宽带服务选择。在互联网时代，宽带已经成为大众日常生活不可或缺的一部分。随着近年来大众对于宽带速度的要求越来越高，以及响应国家“宽带中国”战略及“宽带北京行动计划”，自 2014 年起，歌华有线在北京区域开始大范围的网络升级改造工作，并推出了基于 DOCSIS3.0 技术的 35M、55M、110M 大带宽家庭宽带产品。

DOCSIS 技术是世界领先的网络数据传输技术之一，是唯一的有线电视数据传输国际标准，更是真正的三网合一的宽带标准。在全球宽带技术领先的北美地区，使用 DOCSIS 技术接入的宽带用户占全部用户数的 50%以上，同时世界最大的有线网络运营商 COMCAST 也一直采用此技术。截至 2015 年初，歌华有线已完成石景山、海淀全区及西城部分地区的网络升级改造，将陆续完成城六区升级改造工作。只要家中安装了歌华高清交互数字机顶盒，用户就可通过登陆歌华电视营业厅，根据提示动动手指，自助开通宽带，方便快捷、省时省力。除此之外，办理歌华宽带也不需要入户改网，不会影响室内装修美观，轻轻松松就能开启高速网络生活。歌华有线还整合了有线电视服务和宽带服务，不但有有线电视费的补贴，还不断推出多种家庭宽带组合套餐，市民可根据自己的喜好和需求选择不同套餐，用最实惠的价格享受到最全面的服务。随着歌华有线产品及服务的升级完善，不仅极大地丰富了市民家庭影音娱乐生活，同时借助一系列优惠活动的开展，节省了北京市民在享受影音娱乐服务方面的花费，这也是将惠民便民落到实处的较好体现。

3. **三网融合带动电视屏入口价值持续凸显**

随着视听业务多元化延伸以及三网融合政策的大力推动，以互联网电视为主的客厅视听娱乐产品成为新媒体时代新领域。自2012年年末以来，中国市场掀起一场“互联网电视大战”，各种互联网电视及互联网电视机顶盒的上市，使得客厅大屏成为OTT产业争夺的集中战场。

OTT基于开放互联网的视频服务，终端可以是电视机、电脑、机顶盒、PAD、智能手机等等。“互联网电视”和“互联网电视机顶盒”都是OTT服务的一种具体应用。在国际上，OTT TV是指通过公共互联网向电视传输的IP视频和互联网应用融合的服务。在我国，OTT TV指通过公共互联网面向电视机传输的由国有广播电视机构提供视频内容的服务。电视机对我国消费者属于家庭类大件消费品，更新换代成互联网电视需要时间，此时各厂商推出的互联网电视目的在于占领“增量市场”；而对数额巨大的“存量”普通电视市场来说，机顶盒成为当下最优的过渡产品。因此不管是视频网站、互联网公司，还是传统家电企业，都在悄然布局。“客厅大战”的本质，是众多互联网企业在PC屏、手机屏、PAD屏之后，希望先发制人，闯入我国多年以来相对封闭的“广电系统”，在客厅电视屏领域抢占较大的市场占有率，为后续发展赢得更多主动权。

2015年2月12日，广电网络、湖北有线均发布公告，称工信部同意公司在一定区域内开展基于有线电视网的互联网接入业务、互联网数据传送增值业务和国内IP电话业务。体系内及相关产业链整合并购是未来趋势。这是因为：首先，由于有线网的区域性特点，有线区域直接决定了一家有线网络运营商的业务覆盖范围，因此未来区域性整合将成为必然趋势；其次，由于互联网增值业务与现有有线业务区别较大，有线运营商有渠道，相应互联网业务公司有技术，需要结合才能通过互联网合作，因此跨业务整合是未来的另一个趋势；再者，广电产业规模巨大，证券化程度低，目前仅有湖北广电、电广传媒、吉视传媒等几个上市公司（且上市公司体内仅为有线电视资产）。同时有线电视上市公司均已开展双向业务且达到一定规模，整合并购其他公司的意愿和被整合并购的价值都很高，在国企改革融合背景下存在显著的经营绩效和资产注入空间，受益明显。

4. 融合态势带动渠道竞争转向渠道融合

网络没有边界，一个封闭的网络注定无法与开放网络竞赛。可以想象广电监管层所面临压力显然是空前的，所以不断强调可管可控。但相比海量内容无法管理的暂时性难题，有限和缺乏竞争力的内容导致用户越来越放弃电视屏幕，导致开机率越来越低，甚至导致整个广电网走向衰亡，恐怕才是更大的难题。必须直面市场竞争，打破垄断思维，鼓励通过合作和创新提供更好的服务和产品争取用户。

伴随媒介融合的潮流以及不同媒介间竞争的加剧，传统媒体阵营的成员也力求在阵营内部谋求合作与共生，通过渠道的增加与延伸来扩大影响力。这一趋势下，跨媒体交叉传播与整合互动便于联动中应运而生。传统媒体间的联动主要包括广电媒体之间的联动和与纸质媒体间的联动两种类型。同时传统媒体还必须借助网络、手机及其他新媒体终端，形成更为完整、有机的传播架构，创造一个传统媒体与网络、手机等新媒体传播渠道进行整合的传播链条。

越来越多的内容生产商着力发展公共视听平台，阅读或收视终端已不局限于电脑屏幕，而是兼收手机、IPTV、户外屏、楼宇电视，以及飞机、火车等交通工具的移动屏幕，通过建立以网络视频为核心的节目数据库，利用全球化站点系统，多平台、多终端覆盖，将丰富多彩的内容传播全球，满足用户随时随地的信息或娱乐需求。

（二）终端设备商加速探索竞合之路

1. 终端设备提供商在三网融合中的发展

国内各消费电子厂商均在现有电视机终端基础上，通过增加主处理器和操作系统，开发出互联网电视机。国内互联网电视厂商目前高端电视机产品和大部分普及产品均已具有网络功能，基本具有如下特点：能够支持Web技术实现网络浏览；具备互联网视听内容的下载播放能力，部分可以同时支持电信运营商标准的IPTV业务。应该说，我们目前看到的互联网电视机产品更多是IPTV机顶盒或互联网播放器和电视整机的集成产品，还没有显露出自身的特质，受到关注主要是政策和推广成本的原因。这种情况已经开始出现变化，为更好地打造自身产品特色，部分整机厂商进一步研发出智能化水平更高的智能电视机：从互联网电视机简单接受信息的功能进一步扩展出信息主动搜索和匹配功能，可以支持体感遥控等更人性化的人机交换方式，并实现和手机与手机、电脑及其他信息家电互联互通。

智能电视可以使得电视机厂商摆脱单一服务商的束缚，将智能电视发展成为独立的业务核心，这将为未来几年三网融合的发展带来较为明显的影响，值得认真关注。目前国内终端厂商还在尝试进一步将家庭网关与智能电视、可视对讲终端或机顶盒产品进一步进行集成。这些终端厂商将目前信息家电、通信终端等能力完全集成在一起成为一种综合化的信息设备。该设备除了完成各项业务功能，还可以在家庭内部自组业务网络，实现将家庭网关设备同其他家电设备融合以及将家庭网络硬件设备软件化——这也是未来发展的趋势之一，将形成三网融合服务和家庭网络逐步结合的局面，有可能在目前传统电信业务和广电业务基础上进一步催生出更丰富的服务形式。但由于目前家庭网络本身标准难以统一，而三网融合服务和家庭网络的产业主导方还没有找到合适的协作模式，所以这种产品市场前景还有待观察。

如今，电脑、手机既可以浏览网页，也可以用来看电视听广播，站在传统媒体的角度，终端已经实现了融合。之所以将媒体分为传统媒体和新媒体，是因为传统媒体承担着公共服务、舆论导向和信息安全的社会责任，兼顾市场化；而新媒体伴随着互联网技术的进步，完全从市场化角度发展而来，在逐利性质驱使下形成了所谓的眼球经济。这种眼球经济如果与舆论导向和信息安全相结合，将会促进更宽范围的产业融合，进而带动经济升级转型。

作为传统媒体终端产业，一直在舆论导向和信息安全可管可控的原则下稳步发展，但也导致了技术手段的保守，与互联网技术融合不足的现象。比如，大部分人看电视至今还是通过一台不能与互联网融合的广电机顶盒，而其他所有能看电视的终端包括智能电视和智能机顶盒，都不能支持有线电视，因此终端的局限性决定了传统电视媒体处于弱势地位。最终媒体融合变成了互联网新媒体向传统媒体的单边突进，因此让新媒体终端兼容传统媒体终端的功能，进而发展融合型终端势在必行。

然而，这种融合也有机制上的障碍。站在有线电视运营商的角度，传统广播电视是其强项，但缺少宽带基础，如果发展融合型终端，等于通过电信网开展网络电视，有线电视运营商担心用户习惯了网络电视而放弃有线电视。所以，有线电视发展混合型电视终端的意愿不高。站在电信网络运营商以及互联网电视运营商的角度，网络电视也是其主营业务，如果发展融合型终端支持有线电视，则它们的宽带业务及互联网电视业务的市场会受到冲击，所以它们也不希望发展融合型终端支持竞争对手有线电视的业务。媒体融合而终端不融合的情况不可能持久。

2. 电视屏幕的互联网化成为三网融合的重点

国家启动三网融合工作，将进一步推进我国电视播出机构的网络化，互联网音视频内容将进一步繁荣，互联网业务也将更趋多元化。业内专家也普遍认为，三网融合的大方向是互联网，广电和电信行业在三网融合推进中应以互联网的发展为基础。

在互联网发展的过程中，PC机和手机作为人们最常使用的终端设备相继完成了与互联网的对接，实现了网络化。PC机快速普及并联网是Web业务爆发式增长的重要动力之一。近年来，智能手机的普及则直接推动了移动互联网和Web2.0的大发展。手机和PC的网络化和智能化，不仅被动适应网络和应用的变化，而且也对推动互联网的发展起到关键的助推作用。

相对而言，“电视屏”的网络化程度低，难以适应三网融合过程中家庭娱乐应用向互联网迁移的趋势。调查发现，人们在电视机前消耗的时间仍然多于上网，而且电视受众基数远远大于PC和手机。因此，电视机仍然是人们获取信息的主要设备之一，特别在家庭娱乐中的地位不可替代。然而，在PC、手机和电视机“三屏”中，“电视屏”却是智能化和网络程度最低的。绝大多数已经销售的电视机仍然只具备基本的显示功能，具备接入互联网功能的“互联网电视”普及率还非常低。而作为电视屏网络化的替代方案，“网络机顶盒”发展也很缓慢，与庞大的电视用户基数相比微不足道。此外，广电运营商已经部署的6000多万个数字电视机顶盒大多数都不具备交互功能，难以接入开放互联网。电信运营商部署的440万台IPTV机顶盒也都是面向专网业务设计的。所以总体上，“电视屏”的网络化进程与三网融合对家庭终端的需求存在差距，已经成为三网融合终端发展的短板。

可以说“电视屏”的互联网化是三网融合终端产业发展的重点。实际上，就在国内三网融合试点启动前夕，国内外产业界巨头都已经看中了这块空间巨大的“蓝海”，纷纷进入这一领域。

3. 云智能电视将改变数字标牌的市场格局

电视机行业发生的巨大进步之一就是智能化，过去几十年时间里电视机从数字到网络，网络到智能，发展到现在，应用商城已经成为智能电视的标准配置和技术平台。智能化的人机互动、语音操控、手势操控等为电视操控带来了革命性的变革。从市场环境来看，智能电视的发展为数字标牌（广告机）产业的成熟提供了更为丰富的土壤。

目前国内还有许多的商业用户在使用液晶电视作为数字标牌（多媒体信息发布）的主要显示载体，数字标牌厂商也都是通过独立的硬件播放器与液晶电视做连接。往往商业用户会在使用已有的液晶电视还是替换整套的解决方案上犹豫不决。

在普通商家已经架设含有硬件播放能力的智能电视平台之下，可以预见数字标牌软件提供商轻松实现整个数字标牌系统架构。如果未来智能电视在出厂前就内置有数字标牌硬件播放的功能，那么可以设想一下实现数字标牌是多么的简单。从市场需求来看，未来智能电视在用户使用过程中仍然需要大量内容的支持。

据美国科技新闻服务公司 Strategic News Service 的 CEO 马克·安德森（Mark Anderson）在《福布斯》杂志专栏中所述："新设备、新内容、新套餐、新技术、新发布渠道、新聚合器、新平板电脑、新手机、新播放器、新品牌、新消费模式将不断涌现。内容消费市场只会具有更大的潜力。"

人们已经做好了花钱订阅内容的准备，而内容提供商也在磨刀霍霍。正好数字标牌系统可以为播放内容提供绝佳的支持，如新闻、网页、flash、视频、图片等等，既可以是广告内容，又可以是自己设置好的网络频道资讯。从网络环境来看，如果要实现智能电视开发的初衷，充分发挥智能电视的功效，各大电视、IT 厂商必定会与网络运营平台强强联手，或是积极推动网络更为强力的部署。而数字标牌得以大规模进展的一个重要催化剂就是网络，因为网络可以快速实现信息发布与管理，可以轻松实现广告的效果统计。

二、2014 终端创新发展动向

在传统媒体时代，传播渠道的管控主要是通过播出渠道的播出端口来实施的，把水龙头一关，水流就过不去了。然而，互联网的传播渠道就不一样了，它已不是一个简单的物理通道，它不仅仅由通讯网络的硬件构成，还包括终端上各种应用程序、操作系统、机顶盒、EPG 界面、账号等接口软件构成。一方面用户拥有多终端选择，另一方面 OTT 让传播终端变得复杂起来，甚至左右媒体的融合和产业的变革。在媒介融合或三网融合的过程中，革命性终端始终是一个杠杆的支点。找到了合适的支点，就可能撬动整个产业，甚至引发一场新的变革。过去，传统媒体与新兴媒体的竞争主要是渠道的竞争，但在渠道之争的背后其实是入口之争、权力之争，是政治权力、经济权力和文化权力的争夺，这种趋势在 2014 年也日益明显。

（一）移动终端

1. 智能手机成为互联网的重要入口

在互联网的发展语境中，关于“入口”的争夺一直没有停息。从桌面互联网到移动互联网，入口之争均在“云、管、端”的层面展开。桌面互联网时代早期，可联网的 PC 也曾经成为短暂的预装战场；后来，随着 PC 的普遍联网，浏览器首先成为竞争焦点，代表产品是各类工具条；其后，软件客户端的竞争成为主战场，亦曾被戏称为“右下角的战争”，即常驻操作系统内存的各类软件客户端。典型代表如即时通信（QQ）、杀毒与安全防护（360），甚至如电子词典等小工具，也曾经喧嚣过一阵；与此同时，以搜索引擎（Google、百度）、社交网络（腾讯、Facebook）、电子商务（阿里巴巴、Amazon）为代表的核心服务亦成为当之无愧的应用服务入口。

进入移动互联网时代，终端入口大战首先爆发在智能手机领域，独树一帜的苹果和独霸天下的 iPhone 是超然存在，而安卓系统的开放性使各类次 OS 级的“ROM”大战此起彼伏。大家都宣称自己做的是“互联网手机”，并以搭载特色服务的 ROM 包作为硬件终端入口的差异化竞争武器，以占据更多活跃用户资源和培养其入口黏性作为竞争目的——其中的佼佼者，如小米。应用软件方面，APP 封装形态，使 PC 时代的浏览器、客户端都不再重要，各类超级大型应用（微信）的崛起，重新定义了入口的内涵。智能手机的出现使新闻内容的传播有了更加人性化的载体，从长远来看，互联网可以被认为是手机的副手。

而无论什么网络“入口”，其基本特性和功能都是一致的：用户信息消费的必经界面、统一账户的鉴权授权、繁杂服务的个性适配、交易信用的数据积累。2014 年，物联网无疑是该年度的一个爆发点。从年初 Google 以 32 亿美元收购智能家居企业 Nest，到下半年苹果标志性的可穿戴计算产品 Apple Watch，分别标志着物联网在家庭互联网和个人互联网领域的突破。

物联网产品的一个最大特征，就在于需要有一个本地计算和显示能力更佳的“伴侣”，才能更好地打通与用户之间的入口。比如，Apple Watch 需要与 iPhone 手机相匹配，环境监测与恒温恒湿控制器 Nest 也需要与各类智能手机相匹配。

显然，可穿戴计算产品的天生伴侣是手机，但是，将要迅速增多的智能家居设备的天生伴侣则是智能电视，因为各类以检测、传感、遥控为主要功能的物联网设备，将在家庭智能化的阶段呈几何级数增加，虽然智能手机依然是重要的“连接－匹配－控制”终端，但在家庭环境中，40 英寸以上的电视大屏则担负了主要的终端功能。

2. 移动终端与家庭大屏的融合途径

移动终端与家庭终端的融合是未来的发展趋向，其融合有两个途径：一是在有线电视网络的互联网改造，实现终端开放，融入更多的互联网服务，形成“渠道＋服务”的产业链。“融合业务平台既提供传统广播电视业务，也提供互联网业务（OTT）。广播电视业务通过广播通道传输，互联网业务通过宽带通道传输。终端必须与前述环节联动才能实现融合业务的最终接收与呈现。”二是以优质内容对接终端应用，形成“内容＋服务”的传播链，如“摇一摇”、“扫一扫”等 T2O 或 O2O 模式。又如智能云电视投入应用，将实时截屏技术和发收微博功能捆绑在一起，从而把网络社交特性进一步放大，使用户在观看节目的同时，用电视发送和显示微博内容。

目前，不少电视节目已在做这样的尝试，让观众在收视节目的时候用手机来进行互动，实际上是把电视终端与移动终端进行融合，把观众变成用户，把内容变成服务。终端融合的背后其实是服务融合、观念创新，是把传播渠道互联网化，把播出终端接入用户。目前电视面临的挑战是，PC 端和移动端已失去，TV 端也难以掌控。TV 终端（包括一体机、盒子等）智能化正普及和规模扩大。未来智能电视终端用户将可以随意收看互联网视频。电视对渠道和终端的争夺，光靠牌照来保驾护航是不够的，笔者认为一要靠服务，这方面在体制、资金、技术等各方面制约下广电的优势没有发挥出来。一定要想方设法把互联网的人才和理念引进到自己研发队伍中来，或与互联网企业深度合作。二要靠内容，一方面渠道离不开对内容的依附和需求，另一方面没有运营的内容是没有价值的。那么，视听应用与移动终端又是如何融合呢？中国传媒大学金梦玉教授等提出融合的路径选择是：（1）跨屏跨网，多屏合一；（2）立足终端，强调服务；（3）融入“社交化”传播；（4）刺激“多维度”感官；（5）善用移动新科技。

（二）家庭大屏

根据 CNNIC 2014 年统计，从不同设备收看网络视频的场所来看，“家里”是收看网络视频节目的最主要场所，台式电脑/笔记本电脑、平板电脑的收看比例都在 87％以上，手机的使用率也接近 80％。这也从另一方面反映了互联网电视的发展前景，家庭是人们娱乐休闲的主要场所，电视作为家庭娱乐的中心，尤其是能自主选择节目和收看时间、拥有良好收视体验的大屏幕互联网电视，必将成为未来网络视频节目收看的重要设备。未来的电视必将成为连接

TV、PC 和移动的多终端大视频，平台＋内容＋终端的方式会成为未来视频行业的主流。构建新型主流媒体，先要打造一个社会化、移动化、智能化的融合终端，它既是信息流、关系流、技术流、资金流的汇合点，也是社会资本和传播权力的转换器，更是争夺受众、服务用户的价值基点和逻辑起点。

2014 年 OTT TV 领域十分火热，行业内各方都在想方设法将海量视频通过不同屏幕传送给用户，对于视频体验最好的电视这块大屏，更是炙手可热。2014 年，行业各方都在拓展业务，合纵连横，一时间，视频网站（内容）＋牌照商（平台）＋终端厂商（系统）＋网络提供商（渠道）形成了看似完整的产业链，但由于缺乏政策监管，2014 年中期受到了总局的严厉整改，这也说明了 OTT TV 正逐步走向秩序化。以下通过不同层面共同解读 OTT TV 的发展：

1. 产业链发育

按照 2011 年广电总局发布《持有互联网电视牌照机构运营管理要求》（广办发网字［2011］181 号，简称 181 号文），在互联网电视的产业链上，形成了“商业网站＋内容平台＋集成播控平台＋硬件厂商”的合作形态。各个主体承担的权利义务如下：

集成播控平台，对所建集成平台独家拥有资产控制权和运营权、管理权；负责审查所接入的内容服务平台资质是否合法。内容服务平台，有权自行开办新闻节目点播服务；有权与拥有版权资源的机构合作开展影视剧点播服务和图文信息服务。同时只能接入到总局批准设立的互联网电视集成平台上；负责审查内容平台上的节目是否符合相应的内容管理要求，保持正确的舆论导向；负责审查内容服务平台上的节目是否符合相应的版权管理要求；对具体的节目要进行播前审查，承担播出主体责任。内容平台合作方，即商业网站，应与内容服务牌照方合作开展影视剧点播服务和图文信息服务。但要对自身所提供的节目内容和版权进行审查，向内容平台承担相应责任。终端设备厂商，只能与合法的集成平台开展合作、按照总局批准的序列号开展终端生产。

截至 2014 年，广电总局一共批准 7 家单位开展互联网电视集成服务业务，14 家单位开展互联网电视内容服务业务。其中，中央电视台（授权央广国际）、上海文广集团（授权百视通）、杭州电视台（授权华数传媒）、中央人民广播电台（授权央广新媒体）、国际广播电台（授权国广东方）、广东电视台（授权南方传媒）、湖南电视台（授权芒果 TV）等 7 家同时具有集成播控及内容服务牌照，电影频道、城市联合电视台、北京台、云南台、山东台、湖北台、江苏台等具有内容服务牌照。这种以牌照为核心的管理思路，体现了广电总局希望整条产业链以互联网电视牌照为中心而展开，将主动权一直牢牢掌握在国有广电机构手中，将民营视频网站排除在外，将客厅大屏视为意识形态管理的重要组成部分，核心强调可管可控。

2. 服务模式

作为家庭互联网的可视化入口，客厅大屏未来能够承载的服务很多。但在智能家居尚未普及的今天，哪些入口服务可以较快的展开，是一个迫切要解决的现实问题，也是将互联网电视服务提升到新层面、摆脱视音频领域政策窘境的现实需要。以下几种服务，可能将会成为客厅大屏的入口级服务，并具有良好的衍生性。

（1）基于 O2O 服务的电视电商

基于电视的商务，目前有两种形态。其一是电视购物，虽然古老但依然有生命力，尤其在人口基数众多的国内市场，人口红利依然有效；其二是互联网电子商务与电视购物相嫁接的业务，比如淘宝分别与浙江华数传媒、湖南卫视成立的合资公司，但几年的运营实践并不成功。

简单分析，电视购物之所以历久坚挺，除了人口红利，更重要的是发挥了电视媒体的强渲染力，实现观众的冲动消费。而互联网电子商务在电视端的呈现，受人机界面操控限制，并不能很好发挥其“比价”特性，又缺乏冲动消费的动能。

深入剖析，规模已达万亿级别的互联网电子商务，无论是平台型企业（如淘宝）还是自营型企业（如京东），标准化品类均为主力，这也是全站/全网进行比价的逻辑基础。显然，在人机界面没有下一次突破之前，电视终端是无论如何也比不上电脑、手机和平板电脑终端的。

但是，电视终端的家庭属性，使之具备两个根本特性——其一，确定的地点；其二，服务采购的半径有限——这对于提供“线上－线下”（O2O）服务来说，无疑是天然优势。事实上，今天互联网电商的发展，O2O 和服务下沉已经成为主题词，比如万达与百度、腾讯的牵手，就是针对核心商圈综合商业娱乐体的集中式 O2O。而针对于社区电商的互联网创业，也正如火如荼。

如果能够提供一个开放式的集中平台，能够对接社区电商领域的众多创业团队和产品服务，将客厅大屏真正改造为 O2O 服务的可视化入口，或许能真正创造出另一个全新的电商服务形态。并且，基于 O2O 服务的电视电商，具有极强的本地化属性，这对于地方电视台和广电机构来说，无疑是一个利用电视终端、开拓蓝海业务的新机会。

(2) 基于可穿戴计算的远程医疗

2014 年，发生在国内互联网业的规模并购中，BAT 等网络巨头对在线医疗及健康服务商的收购，折射出趋势所在；从苹果 Apple Watch 到小米手环，互联网终端企业亦在快速普及可穿戴计算终端。二者共振，一个基于可穿戴计算感知、通过互联网进行远程医疗和健康咨询的新市场正在被快速勾勒出来。

健康咨询与远程医疗，覆盖的用户层面很广，年轻用户群体更倾向于用智能手机作为可穿戴计算的“连接－适配”终端，中老年用户则可能更适用于智能电视的大屏终端。尤其是退休老年用户，通过智能电视的大屏终端，接受远程健康顾问与医疗诊断，已经是触手可及的现实应用场景。在这一细分市场，除了医疗资源这个先决性的非技术条件，终端操作的简便性，将是市场普及的最大障碍，也是创新者的突破口所在。

（3）基于照片和视频流分享的亲情服务

苹果的iCloud云服务，是家庭照片和视频流分享的典型案例。通过统一的iOS操作系统和账号体系，只要开启iCloud分享功能，子女拍摄的照片和视频流就可以轻松地进行远距离分享，这一切都在云端完成，也是“云、管、端”应用范式的标准诠释。

在国内市场，早在2003年有线电视数字化启动时，相关的服务理念就曾被多次提及。但在专网体系下，其应用顺畅性和开放性始终存在难解问题。只有在今天公共互联网的云服务成为标配以后，才能尽情释放云端分享的威力。

4. 行业数据

终端产品：据《中国互联网（OTT）电视市场发展现状及测试分析报告（2014年版）》数据显示：2014年底，中国互联网（OTT）电视机顶盒终端产品累计市场规模约达到4000万台左右，中国互联网（OTT）电视机终端产品累计市场规模将达到6000万台左右。但受总局政策影响，售货量未达到6000万台。据格兰研究数据显示，2014年1—9月，OTTTV机顶盒新增出货量超过1300万台。

用户数量：据“第六届中国网络视听产业论坛”大会上发布的《中国网络视听产业报告》数据显示，截至2014年7月，中国网络视频用户超过4.39亿，网络视频使用率超过70%，手机视频用户超过3亿，移动视频使用率超过55.7%，网络视听服务已成为网民在线消费时间最长、覆盖细分群体最广的基础性网络服务。2014年上半年，一些新的变化主要体现在收看渠道和内容方面：网络视频用户继续向移动端转移；各大视频网站内容自制的力度加大。视频网站：2014年7月，中国网络视频用户达5.12亿，总浏览时长达

59.3亿小时，创最高用户和时长记录的同时，行业集中度继续提升；爱奇艺PPS占据日用户、月用户和月时长三大指标第一，优酷土豆、腾讯视频和PPLive主要数据各有高低。

市场收入：2014年第三季度数据显示，中国在线视频季度市场规模接近70亿元，达68.2亿元，环比增长9.3%，同比增长83.2%。中国在线视频市场规模同比增长的31亿元中，广告收入、其他业务收入的贡献率（该业务市场规模同比增量/在线视频整体市场规模同比增量）分列前两位，分别为48%和41.4%，广告仍然是在线视频市场的核心增长动力，而其他业务中的终端销售收入、游戏联运（包括移动游戏联运）收入也是部分在线视频企业营收增长的重要推动力。中国在线视频市场规模中，广告仍是最主要的盈利模式，广告市场规模占整体市场规模的比例为62.3%。

5. **企业动态**

2014年OTT电视因政策影响颇受牵连，但是对于既是内容牌照商又是播控牌照商的机构来说，政策还是眷顾他们的。虽然进行了一些整顿，但是OTT逐渐规范后对牌照商肯定是有长远利益的。总局政策的颁布，驱使视频网站想要进入“客厅”就必须将其内容放入播控平台，这对牌照商而言，已占据了主动性。对于互联网电视的未来，还是可以抱有乐观态度——在资本和技术的双重作用下最终会使政策垄断落空，市场的力量终究不可逆。一方面，主要商业网站以资本入股，变相取得牌照。2014年4月，阿里巴巴入股华数传媒；7月23日乐视网入股重庆广电旗下公司拟共同申请内容牌照；7月31日，优酷土豆以5000万入股国广东方；而未来电视是腾讯与央广国际合资设立，腾讯负责版权投入。另一方面，市场上山寨盒子泛滥，基于用户需求，各种防升级、防刷机的攻略和教程也开始流行，依然为用户提供各种观看途径。

（1）中国网络电视台（未来电视）

未来电视 2014 年上半年活动频频，增加内容，扩大用户。与雷柏科技签署了互联网电视终端产品合作，携手海信共同与爱奇艺、PPTV、搜狐视频、凤凰视频、酷六、乐视、腾讯视频、乐看、优朋等展开版权合作，与东方有线开启 DVB+OTT 战略合作，并在天津市滨海新区投资 1600 万建设“中国互联网电视多终端云服务平台项目”。硬件方面：海信推出的智能电视盒子 VIDAA BOX PX2700、小米盒子增强版、智我科技推出的智能电视盒 ZIVOO 盒子、酷派推出的酷派神盒均搭载了 iCNTV 平台，与苏州移动推出的互联网电视机顶盒、百度影棒 3 有内容合作。

（2）百视通

2014 年，百视通积极开拓家庭娱乐和教育市场。4 月，百视通宣布拟在上海自贸区成立“百视通投资有限公司”，积极寻觅“家庭娱乐”与互联网新媒体行业兼并重组、投资布局的机会；同月与微软共同宣布在中国发布 Xbox One，并建设“新一代家庭娱乐中心”。7 月，联合完美世界、巨人网络、久游、联众、第九城市、心动、新东方、可那、臻游、慕和一共 12 家国内知名企业，成立了国内首个“家庭游戏产业联盟”。10 月，和联众在海南三亚共同宣布：双方达成战略合作伙伴关系，将优秀的在线棋牌游戏和数字教育推广至家庭客厅大屏幕。5 月，与新东方在线联合宣布展开战略合作，携手进军电视数字教育市场。除此之外，在黎瑞刚闪亮回归上海文广之后，促成了百视通与东方明珠的合并。SMG 常务副总裁（现为总裁）王建军在第二届中国网络视听大会上提到，SMG 的目标是未来 3 年发展 3000 万以上的互联网电视月活跃用户，抢占中国互联网电视终端的第一入口。

（3）华数传媒

2014 年，华数传媒大笔吸金，4 月，杭州云溪投资合伙企业以总金额 65 亿元人民币认购华数传媒股份 2.87 亿股，持有华数传媒 20%股份，同时，还与阿里巴巴达成战略合作。在业务方面，华数上线了杜比影音专区、“支付宝钱包”扫码付款、“无线宝”业务。硬件方面：阿里巴巴推出的全新智能电视盒天猫魔盒 1s，乐视 TV 发布的首款 4K 电视 X50 Air，杰科电子发布的新款 4K 智能电视盒 R11，杭州边锋公司联合浙报传媒发布的互联网电视盒边锋盒子，海尔联合华数、优酷发布了首款互联网专供产品模卡（MOOKA）电视均搭载了华数平台。

（4）中国国际广播电视台（CIBN）

CIBN 在 2014 年频繁亮相，1 月，与终端厂商云媒体公司 Cloud Media 携手开拓海外市场。8 月，与天脉聚源合资设立“东方天脉”；与华为、东方嘉禾签署全球战略合作伙伴，搭建全球内容分销渠道与服务体系；在泰国设立“环球凯歌”，提供 total solution to operating；与贵州网桥合作推出智能终端；携手华山资本 5000 万投资 Unity 游戏产业投资基金。7 月底，优酷土豆向国广东方（负责运营 CIBN）增资 5000 万元，持有国广东方 16.6667%的投权。11 月，携手优酷、TEA 联盟成员等合作伙伴，邀约近百家 OTT 终端生产商共聚深圳，正式发布 OTT 产业链合作共赢计划——“Inside all one”。硬件方面：华为、优土联合推出的“悦盒”，与中电信合作推出的天翼视讯悦盒，中兴九城发布的首款家庭娱乐主机 Fun Box 均搭载了 CIBN 平台。

（5）南方传媒（优朋普乐）

2014 年，优朋普乐重点关注 4K。2 月，联合美国电影协会、IMAX、尼尔森、中国电子商会等机构共同创建了“优朋普乐 4K 研究院”；与中国电子商会共同发起，联手创维、长虹、康佳、TCL、夏普、索尼、三星等国内外电视厂商共同创建“中国4K推广联盟”。内容建设方面：3月，正式启动了2014年自制内容战略，首期重点发力少儿娱乐教育内容领域；11月，与搜狐视频联合成立“互联网电视内容合作联盟”。

创新方面：推出其自主研发的中国首套互联网电视专属广告系统“优朋OTV大视频精准广告系统Beta1.0版”，同时携手尼尔森搭建首个专属于互联网电视行业的标准广告监测体系及用户分析系统。

(6) 中央人民广播电台（央广银河）

2012年，央广与爱奇艺、江苏电视台合资共同成立了银河互联网电视有限公司。央广银河同时具有了互联网播控牌照、国内有影响力的电视台内容、含互联网基因的视频网站内容。2014年11月，央广银河副总经理李震宁在采访中透漏，央广银河将收编爱奇艺电视事业部，商务、运营团队将由银河接管，爱奇艺将向银河倾注版权、CDN资源、技术，全力支持银河互联网电视的发展。同时，还与鹏博士电信传媒集团联合发布了大麦盒子2.0，与华为荣耀合作推出荣耀盒子。

(7) 湖南广播电视台（芒果TV）

芒果TV依托湖南电视台的内容，芒果TV互联网电视在2014年呈现破冰之势。目前芒果TV的互联网电视产品主要包括电视一体机和电视机顶盒：其中在电视一体机方面，与三星、TCL、长虹等推出了多款电视一体机；在机顶盒方面，已先后联手华为、海美迪、英菲克、亿格瑞、百度、清华同方、TCL合作推出了自有品牌芒果派、芒果嗨Q、芒果飞盒、芒果乐盒、百度影棒3、云罐、七V等机顶盒产品。“芒果TVinside”已经迅速发展成为一个品牌标志。芒果TV已经根据不同的终端厂商的需求，提供了差异化的定制内容。此外，湖南广电还在新媒体内容版权购买方面给予快乐阳光OTT TV大力支持。在电视台频道买版权时，芒果 TV 也可以同步购买新媒体版权，频道和新媒体两种类型的版权已经打通。在北京举办 2015 年广告招商会上，芒果 TV 正式宣布 2015 年芒果 TV 将独播湖南卫视所有强 IP 内容，其中将包括《快乐大本营》、《天天向上》等经典栏目。除此之外，芒果 TV 还与福建蜡笔小新达成战略合作，与湖南有线达成战略合作。目前，芒果 TV 已坐拥湖南卫视内容及渠道资源，同时建立了视频网站、移动客户端、芒果互联网电视、湖南 IPTV 等多屏产业。

在不久的将来，网络的速度会不断加快，网络的费用会不断降低，无线网络更是无孔不入。有了强有力的网络平台支持，商家就不用为架设数字标牌系统的网络投入而担忧。从战略结构来看，智能电视不仅仅是各个电视大厂摆脱传统液晶电视红海市场的一次重要部署，更是从传统的产品销售概念转变为运营模式的一个重要转折。当然智能电视的出现不完全是取代目前家庭用户，还有部分的商业用户。因为网络和应用程序的驱动作用，商业用户会逐步开始重视并使用智能电视，智能是主，电视是次。人们会开始熟悉智能给我们生活带来的便捷与舒适。针对数字标牌认识不足，需要培养的商业用户，智能会帮助我们培养用户想去尝试、去体验的习惯，进而到真正的产品使用。虽然市面上还远未出现能让人愉悦使用的智能电视，虽然智能电视远未风靡全球，但不可否认的是国内的消费者已经开始对电视的附属功能有需求。在市场经济驱动的时代，客户的需求必定会刺激智能电视发展走向成熟。

（本章编写者：彭洋、董鸿英）

第四章　平台融合

在内容、渠道、平台、经营、管理这五大方面的媒体融合中，最核心的是“平台”融合。“平台”的概念被广泛使用，但我们认为，在媒体融合语境里，平台是指媒体向用户分发信息，或与用户进行信息的互换、分享的“用户平台”。这个平台是媒体借以与用户实现信息交换、分享，向用户提供各种信息服务及其他服务的平台，也是用户之间社交性互动的平台，是社会信息整合的平台。现阶段媒体融合主要的问题是要解决媒体的用户从哪里来，怎么发现用户、吸引用户、留住用户，如何建立用户平台。在一个充分开放的信息社会，如果媒体转型局限于新闻传播领域，很可能因为失去对内容生产、专属管道的独占性优势，失去信息交换平台的价值而被边缘化。媒介融合需要从“数字化”走向“数据化”，从过去传统媒体的新媒体战略所推崇的“数字化转型”面向真正导入互联网基因的“数据化转型”和“数据化生存”。未来的媒体要通过数据库和数据分析软件来对信息进行收集、存储并深度挖掘和分析，经过整合分析将有价值的信息数据化，形成不同的数据库来服务不同的客户，最终成为用户平台。可以说，互联网时代用户平台是媒体融合的关键，用户就是群众，就是阵地；用户就是消费者，就是市场。因此从战略上看，媒体融合是否成功，取决于传统媒体机构能不能最大限度地得到基于互联网的用户平台，并在这个平台上建立起最强的用户黏性。用户平台的构建已成为传统媒体在融合发展过程中面临的一项首要任务。

一、用户平台是媒体融合的关键

媒体融合的实践表明，传统媒体与新媒体的融合，不是单纯的媒介形态创新，而一定是整体综合运营能力和商业模式的统一建构。就商业模式而言，传统媒体业者在面对新媒体时，通常会认为找不到商业模式。实际上，从很大程度上传统媒体并不是没有商业模式，而是从业者总想在传统媒体既有的框架里找商业模式，即“卖内容”和“卖广告”。但是新媒体的商业模式，很显然不在这两种模式中。“数据化生存”将是媒体业未来的选择。而用户平台的建立，是这个模式成立的前提和关键。数据化不同于数字化，数字化在某种意义上讲就是将各种各样的信息以比特的形式进行储存和传输数码化；而想要获取经济利益，就要将信息进行整合。未来的媒体要通过数据库和数据分析软件来对信息进行收集、存储并深度挖掘和分析，经过整合分析将有价值的信息数据化，形成不同的数据库来服务不同的客户，最终成为数据库电商。

（一）数据化转型是平台战略的关键

在媒体融合的语境中，“平台化”指向的是媒体组织的结构、制度和流程的重构，其中“数据库”是平台的底层基础，而“开放”是平台化的必要条件；具体来说，平台化的最终目的是“兼容多种产品的生产、多个流程的运行和多个程序的共用”[①]。值得注意的是，传统媒体中的平台重构，通常被当作是创造一种“基础的、可用于衍生其他产品的环境或条件[②]”。实际上，完整的“平台化”应该不仅包括平台本身，还包括由平台提供运营支持的渠道，以

① 中国媒体融合发展报告课题组，《中国媒体融合发展报告（2013）》，宋建武、董鸿英、李田滔，《中国媒体融合发展存在的问题及对策与建议》。

② 陈昌凤，石英杰，《平台化与社会化：欧美媒体的新潮流》，《新闻与传播研究》，2012－08。

及能够实现价值补偿的终端。

数据化转型理念将以三项变革为现实支撑：首先是依托内容数据库的新闻与其他信息产品生产；其次是依托用户数据库的精确传播；最后是在客户数据库和用户数据库匹配基础上扩展的数据库电子商务和社区服务。用户不是客户，而是一个长期的互动的合作伙伴；用户规模体现为用户数据库的规模和质量；用户黏性，指的是用户对于互联网应用平台的依赖度，是一种产品和服务的价值的最本质体现。因此从战略上看，媒体融合是否成功，取决于传统媒体机构能不能最大限度地得到用户平台，并在这个平台上建立起用户黏性。

2014年，习近平总书记在关于媒体融合发展重要讲话精神座谈会中指出："很多人特别是年轻人基本不看主流媒体，大部分信息都从网上获取。必须正视这个事实，加大力量投入，尽快掌握这个舆论战场上的主动权，不能被边缘化了"①。"人在哪里，重点就在哪里"，习总书记的这一表述，体现了党的群众路线思想。互联网时代用户就是群众，就是阵地；用户就是消费者，就是市场，用户是整个互联网应用的核心。当媒体融合概念从书斋和行业实践中走出，成为了涉及国家整体战略的热词，意味着传统主流媒体需要进一步把工作重心转移到网上来，强化网络舆论阵地的主战场作用。在网络社会里，传统的受众演变成了网络中的用户，发现用户、吸引用户、留住用户，建立用户平台，是当前媒体融合需要正视的关键问题。

（二）用户平台的核心在于用户

用户是整个互联网应用的核心，但是很多媒体人对用户概念是不清晰的。在互联网时代，通过数据的统计和关联分析，网络媒体可以为信息的传播提供更精准、更智能的渠道，目标消费群不再是以统计特征来呈现的一团模糊的群

① 中共中央文献研究室《习近平关于全面深化改革论述摘编》，中央文献出版社2014年8月出版。

体，而是一个个鲜活、动态的个体。用户成为具有清晰人口统计学识别信息、行为数据、需求数据、消费数据的网络化个体，是一个清晰的具体的存在（名址、人口统计学特征、行为特征）。专业互联网团队对用户数据库的标准是：用户基本信息库＋用户行为日志库，两者缺一不可。在传统媒体时代，受众群体是追求一个区域或一个行业细分领域最大的人群覆盖量，这是一个积分的过程。而网络时代，需要了解具体的点上的变量和特性，能够与各个点进行充分的互动，挖掘点上的需求并实现其价值最大化，这是一个微分的过程。只有对各个点有了个性化的把握，才能创造更好的用户体验，也才能更好地实现产品和服务的销售。

对于用户需求的挖掘应当成为媒体的长项，例如“现象级”的电视节目都因为反映了一部分用户的现实图景或社会焦虑，如婚姻、求职、亲子关系、身份认同和自我实现等而引起广泛关注。除了节目形态的创新外，传统广电媒体重塑自身在传播生态中定位的关键，在于敏锐地感知到观众或用户的需求，提供差异化的、细分的、精准的内容产品及服务。此外，一些广电媒体正在结合大数据的搜集和挖掘，寻找市场潜力较大的细分人群，特别是消费的高端优质人群，根据市场规律和用户需求，以频率为单位进行内容定位划分，使节目内容和风格能够比较集中地满足目标受众需求，以此网聚“碎片化”的受众。建立受众数据库，不仅监测受众需求的变化，而且分析受众的行为习惯、消费习惯，以受众需求为基础进行深层次的开发。目前，很多国外的广播电台以广播节目为平台，建设地域性的电子商务网站，通过提升内容的服务性和有用性，增加用户载性，嵌入受众生活。如美国 CBS 广播集团从受众对生活服务的需求出发，推出购物节目，以提供本地的娱乐、旅游、餐饮、购物等直接可用信息来体现其本地化，以生活服务的全方位信息构建网站，并打造网站的地域特征，以此建立多媒体生活服务平台，打造广播的网络生活圈。此类节目初期多以实用性话题及商品团购的形式汇拢人气、打造品牌、积累供应商，终期形成一个节目与广播网联合互动的广播电子商务平台。[①]

由于用户思维并非严格的学术概念，也无通用的内涵和外延界定，因此对于用户思维的理解因人而异，存在可能的误区。需要特别指出的是，用户思维不等于媚俗、庸俗，更不能打着“用户思维”的旗号，降低媒体本身的社会责任感，忽略传播的公共性。此外，还要把握好“商人思维”、“技术思维”和“文人情结”的结合与平衡，以技术可能性为前提，为细分用户提供有价值的服务，最终回归到价值的分享和传承上。

（三）不同资源特色的平台类型

互联网思维下的传媒，不仅是内容集成和信息发布平台，也应该是开放的综合服务平台。在融合实践中，应坚持把融合发展与平台布局有机结合起来，着力实现平台化发展。媒体的转型应根据自身的发展趋势、资源、优势和特点，制订适合自己定位和发展的平台战略，包括：以网络问政和智慧行政为核心的城市政务主入口；以电子商务和智慧社区为核心的城市生活主入口；依托技术优势和产业投资资本的技术平台或产业平台。

1. 政务平台

与智慧政务相结合，依靠传媒新技术，找准切入口，从网络问政、智慧行政，从技术研发到内容代理维护，发展立足所在城市的政务平台。把媒体从原来的政务宣传入口，变成智慧行政入口，打造智慧行政平台。以瑞安日报为例，其通过四项举措构建政务平台：一是全媒体网络问政项目：完成一平台（“瑞网议事厅”网络问政平台）四通道（PC 网站、微博、微信、无线瑞安 APP）技术开发，实现后台数据全部打通，实现真正意义上的全媒体网络问政。二是“网络行政”：在智慧政务方面，瑞安日报将市委组织部、政法委、

① 李明：《浅谈广播新媒体化发展策略》.《中国广播》.2013 年第 6 期.

旅游局、公安局、交警大队甚至一些富裕的村居，都发展成为“智慧政务”服务的客户。三是“无线瑞安”APP：报社技术团队研发完成了拥有完全自主知识产权的手机客户端软件“无线瑞安”APP，打造新闻生活类城市应用客户端。通过这样的方式，占有用户、集聚用户，不断完善和丰富“无线瑞安”的功能和应用，逐步打造成一个城市信息云平台。政务平台成为瑞安日报社巩固和扩大“观念影响力”的主阵地，也是其开发行政资源蓝海，实现“现实影响力”，变读者为用户的依托和载体。

2. **社区平台**

互联网对人类生活的渗透，意味着一种更高效的信息传播技术及其相对应的传播方式逐步融入到社会运转的机体当中。这一过程不仅改造着“传播”，更具冲击力的在于，它演化出新的社区结构方式。“社区化”是用户理念的进一步推进，也是实现打通服务的最好载体。以杭州 19 楼为例，它以“分享生活，温暖你我”为服务宗旨，致力于为各地用户提供便捷的生活交流空间和体贴的本地生活服务，强调用户参与内容生成和信息的“实用性”。我们可以将 19 楼理解为本地化生活消费经验交流社区。对人群的不断细分、深耕每个区域市场，是 19 楼迅速在市场抢位的关键词。对用户进行垂直细分，从年龄和需求两条线索入手，根据细分人群提供个性化的服务。19 楼将用户进行了划分。一条是根据年龄来细分，将一个人的人生阶段细分成从初中、高中、大学、刚毕业一两年到恋爱、结婚、生子等，甚至大学还可以细分成大一到大四这 4 个阶段，生子还可以细分到怀孕期、生产期、婴儿期、幼儿期等阶段；另外一条线是按需求细分，比如买车、买房、买婚纱、就餐、情感等需求。和实物交易类的互联网模式不同，19 楼属于生活类互联网，做的是信息生意，它们在垂直行业里寻找信息平台的模式，为用户提供高质量的信息，利用互联网给客户提供更好的体验。其实是由信息供应链创造的巨大商业价值。

3. 电商平台

在各种媒体积极投身电商业务的大潮中，“媒体电商”这个词汇被用来指称由媒体组织主导，以各类媒体资源作为竞争力的电子商务经营活动。冠之以“媒体”之名，不仅在于强调经营主体是媒体组织，更为了体现这种电商业务所具备的区别于传统电商的媒体资源，例如营销渠道、消费人群数据和品牌公信力等。电子商务尤其是网络消费的普及化使得信息流、货币流和物流三者的关系被重构。而媒体电商的核心价值在于信息流与商品流的无缝连通，可以为价值链上游的商品提供者创造更精准的营销效果和更真实的销售业绩，也可以为价值链下游的商品消费者提供更便捷的信息和实物消费体验。为此，我国多家报业、广电媒体积极发展着区域性、垂直性电商平台。媒体电商对纸媒广告的升级关键在于从广告主和消费者两端同时延伸了商业信息传播的价值链，因为媒体对于两者的价值从仅仅传播商业信息升级为提供商品交易服务。对广告主来说，任何广告效果调查都不能与真金白银的交易额相比；而方便快捷、有性价比保障的消费体验自然会受到消费者的欢迎。当然，这样的价值链延伸，媒体的投入也远超过了单纯的广告版面，隐形的资源投入是媒体的品牌影响力和公信力，有形的资源投入则体现在需要被进一步升级改良的内容策划和营销能力，以及能够在本地物流配送市场中获得一席之地的快递团队。

4. 产业平台

信息技术的革新推动着信息传输技术及媒体形态的变革，传播方式和载体形式在不断变化，围绕着媒体产品运作、品牌运作和资本运作等不同层面，媒体所提供的产品和服务与既往将有所不同。在未来，专业媒体机构真正的价值实现还在于如何将汇集来的信息和数据以及自身的传播能力和社会资源的整合能力服务于社会生活的运转，发展出具有媒体资源特色的产业平台。例如浙报集团以打造“传媒梦工厂”为突破口，将硅谷式的“投资＋孵化”模式引入媒体行业，打造中国首个媒体孵化器。同时，浙报集团还积极探索在线线下相融合的文化服务O2O模式。浙报集团的这些拓展动作，将媒体传统的新闻信息服务扩展到本地服务（城市服务）、文化产业、天使投资等领域，将媒体经营扩展到经营媒体和资本运营的层面，实际上是想要逐步占据社会生活在互联网的入口、平台和集线器的位置。通过这种努力，浙报集团正在实现从单一提供新闻信息向以新闻信息为核心的综合文化服务转变。而浙报集团下属的瑞安日报社则走出一条轻资产投资运营文化产业园的新路子。瑞安报社仅投资1500万元，就撬动了一个总占地161亩、总投资超过6000万元的文创园区项目。该项目属大型惠民项目，政府配套建设基础设施＋个人投资入驻＋瑞安日报有限公司负责创意策划及整体运营，项目定位为集青少年教育培训、成人健身娱乐、产业会展等为一体的综合性文化服务阵地。园区内含青少年文化广场、体育公园、产业会展中心、商业配套设施等。

（四）构建用户平台已成为核心战略

从2014年习近平总书记的一系列相关讲话精神看，中央提出媒体融合的目标是推动传统媒体占领网络空间的舆论阵地，在网络空间中继续发挥主流媒体引导社会舆论的功能。这实际上是要求传统主流媒体把工作重心转移到网上，把主要力量投放在网络空间中。一直以来，传统媒体都是分别把平面的纸张、电视屏幕、收音机等作为主要终端形式，按照在这些终端上发布信息的技术要求和周期安排生产流程，设计组织结构，配备工作人员，领导层的工作重心和资源配备的重心都在传统媒体平台上；互联网络上的各种终端只是传统终端的补充，在整个信息发布过程中居于次要位置。尽管这一状况的存在有其内在的和现实的原因，但毕竟无法适应当前掌控网络传播主导权的需要，正像习近平总书记指出的，“很多人特别是年轻人基本不看主流媒体，大部分信息都从网上获取。必须正视这个事实，加大力量投入，尽快掌握这个舆论战场上的主动权，不能被边缘化了”①。因此媒体融合意味着传统主流媒体要把工作重心转移到网上来，以网络舆论阵地作为主战场。在网络社会里，传统的受众演变成了用户，建立用户平台，就是建立与社会成员分享、交流信息的互动渠道。

分析当前互联网应用平台的发展实践，一般而言，构建大规模用户平台的途径主要有依靠技术，依靠内容，依靠服务。从策略上看，在技术开发和应用方面，新媒体公司中腾讯、新浪、阿里巴巴都是很成功的应用平台，又如百度运用搜索引擎技术完成了信息的整合，吸引了大量的用户，而绝大多数传统媒体机构难以在这方面建立优势；在内容方面，除了少数原来的广电机构外，大多数在娱乐内容方面没有优势，而具有优势的新闻内容生产，一方面要面对这类产品没有版权保护的窘境，另一方面，也要看到这类产品虽然具有较强需求刚性，但其用户黏性不足的现实，目前看，企图依靠新闻性内容集聚并黏住用户基本上难以实现；因此，从国内互联网应用的发展实践看，顺应全产业信息化、网络化的趋势，通过发展以本地服务为主体的 OTO 业务，实现用户的聚合是传统媒体机构融合转型的较为可行的途径。

在互联网环境下，要发展成为平台型媒体需要完成社区化、社交化、产品化和平台化的“媒体四化”转型。社区化是第一步。社区化的核心价值，是为媒体获得用户规模和用户黏性。媒体在信息和意见交换领域的社区化转型与当下网络平台的社交化密切相关，媒体社区化的趋势，要求媒体传播的管道必然要进行社交化转型。社交化是媒体转型的第二步，其强调的是用户以个人身份在朋友等关系圈里主动、积极地参与信息的分享、互动。在此基础上，媒体为顺应社交化的趋势，在信息产品生产中，会改变以往面向所有“受众”生产的大工业模式，转而针对一个个有特殊需求、有特性的小社区、圈子，甚至是有

① 中共中央文献研究室《习近平关于全面深化改革论述摘编》，中央文献出版社 2014 年 8 月出版。

个性的社区成员个人生产“小产品”，形成自己的产品群，从而走向“产品化”；而“产品化”最终要求媒体改变既有的产品生产方式，走向依托平台进行多种产品和服务生产的平台化生产模式，实现“平台化”。“平台化”是传统媒体转型、媒体再造的核心，其基础是数据库。这样，媒体经过“四化”，将从传播方式、功能定位、运营模式和组织架构等方面实现全方位转型与再造。

二、传统主流媒体的用户平台构建

从产业结构嬗变的角度来看，融合产业并不是简单的纵向产业链条的瓦解与横向产业环节的融合，它是一个产业基本组织向各类“信息平台”转型，资源以“信息平台”为核心不断组织聚合，最终形成各层级平台相互嵌套的动态发展过程。我国平台经济学理论体系的创始人和奠基者徐晋博士也认为“平台正成为新经济时代的重要经济体”。传统媒体与新兴媒体的融合发展，本质上是传统传媒业与互联网 IT 产业平台之间的融合问题。

（一）纸质媒体

相比新媒体和互联网平台，传统纸质媒体机构有一个较为突出的优势：即对线下资源的整合能力。通过整合，传统媒体可以建立更精确、更有价值的用户数据库。就国内媒体集团的融合发展实践看，在报业和广电业分执牛耳的浙江日报报业集团（下简称浙报集团）和湖南广播电视台，不约而同分别提出和实践着具有各自特色的“以用户为中心”的媒体融合战略。尤其是浙报集团，他们提出了“以用户为中心，构建枢纽型大媒体”的转型目标，其核心就是通过服务抓用户，通过用户聚集形成平台，利用数据库资源来满足现实的用户各种需求，在此基础上将媒体的功能转变为枢纽型功能。2014 年，浙报集团把顺应用户需求变化作为中心环节，重塑传播逻辑，转变发展方式。从提供单一新闻资讯向以新闻资讯为核心的综合文化服务转变，全力构建“新闻＋服务”

的融合发展模式。

1. **内容数据仓库及其应用系统**

浙报集团提出了“新闻+服务”概念及“服务集聚用户，新闻创造价值”的理念，就是以优质权威的新闻服务形成品牌和公信力，同时增加其他各种服务的公信力，使服务提供者可以因为提供优质新闻内容而更受用户信赖，产生聚合用户的能力，后以服务去构建用户平台。其中，新闻内容则是平台建设的基础。浙报集团的内容数据仓库及其应用系统颠覆了原有采编系统的概念，首先建立内容数据仓库，把采编作为内容数据仓库的一个应用。内容数据仓库本体重点包含三部分：一是一个内容采集系统，除了获取传统的新闻通讯社和中央、各省和国际重要新闻单位的新闻，还采集各社交媒体和论坛的舆情信息。二是一个内容数据检索、挖掘和分析引擎，能够对 PB 级别的内容数据进行检索挖掘，进而为上层新闻内容应用提供支撑。三是能支撑以上数据存储和挖掘的分布式大数据底层平台。

内容数据仓库的上层应用目前主要考虑包括这几部分：一是一个新闻和舆情热点自动化分析系统，挖掘展现近期周边新闻和舆情热点及热点预警、新闻事件提示，为记者选题、编前会等工作提供支持。二是一个适应于新媒体的采编系统。在采访部分，强化对记者的移动写稿支持，提供内容数据挖掘为基础的采访背景知识库支撑，支撑半自动化的计算机辅助写稿。三是一个稿件的影响力评估系统，充分利用集团这几年在社会化传播形势下舆论影响力的研究成果，构建新媒体影响力评估模型，对稿件的影响力和传播质量、针对特定新闻事件的社会化舆情反馈及舆论引导效果作客观数据的研判，以便在新媒体形势下形成新闻传播方面的闭环。

同时新闻采编在流程部分，计划支撑以新闻事件为核心的采访协同指挥体系以及和通讯员的社交化协作体系，在采编流程上强化一个“中央厨房”体系；在内容编辑和生产方面，提供一稿多发、一稿多编功能，支持所见即所得的编辑，以及对数据图表的生成和视频、交互式程序的流转。从而不仅可以适应新媒体时代的新媒体发展需求，也可以提升传统纸媒与新兴媒体载体之间的互动和融合。

2. **用户数据仓库及其应用系统**

浙报集团在同行媒体中第一个真正建设起了互联网式的用户数据仓库。这得益于浙报集团并购了边锋网络这个用户平台，同时还获得了“边锋通行证”这一成熟技术系统，可将其改造为“浙报通行证”统一用户认证系统，作为整合利用用户资源的基础。用户数据仓库系统的重点在于用户行为数据及其分析挖掘获得的用户偏好属性。用户数据仓库本体包括用户行为数据采集、针对用户行为数据的数据挖掘分析引擎以及底层的大数据架构。

用户数据仓库的上层应用，宏观的包括基于用户行为数据的经营分析系统，通过对用户交互行为的宏观分析找到业务发展的轨迹，客观反映各种业务问题，并辅助找到解决问题的方法。微观的包括针对用户偏好挖掘结果的精确营销系统，提供营销战役中较为精准的目标用户，进行被动或主动式的营销；或者提供产品交叉推荐等。深度的用户挖掘研究还可以探索新的业务思路和产品需求，辅助集团在新媒体领域的转型升级。基于丰富的数据资源，浙报集团有着丰富的活动资源。例如，针对驴友推出自驾游活动；针对“好摄之友”推出摄影比赛，让用户因为要传播自己的作品而成为我们的推广员；针对地球上最伟大的种族“吃货”，浙报集团与知名微信大号“杭州吃货”合作，多次推出免费吃、优惠吃活动。

3. **新媒体云服务平台**

浙报集团规划的新媒体云服务平台是一个 SAAS 平台，顺应移动互联网的发展趋势，直接以移动端战略为核心，力争助推集团在 PC 互联网切换到移动互联网的时代能实现弯道超车。整体平台分为开放平台和产品插件应用两个部分。开放平台提供基础的面向微信公众号、百度直达号、新浪微博等互联网大开放平台以及APP、网站的自适配发布能力，支持多账号媒体权限的管理、运维管理等功能，支撑用户社群功能和相关公共接口的接入。

产品应用插件部分将包括电商、活动等公用组件，针对各大开放平台的管理组件，以及每个产品的个性化组件，并提供产品组件分享功能，使之成为一个产品开发的生态系统。新媒体云服务平台和照排系统对应，成为融媒体时代媒体与用户之间的连接手段。

融媒体服务平台不仅是面向业务发展的平台，同样重要的是，它引入了大量互联网“新”技术对媒体现有的基础技术体系进行升级换代，如数据库方面的Hadoop和Spark架构，前端部分基于H5的设计，以及非结构化数据库的思想。这里之所以对“新”打引号，是因为对互联网来说，这些技术已经是成熟的技术，但是对媒体来说，是从未运用过的新技术。这些基础架构虽然在业务层面上看不到，但就像房子的地基，决定着整个信息技术系统在新媒体时代能走多远。以这些“重点项目为抓手”引入的技术架构升级，可以使媒体的后台技术架构和互联网企业站在同一代的水平上，有利于面向互联网的进一步融合发展。

4. 从媒体融合到产业融合

浙报集团还与修正药业合作，开展社区养老服务，其实就是通过发展养老产业，广泛收集用户数据，并将其纳入自身的大数据库系统进行分析，为未来的数据库电商业务打好基础。围绕集聚用户这个核心思想，浙报集团不仅利用上市公司作为融资平台，通过资本运营并购“边锋/浩方”游戏平台，将其上的2000多万活跃用户收入囊中，更是通过已经开展的养老业务，结合智慧城市建设正在试点的地方性智慧政务平台、区域电商平台建设和正在布局的网络医院等业务，在浙江省境内广泛聚集用户群，力求实现全省用户群数据的整体覆盖。浙报集团的媒体融合实践在业内产生了较大的影响，多个传统媒体集团先后推出的媒体融合战略，都把“在新媒体领域打造本地最大的民生服务平台”作为发展目标之一。[①]

（二）广电媒体

三网融合最直观的影响是消融了传媒产业、信息技术产业和电子通信产业的边界，形成了一个“媒信通融合大产业”，而三网融合最深远的影响则是竞争方式的改变和竞争焦点的转移，“信息平台”这种新型产业组织形式将成为三网融合产业竞争中的制高点。

在未来媒体融合过程中存在很多可以构建平台的领域，按照其基础性、通用性、具体功能以及对整体产业的影响力大小，可以分成四个主要的层次。最核心的是一级平台，也就是基础网络的支撑平台，它由基础网络传输平台和系统软件管理平台两部分组成，为融合大产业的所有平台业务和服务的开展提供软硬件基础运行环境。

第二个层次是基础技术的支撑平台，它依托某种特定的 IT 技术，提供基于网络、面向通用业务的基础服务和支撑环境，具体可以通过操作系统、通过搜索技术、定位技术和互联网技术建立平台的架构。

第三个层次是基础业务的支撑平台，是指为一切网络应用服务提供支撑的基础性通用平台，提供包括安全认证、支付清算、征信信用、计费管理、授权管理、责任认定、情报搜索等第三方基础共性服务，形成面向电子商务、现代物流、电子金融、数字媒体、数字教育、数字社区、数字旅游、协同医疗特定应用领域提供共性支撑和交互服务的平台体系。

第四个层次才是我们平时最熟悉的应用支撑平台，他们定位在行业垂直服务，即特定的信息服务领域，例如电子商务、视频内容、新闻资讯、电子游

① 宋建武，以服务构建用户平台是媒体融合的关键，新闻与写作，2015 年 2 月 5 日。

戏、个人即时通信等等。

在四个层次的平台中，其中第一到第三层次的平台，属于为平台服务的平台，而第四级平台属于为应用和具体业务服务的平台。越往中心的平台，对整体融合产业的影响力或控制力就越强。

目前广电有线网络运营商在第二、第三层级的平台领域基本上是缺位的，也就是在操作系统包括智能网关、接口技术、开发工具、大数据技术、支付、信用领域缺乏前瞻性布局和技术研发的实力。而这些，恰恰是未来融合产业中最具基础性的核心竞争能力。

传统广电产业的资源目前集中在两个层次：一方面，它拥有覆盖全国的双向数字网络，具备发展一级基础网络支撑平台的潜力。另一方面，处于最外围的内容产品的生产、集成、播控与媒体运营，传统广电具备绝对的竞争优势。长期的发展使得传统广电在内容产品生产方面，拥有庞大专业的制作团队、细致科学的分工、高效的管理流程。最重要的是广电产业建立了一整套与大众传播相适应的制度体系，从新闻专业主义的价值观到人才的培养教育，掌握了大众传播信息过滤的经验，与政府意识形态和文化宣传部门达成了某种程度的默契与平衡，很好地充当了现代社会的“把关人”、“监督者”和“协调者”的角色。因此，传统广电产业在面向大众的内容产品生产、集成、播控方面拥有独特的政府资源——也就是相关的牌照以及能够调动的其他社会资源。另一方面，广告模式的长期运行，也使传统广电在广告、公关、活动等媒体业务运营方面拥有丰富的经验和深厚的客户资源。

特定的资源位为传统广电产业的转型提供了战略基础。在面对未来融合产业的平台化竞争中，传统广电产业的战略发展路径就是“内外联动，盘活存量”的内平台化与“中心发力，吸聚资源”的外平台化，确立以信息平台为核心的平台发展战略。

1. 广电产业的内平台化：内外联动，盘活存量

台网关系，一直是广电产业改革的焦点，几十年来，分分合合，始终未能形成真正的联动效应。从融合大产业的版图可以清楚地看到，台与网的未来，分则俱亡：剥离了内容播控权的有线网络沦为管道，在与电信网络运营商的竞争中毫无优势可言；而丧失了有线网络的广播电视台，意味着丧失了对终端用户的掌控能力，而沦为内容生产的“黑煤窑”。

内平台化的关键在于内外联动，台与网，合则同生。一方面，重新架构台与网的关系，确立有线网络运营公司在信息技术、数据挖掘、用户服务等方面的核心作用；广播电视台在内容播控、舆论引导、市场协调方面发挥主导作用。另一方面，按照平台模式进行内部理念、结构、机制、软件等的再造，盘活内部的内容、网络、客户、用户等运营资源，建立内部开发平台，转变成能够与这种数字终端、网络相对接，满足现代人资讯需求的新一代数字化内容产品，实现灵活的共享和组装，组建一个内骨骼化的产品价值网络。真正解放传统广电的生产力，实现与互联网 IT 产业等外部社会资源的无缝对接。

2. 广电产业的外平台化：中心发力，吸聚增量

如果说广电产业的内平台化，目的在于创造主动融合的条件的话，那么，广电产业的外平台化，则是把平台化再造形成的资源吸聚能力辐射到外部，主动融合第三方，释放融合的能量和价值。从融合产业的版图来看，这意味着广电除了要做好一级平台与四级平台的联动以外，还要着手部署二、三级平台，从中心向外围推进。

基于自身强大内容产品的规模吸聚力和高效运营力，通过提供一种支撑环境，一种市场运作和利益分配的机制，如：内容产品能够进行大规模个性化定制的支撑环境：内容产品的组装、集成技术，版权交易规则及支付途径，内容产品的管理等，构筑一个多接口的数字化内容的开放型平台，以自身平台提供

的服务组织进而控制外部资源，兼以资本的方式去组织和控制外部资源，使社会上的内容生产组织、机构、企业被吸附到这个平台上来，形成紧密的内容利益联盟，从而组建一个外骨骼化的价值网络。

围绕内容生产、管理、集成、消费的所有环节进行相关信息技术和信息系统的研发，以信息技术为支撑的功能性再造是传统广电能够实现外平台化的关键。一方面，利用新技术开发新的内容产品和服务形式，使内容产品之间，内容产品与广告信息之间，内容、广告与用户需求之间能够精准匹配。另一方面，利用新技术构建一个开放的内容产品、信息服务运营平台。这个平台系统通过统一的信息分类标准、交换接口、传输协议以及元数据加工处理技术、智能信息处理技术等，不仅能够实现各业务板块之间资源共享和互联互通，支撑内容产品、服务应用模块之间的快速组装和集成，还可以与外部资源进行双向交互，与第三方内容生产商以及其他应用平台实现轻松对接，解决不同内容产品、应用服务在不同生产运营平台、传输网络和信息终端的通用性和兼容性问题。

在应用领域可发展为基于用户行为监测和大数据技术，为用户提供“关联推荐和智能推荐”等视频增值服务。杭州华数数字电视在这个领域已经开始商用，他们通过双向机顶盒收集海量用户收视行为数据，例如假期白天的时间是小朋友在看，晚饭新闻时间是全家在看，然后是女性看的连续剧，深夜则是男性熬夜看世界杯。根据这样的行为监测结果，形成大数据，以此对家庭中的个体用户收视时间点进行精细定位。然后根据某个时间点的用户形象的描述，判断有可能是男性的就推荐男性比较感兴趣的广告内容或商品信息，比如电子产品，女性就推荐服装香水之类的。此外，还会根据用户之前的收视历史记录判断用户的节目喜好，向其推荐同类型的视频节目。

芒果 TV 在平台化方面的探索走在我国广电业前列，2014 年 4 月，全新的芒果 TV 网正式亮相，湖南广电形成了以芒果视频和芒果互联网电视两大核心事业群，全力发展芒果 TV（PC、互联网电视、手机电视）以及湖南

IPTV。作为互联网电视七大牌照方之一，芒果 TV 率先尝试建立线上线下品牌店进行产品展示和销售导流，通过搭建芒果 TV inside 产品的线上展示和线下体验平台，建立起终端厂商与用户之间的新桥梁。这不仅成为国内首个在粉丝集聚地打造的互联网电视产品旗舰店，更是湖南广电走在新媒体融合发展前列的成果展现。在内容战略方面，湖南广电着力强化独播和 O2O 两大板块。在硬件战略方面，芒果 TV 互联网电视在 2014 年呈现破冰之势。在电子商务方面，2015 年 1 月 22 日，芒果盒子（芒果 TV 的 OTT 端）的“芒果铺子”悄然上线。这是芒果系两大强将——“快乐购”与“芒果 TV”联手出击，欲在互联网环境下，打破传统电商格局，重新构建独属于互联网电视的视频电商平台的战略举措。湖南广电的转型紧密结合了其娱乐内容的生产能力和优势，发展出“内容＋硬件＋商城”的转型策略：以娱乐内容来吸引和聚集用户，通过硬件来占领渠道，通过服务来建立用户黏性。

上述业界实践无不在强调，互联网最根本的就在于用户，不管对于传统媒体还是新媒体发展来说，用户是发展力、生命力。必须树立用户观念，坚持把占有用户、发展用户、集聚用户作为县市报融合发展的根本目标，不断扩大阵地；必须坚持用户就是市场的追求，把用户作为县市传媒融合发展的最大资源，打通内外部受众市场，理顺融合发展产业链，形成融合发展增值链，为县市报经营拓展增加无限可能；必须增强用户黏度，立足县市报的草根优势，坚持本土化和社区化路径，真正从用户需求出发，创新载体形式，丰富产品内容，完善产品功能，不断提高用户的依赖度和忠诚度，加快由报纸读者向多元用户转变，加快由大众化传播向分众化传播转变，加快由提供单一新闻资讯向以综合文化服务为主的互联网传媒转变。

（本章编写者：宋建武、董鸿英、彭洋）

第五章 经营融合

经营融合主要指媒体在运营过程中内部组织架构、产品推广、用人机制等的改革和探索，以及媒体在新的商业模式方面的探索。媒体融合不仅仅是重构传播手段，或生产的重组，它还包括商业模式的重构。传统媒体的商业模式主要分为两类，一类是信息产品或内容产品（版权）的销售收入，另一类是通过广告服务实现价值补偿。在这种模式下，媒体更多地担负信息传播中介的作用。新传播方式下，媒体与社会各方面的联系方式与过去全然不同，它的产业链被迫延长，其价值补偿方式有了本质的改变。媒体从过去社会生产和商业领域的旁观者，开始直接面对企业，发展出媒体电商、第三方平台、LBS社区服务等商业模式，成为社会生产、商业运转中的商机创造者、资源整合者、平台运营者，逐步扮演起“大枢纽”的角色。这种趋势下，新型传播体系中的核心机构将全方位地重组社会生活，各类信息服务将成为它们吸附用户的一种工具，而不是以过去的那种较为简单、直接的商业模式获得价值补偿和价值增值。这种商业模式的颠覆，反映了信息时代产业之间的开放、跨界与融合。互联网条件下，传统媒体要寻求新的赢利支点，形成新的利润中心，就必须进行商业模式的重构。未来媒体的商业模式将从相对单一的广告模式向数据库营销和数据库电商演变，传统媒体能从多大程度上构建数据库营销的能力，将成为提升经营融合成效的关键所在。

一、媒体经营融合趋势分析

传统媒体的转型，应当是应对传播环境发生根本改变的战略性转型，在这个转型背后，不仅仅是要适应新的传播手段，更重要的是业务形态和组织模式的转型。这种体制机制转型的意义大于运作单个的新的媒体。那么作为整体转型的媒体融合战略，就必须进行深入、全面的集团转型设计，包括媒介理念、生产模式、服务模式、组织模式、人才结构，以及考核机制、管理机制等，以使自身的生产组织方式和商业运营模式符合新传播环境的特质与要求。传统媒体中原有的新闻运作模式和经营管理模式，基本上是按照媒介形态的分类来进行的。而媒体融合在实质上是打破媒介形态的全媒体，全媒体的新闻运作模式和经营管理模式，需要横向打通和纵向整合。而如何摆脱集团内部原有的媒体组织形式的束缚，构建新媒体基础上的统一平台，发展适应新型传播关系的新的商业模式，是当前传统媒体转型战略探索的关键点。

（一）融合进程推动着媒体的商业模式创新

媒体融合的过程，即是传统媒体改变或扩展自身媒体形态、技术手段、传播渠道、生产方式、运营方式的过程，从传统的介质形式向新旧媒体融合转变，以至向新传播体系演变。从业界实践来看，数字化、网络化、全媒体化构成媒体融合的整体趋势，传统媒体突破了既有的产品形态和生产组织模式，逐步进入以互联网为中心的整合传播、整合营销时代。这一转型过程，对于传统媒体来说，挑战是多方面的，不仅触及媒介理念的颠覆，也涉及产品的革新，甚至生产流程、商业模式的重构。也就是说，传统媒体的数字化转型，信息形态转型只是表现形态，商业模式、组织结构、人才结构、体制机制的转型才是核心。媒体融合战略对于传统媒体而言，复合传播带来的将是复合运营。所谓全媒体流程再造、新媒体集群，都已不是单纯的媒介产品创新，而一定是整体综合运营能力的统一建构。

具体说来，媒体融合首先是拓宽了内容传播的渠道，传统媒体由以往单一的传播形式向网络、视频等多种形式传播，传播渠道也多元化，而这一转变，使得传统媒体在信息服务的专业化和实时化的进程进一步加快，突破了以往的时效性瓶颈。其次，媒体融合大大拓宽了内容来源。互联网平台的兴起，手持终端的普及，自媒体也迅速发展起来，有价值的新闻内容其来源也更加多元，渠道多样，信息传播由一对多转变为多对多，每个人都可以成为信息源，以往记者单方面采访撰稿，转变为与受众的互动中不断拓展式的创新。第三，体制机制创新要求经营管理模式不断创新升级。媒介平台的拓展延伸，传统媒体信息服务逐渐呈现出移动、互动以及多媒体等多种全新形态，传统媒体以往叠床架屋的组织结构无法适应融合时期媒体发展的实际需求，同时，传统媒体的采编流程、信息传播、发行和赢利模式面临新的发展趋势和变革，支撑这一发展趋势的人才管理模式也亟须新的提升。第四，传统媒体技术系统不断创新升级。顺应时代发展潮流，传统媒体在融合发展中不断利用新媒体，开发新媒体产品，甚至于采编流程重构等都离不开新技术的支撑，技术是传统媒体打好融合战必不可少的有力武器，但不少传统媒体在这方面相对来说还处于劣势。

传统媒体在融合发展中面临着很多不可避免的改变，这是不可逆转的时代洪流，但在这一切的“变”中有一点应该是不会变的，那就是优质的内容。虽然互联网等新媒体的发展，信息生产模式和传播渠道变得丰富多样，使得海量信息的获取轻而易举，但真实有效的优质内容还是较为稀缺的资源。深邃的信息报道和新闻服务是传统媒体的优势所在，同时，传统媒体拥有的公信力在媒体融合时代也是不可忽视的资源。传统媒体在融合发展中，依托自身新闻信息和公信力资源建立的新媒体平台，或者生产的新媒体产品，其可信度较高，可以拥有较为稳定、忠实的受众群。因此，无论媒体如何融合发展，提供高质量的信息内容服务还是传统媒体自身的优势及本质所在。

（二）建立融合媒体机制需进行业务流程再造

流程再造是20世纪90年代初期在美国兴起的一次管理变革浪潮，其核心命题是“对组织的作业流程进行根本的再思考和彻底的再设计”，目标是“以期取得在成本、质量、服务、速度等关键绩效上重大的改进”。对于传统媒体来说，媒体融合意味着流程再造，改进自身的产品和服务以适应新的环境。报纸、期刊、广播、电视等传统媒体应由以往相对封闭单一的内容生产与提供商，转变成为开放的、综合性的传媒产业实体。

媒介融合背景下，众多发达国家的传统媒体如英国BBC、美国CNN、FOX等，组建连接各个媒体平台的中心枢纽机构，建立功能强大的信息处理平台，实现统一的信息采集、策划、处理，实现跨媒体资源的共享与整合，以及多种终端的内容分发；将传统线性、单向的业务流程再造为海量信息源，形成一次采集、多次发布、多层次生成、多媒体传播的业务流程，打通与新媒体的资源共享通道。以BBC新闻机构的融合媒体机制为例。整合之后，BBC不再分为电视新闻、网络新闻和广播新闻，三种媒体以工作组的形式共同组成BBC新闻中心，而以往各自为政的技术部门、管理部门也合并成统一的部门，主要包括：总编室（News Gathering Room），负责人员安排、技术支持等；用户创造内容部（UGC HUB）；素材加工部（SUB HUB），将新闻素材进行拆分，视频素材会被声画分离，以便广播组的编辑使用，声频素材会进行文字的整理，方便网络编辑使用；全球视频资源部（Global Video Unit），负责将外国新闻视频翻译成英文；视觉工作室（Visual Journalism）为电视和网络新闻提供可视化帮助，包括对大量复杂专业的数据图表的动画演示制作；未来媒体中心（Future Media）负责研发传媒先进技术，也针对各个工作组的需求开发新技术。[①]

① 苗．BBC媒介融合的多重意义．视听界，2013（4）．

在实现了业务流程再造的基础上，推进组织机构的转型，按照业务流程和要素重构组织结构。为适应媒介融合的发展需要，广电媒体需要着力打造三个中心：一是内容制作中心，包括新闻、节目；二是渠道播出中心，以适应广播、电视、互联网、手机等多种渠道、多种终端的需要；三是整合营销中心，从单纯的广告盈利模式向以用户为基础的整合营销转型。SMG新成立的东方广播中心，整合了SMG旗下广播新闻中心、东方广播公司、第一财经广播、五星体育广播四大广播业务板块，打破了原有分散管理的格局，有利于实施向新媒体转型的整体战略，进一步整合了内容、品牌资源。东方广播中心启动的“广播全媒体制作中心”项目，搭建了全媒体采集与分发技术系统，实现了广播节目多信源采集、多媒体编辑、多平台分发；通过生产流程再造，提升上海广播的新闻策划能力、资源整合能力、信息处理能力、数据分析能力及多平台分发能力。

（三）媒体融合组织结构趋向扁平化

目前我国传统媒体与新兴媒体融合发展的障碍在很大程度上在于体制机制，其中就包括传统媒体科层制叠床架屋式的内部组织架构。传统新闻采编生产流程中，政出多门，采编播和管理人员围绕各自平台单独为战，彼此之间缺乏有效沟通协作，协调成本高且成效低，资源无法充分利用。

而媒体融合时代，新闻信息生产已经呈现出明显的“产品迭代”现象，与此同时，传统媒体的“受众”已经逐渐转变为新媒体时代的“用户”，媒体内部的组织结构也必须做出相应的调整，而借鉴互联网的产品思维，建立产品经理制和项目制，已经是媒体内容生产和业务运营的大趋势。对传统媒体来说，需要的正是“基因重组”式的变革，包括提高反应速度、提升决策效率，在漫长的业务链上进行协同，都至关重要。

互联网模式的快速和协调，与其组织结构密不可分。阿里巴巴集团2013年将其全部业务架构和组织进行了相应调整，成立的25个事业部全部实行扁平化管理，给更多的年轻领导者创新发展的机会，以应对互联网的快速变革。阿里巴巴组织变革的方向是把公司拆成一个个小事业部运营，给更多的阿里年轻领导者创新发展的机会，确保以电子商务为驱动的新商业生态系统全面形成，以适应互联网快速变革所带来的机遇和挑战。而乐视网正在打造一个生态型的业务链和生态型的系统，其组织结构分成两种：管理型组织、项目型组织。管理型组织主要特征是扁平化、网格化、交叉管理，目的是提升决策效率和执行速度。项目型组织的主要特征是网格化，打破了层级，任何一个贯穿产业链的项目都有一到两个项目负责人。乐视网通过这两个组织，力图满足漫长产业链的整合，打造出有极致体验的产品。互联网和 IT 企业的经验也值得我国传统媒体借鉴。

企业流程再造的大师哈默和钱皮都认为，由于信息技术的飞速发展，公司组织创新可利用信息技术对组织进行整合处理。知识经济时代，纵横交错的信息渠道造就了扁平化的组织结构。企业扁平化的组织架构大大减少了管理层次，压缩了职能机构，精简人员，形成了紧凑而富有弹性的新型管理组织。在一个扁平化组织结构里，常规的等级型组织和机动的计划小组并存，有利于组织的高效运转，可以降低组织管理的协调成本，同时提高企业组织对市场的反应速度，更好地提升满足用户需求的能力。对于我国传统媒体来说，既然叠床架屋式的内部组织架构和传统的内容生产方式成为融合发展时代的体制机制障碍，就应顺应时代发展潮流，构建扁平化的组织结构，采用产品经理制和项目制。

媒体融合时代，新闻信息日新月异，新闻市场瞬息万变，过去那种带有深厚行政色彩的层层上传下达的编辑部难以实现快速应对，要想敏锐洞察舆论场的微妙需求、迅速行动，就必须将组织结构重心下移，将权、责、利向一线倾斜，让驱动融合发展引擎从领导者和总部变为各个子部门，乃至每个员工。因此，从媒体组织形态来说，一个适合互联网形态的编辑部，应当是一个扁平化的结构。同时，产品经理制和项目制也是一种值得推广的组织运营方式，让每个员工都是“产品经理”、“项目经理”，随时准备牵头实施一个个创新融合项目。同时，通过弱化部门概念，减少层级，让每个人都可直接对接一线、对接领导，大家根据项目的需要，可分可合，灵活高效地完成项目任务和组织目标。

（四）媒体融合推动传统媒体人才结构调整

依据传统媒体生产的价值链环节，传统媒体的人才组合大致有三种类型，一是新闻采编人员，他们是新闻产品和服务的直接生产者，从事新闻资源的深入挖掘和生产；二是信息技术人员，他们为新闻生产提供技术服务，是新闻产品生产和销售的技术、平台支持；三是经营管理人员，为传统媒体发展提供系统和宏观战略支撑。

在媒体融合发展趋势下，传统媒体进行了一系列创新，发生了很多改变，传统媒体要转型，首先就是构成传统媒体生产价值链不同环节的这三类人员要进行相应的转型。第一，新闻采编人员必须具备互联网思维，适应新闻信息“一次采集，多次生成，多向传播”的新的采编流程，必须适应新媒体时期的新闻传播方式，不仅要更新知识结构，更要学会使用各种新媒体技术工具，完成新媒体时期多面手的转变。第二，信息技术人员要适应媒体技术创新发展的需要，拓宽自身服务职能。媒体融合带来的多元化运作模式，使得媒体技术人员面对着海量的数字信息，不仅要做好传统媒体各类信息平台的建设和维护工作，也要准确把握融合时代的技术发展方向，以及新闻信息市场的发展趋势，加大技术研究和创新，开发更多的信息应用平台和新媒体产品。第三，经营管理人员更要具备融合时期的战略目光，保持更宽的经营视野，完善管理机制，持续推动传统媒体在融合发展中的战略转型，让传统媒体在融合发展中走快、走稳、走好。

媒体融合时代的创新不仅需要传统媒体人员自身的转型，也需要新的人才结构模式。传统媒体的人才结构，基本上是以“笔杆子”为主的人文学科人才占主导地位的结构，采编人员占据大半壁江山。近年来，随着信息技术及媒体产业化的快速发展，传统媒体也逐渐吸收了一些经营人才和技术人才加盟进来，在一定程度上对原有的人员结构有所改善。从体制机制的变革来看，传统媒体在融合发展阶段的管理呈现出典型的信息化特点，扁平化，项目制，用户至上，协调性与互动性较强。同时，传统媒体采编流程系统不断进行技术升级再造，新媒体产品层出不穷，传统媒体对经营人才和技术人才的需求空前旺盛。因此，传统媒体要在融合阶段获得更好的发展，其现有人才结构还需也必将继续向经营人才和技术人才倾斜。

二、2014 年我国媒体经营融合新动态

（一）2014 年媒体组织形态重构和运行机制改革亮点纷呈

传统媒体在互联网变革中面临巨大的挑战和压力，而其中体制机制如何适应新变化是首要问题。扁平化的组织架构和项目制是适应发展变化要求的，也是值得借鉴和采用的运行模式，我国不少媒体已经开始探索或使之成为现实。2014 年，传统媒体在寻找媒体融合发展所适用的组织形态和运行机制方面，无论是重组内部结构，建立跨部门的虚拟组织，还是改变新闻生产流程，建立中央厨房式的大编辑部等方面，亮点纷呈，为媒体融合的顺利推动，媒体自身的转型和发展奠定了基础。

1. 羊城晚报集团

羊城晚报报业集团 2014 年推出了一系列改革措施，重构新闻采编生产流程，升级采编系统，建立统一指挥调度的多媒体采编平台，实现新闻信息一次采集、多种生成、多元传播。2014 年 7 月份，羊城晚报社实施了机构改革，一是把采访部并入编辑部，确立编辑主导的采编理念，打破了国内沿用多年的采访、编辑各一支队伍，相互之间脱离的传统模式，把两个部门合并成一个编

辑平台。大编辑平台以编导采，编辑是主导，缩短从内容采集到加工的环节，从“订单”到生产，一步到位。使原来条块分割、采购加工分离的部门形态变成统一的有机整体。二是设立深度新闻部和评论部，调集精兵良将扩充人力，加强主题性宣传报道的策划，追求新闻的原创、深度、专业。三是新设置了出版流程部，报纸的版面设置、美编、校对统一归到出版流程部，重新优化人力资源、版面资源，让资源配置更加合理，更具有活力，也更能体现新闻专业精神。四是新设立活动策划部和综合办，确立重视营销的经营理念。面对激烈的市场竞争，《羊城晚报》改变原有的营销模式，各编辑部除了采访、编辑，还要推动客户做活动，新设立活动策划部协助各个编辑部门开展活动。新成立的综合办公室协调报社广告、发行、印刷以及非采编业务的活动经营工作，统一管理。五是为了充分利用《羊城晚报》的品牌效应来开展活动，在集团公司还设立了产业部和市场部，开展非报业务的经营。通过重组内部结构，羊城晚报报业集团初步搭建起采编大平台，转变了采编观念、经营理念，以实现媒体融合发展，提升传播竞争力和影响力。

2. **萧山日报社**

萧山日报社着力于围绕构建全媒体、融媒体运作体系，将原来以单一纸媒为核心的按新闻板块不同设立的部门进行了重置，取消了时政经济部、社会民生部、副刊部、视觉中心、广告部，建立了以报纸、网络、手机报、微博、微信、无线 APP 等全媒体集群为平台，按生产流程设置“全媒体管理中心”、“全媒体采集中心”、“全媒体发布中心”、“全媒体技术中心”和“全媒体经营中心”。同时，报社结合传媒产业发展的新趋势、新特点，在萧山日报传媒公司机构中设立了更加符合市场化要求的“用户数据与客服中心”、“市场与活动策划中心”等部门，从组织架构和生产流程上为推动融合发展奠定了组织基础。

3. 浙江日报集团

浙江日报报业集团集聚集团内的优秀采编、技术骨干，组建了数字采编中心，承担起新媒体产品的开发、运营和采编发布任务。同时，在集团内设置近20个新媒体专业编辑室，依靠千余名采编人员和遍布全省的通讯员队伍，形成了规模庞大的专业网络队伍。此外，浙报集团还强化协同机制，不仅是内容生产的全面融合，实现新闻信息一次采集、多种生成、多元传播，还在各个垂直细分板块中的资讯生产与发行、广告、增值服务中建立紧密协同机制，实现线上线下、内容和服务互动。

4. 瑞安日报社

2014年，瑞安日报社从浙报集团提倡的“用户中心说”理念出发，取消报社原有的部室设置结构，不再纠缠于采编分离还是采编合一，也不再按采编流程来设置部室，而是以分众化的用户对象来设置部室，包括新闻中心、用户中心、新媒体中心、地方新闻中心等。目前《瑞安日报》共设置了10大版块，实行采编经营一体化运作，打通报社和公司的资源、人员、功能通道，从版面经营变成用户经营、效果营销。

5. 成都传媒集团

2014年10月30日，成都传媒集团全媒体数字化采编中心正式启动，它将成都传媒集团各媒体新闻生产进行资源整合、标准统一、流程再造，建立统一的智慧采编平台，形成全集团媒体内容生产的“中央厨房”。采编中心有一支700人的新闻采编团队，统一指挥调度，共享新闻报料线索，形成新闻采集、生成、发布的互动采编模式，真正实现新闻产品的“一次采集、多次生成、多元发布、多平台互动、多渠道融合、多级放大”。

6. **广州日报报业集团**

2014 年 12 月 1 日，广州日报报业集团中央编辑部正式运作，这是其推动媒体融合发展的又一重大举措。中央编辑部由夜编中心、大洋网、全媒体中心、音视频部、数字新闻实验室等部门组成，中央编辑部各成员不仅是原有部门合并，办公地点也合并，搭建起跨越纸媒和新媒体的新闻统筹平台，将把新闻生产带入“滚动采集、滚动发布；统一指挥、统一把关；多元呈现、多媒传播”的融合发展新时代。

7. **上海东方娱乐传媒集团**

2014 年 3 月，上海东方娱乐传媒集团有限公司（SMG）在组织架构上做出了扁平化设计，撤销其原有管理架构和职能，新组建东方卫视中心，由原东方卫视中心、艺术人文中心、大型活动中心、新娱乐、星尚传媒等单位和部门组成，直属台、集团管理，同时中心设置节目生产和服务协调两大团队，节目生产团队设 20 个独立制作人团队，服务协调团队设三中心、三部门。中心采取闭环式生产系统，打破 SMG 原来“矩阵式”的组织结构（从上至下，集团—频道—职能部门—制片人—编导）。新组建的闭环式生产系统是一个环，圆环的中心是独立制作人和节目团队，外环由三中心、三部门组成，体现从研发、生产到播出的整个环节。组织架构由原来下级服从上级、等级分明的管理模式，到制作团队更多地强调对产品、观众和自己负责。

互联网打破了传统媒体渠道垄断的局面，传统媒体人感到了危机，需要改变生产方式，改变传播方式，把引导读者改变为服务用户。这种改变产生了很多不确定性，需要一直不停地根据外部市场环境的需求进行组织调整和变化，需要跳出常规思维，要跨界。传统媒体组织形态的重构突破了多层级的法人管理架构，建立了扁平化的生产系统，用互联网产品经理的理念，在内容生产流程和商业模式上进行了创新。

（二）传统媒体加快跨所有制的媒体生态圈整合

随着媒介融合的推进和媒介竞争的加剧，传统媒体对内容产品的生产和传播的垄断局面将被打破。新一轮的媒体改革纷纷指向一个目标——全面革新内容机制，运用互联网思维打造媒体生态圈，做全媒体生态、全产业链的综合性传媒集团。广播电视主流媒体在视听新媒体产业运作过程中，积极稳步地推动体制机制创新，逐步将经营性资源从事业体制中剥离，将新媒体业务划归产业阵营，按照企业模式经营。网络电视台、广播电视台视听网站的运营主体可在主流媒体控股的情况下引入社会资本，条件成熟时可寻求上市融资。IPTV 发布平台、互联网电视内容发布平台的运营主体可按国有资本独资企业建设。广播电视新兴产业的内容制作也可由国有企业与民营企业共同经营，充分发挥市场机制的优势。按照现代企业制度塑造视听传媒产业运营主体，增强主体对市场变化的反应速度和回应能力。以市场为导向，努力提高视听传媒产业链各环节参与主体的增值能力，创新经营体制，创新产品形态，加强衍生产品开发，构建多元化盈利模式，促进视听产业与相关产业的融合，打造主流文化传媒的系统竞争力。

以广电为例，业界已在内容战略上将互联网作为未来最主要的传播渠道，台网联动机制进一步革新。台网联动是指以优质的版权视频资源为核心，整合联动电视频道和视频网站两个播出平台，实现对目标受众的无缝隙覆盖。台网联动模式在经历了以优势电视平台带动弱势网络平台、优质台网媒体强强联合两个阶段后，进入了优势广播电视台从卫星/有线电视平台向互联网电视平台全面战略转型的时期。湖南广电在节目制作上实行扁平化、动态化管理机制，内部形成了近 10 个金牌制作团队、约 20 个基本制作群，生产出一大批创意精彩的节目，仅《快乐大本营》一个栏目，忠实收视群就达到数亿数量级，但这并没有给湖南台带来新媒体方面的发展机遇和价值，反而成为视频网站增加流量、吸引用户、营销事件、增加价值的重要手段。2014 年 5 月，湖南广电实施自制内容在台属视频网站独播战略，《花儿与少年》、《唱战记》、《变形记第八季》等几档新节目不再对外销售互联网版权，只在湖南广播电视台旗下的视频网站芒果TV独播。未来，湖南广播电视台拥有完整知识产权的自制娱乐节目，都将在芒果TV上独播，湖南台制作机构也将独家为芒果TV提供内容。此前已销售给其他新媒体的节目视频会按合同执行，之后不再出售视频转播权。湖南台抓住互联网传播渠道主流化的大势，将全部优势节目内容资源统一配置到芒果网传播，是对内容传播、营销的组织机制进行改革和流程再造。湖南台建立统一、独家的互联网电视传播平台，是该台全面转型为互联网电视平台、实现扁平化管理的开端。

版权是广电媒体的核心资产，内容越强大，版权就越强大，它可开发的价值就越高。在上海举办的“2014中国网络视听产业论坛”上，芒果TV总裁（快乐阳光公司CEO）张若波告诉记者，自从5月湖南卫视决定自制节目在芒果TV独播后，商业反响非常好，2015年的广告招商金额就已经覆盖历年版权分销收入。5月份湖南卫视宣布，今后湖南卫视拥有完整知识产权的自制节目，将由“芒果TV”独播，在互联网版权上一律不分销，以此打造自己的互联网视频平台。紧随湖南广电新的网台联动战略，安徽卫视终止了《我为歌狂2》版权转让合同；中央电视台也不再分销2014年的世界杯新媒体版权，而仅在CNTV平台使用。可以预计，其他众多的强势品牌卫视都可能进一步跟进。当然，广播电视台优质节目在自身视频网站独播，最迫在眉睫的是完善全媒体平台培育，尤其是补足流媒体传播的短板，提升传播力。随着台网合作机制的创新变革，大视频产业进入了竞合的新阶段。

（三）新型电子商务进一步呈现媒体化色彩

新媒体的发展前景关键在于要将内容生产能力和盈利能力结合起来，理想的商业模式应该同时具备三个要素——“网络、分类、对标”，这是新媒体实现盈利的三个重要步骤。第一步，先利用细分化的内容吸引具有某些共同特征的消费者，构建一个虚拟的媒体社区；第二步，针对这些具有某些共同特征的读者（消费者）进行分类，进行数据挖掘；第三步，根据这些读者（消费者）的特征针对性地推出定制化的广告，推广商务。

现在大多数 WEB 2.0 媒体还只是完成第一步的工作，即通过内容积聚起足够的人气，但接起来的工作并没有展开。虽然许多网站号称有多少会员，但这些会员并没有反映足够多的消费者的信息，因此针对这些潜在的消费者进行电子商务也就无从谈起了。这个过程其实也是一个“精准营销”的概念，Google 的成功在很大程度上也是基于此得。当一个人通过 Google 搜索关键词时，Google 也同时了解到这个人可能会对哪些东西感兴趣，然后为这个人提供针对性的广告，这种广告的精准度要远远高于传统媒体。Google 的成功也揭示了新媒体的发展趋势，那就是提供内容集合的价值要高于提供内容的价值，因为前者能够更有效地发掘潜在消费者的商业价值。在广告商来看，Google 与其说是一个搜索引擎，不如说是一个消费者信息的甄别器和广告适配器。

在新媒体的商业模式“三步曲”中，如果说第一步还只是具备了一些传统媒体的特征，那么第二步和第三步已经具备了一些电子商务的功能。当新媒体具备了消费者行为分析和提供针对性的广告之后，加以物流系统和支付系统，就是电子商务了。当新媒体越来越多地具备消费者分析和精准营销等功能的时候，新媒体和电子商务的融合已经不可避免。这种趋势主要体现在两个方面，一是越来越多的新媒体具备了电子商务的功能，二是越来越多的厂家开始开发自己的新媒体为自己的电子商务服务。

如果说这种趋势现在还不够明朗的话，那么另一种趋势已经非常明显了。那就是越来越多的电子商务网站开始设立自己的新媒体，利用新媒体来推动电子商务的发展。电子商务和新媒体的界限模糊了，在媒体和电子商务之间开始形成一个完整的价值链。

环球资源就是这样一家公司，它们同时具备展会、电子商务网站和传统媒体，实现了媒体和电子商务进行无缝连接，形成一个真正意义上的媒体和电子商务的融合体。可以说，环球资源是一家媒体公司，也是一家电子商务公司，其中分别已经不是那么重要了。

阿里巴巴的发展路径也一直在遵循着这种趋势，无论是从以前的“在阿里巴巴认识”，还是现在的“在阿里巴巴做生意”，还是未来的“在阿里巴巴上生活”，阿里巴巴也在通过再创业和并购来打造一个完整的产业链，这个链条中媒体和电子商务已经密不可分。

而成立于2012年，以“致力于力所能及地改善中国食品安全现状”为首要目标的本来生活网，定位于通过一套买手和质检制度为消费者提供安全食品供应的网站。将该网站的网站杂志、买手制度、本土化等关键词联系起来，我们不难发现本来生活网已经从一个电商变为了一个“类媒体”，或者说，本来生活网选择了一条将自己包装为媒体的营销渠道。

传统的消费品公司也在这样做，无论是可口可乐还是百事可乐，阿迪达斯还是耐克，佳能还是索尼，他们都在设立自己的虚拟社区媒体（不是公司网站），通过这种途径非常有效地和消费者沟通，消费者甚至可以通过这些虚拟社区媒体来购物。

当然，这并不意味着一家公司一定要涵盖从媒体到电子商务所有的环节。这个价值链中依然遵从着专业分工的原则，越来越多的公司针对其中某一个环节提供针对性的服务，比如说进行消费者行为分析等专业服务，而这恰恰是那些小公司未来的发展空间。

因此，新媒体和电子商务的融合不仅仅改变了对方，更重要的是，他们创造了一种新的商业机会。无论是那些苦苦思索新媒体的赢利能力的创业者，还是那些希望通过新媒体去推广品牌和电子商务的大企业，这种融合都会给他们提供许多新的启发。

（四）微信摇一摇为电视机构链接上移动互联网用户

微信“摇”电视，用户在收看电视的同时可以通过移动终端进行通信、互动或其他与电视内容相关的社交化行为，通过社交网络技术或平台来支持用户进行与电视相关的实时互动，极大地提高用户的观看体验。2015 年央视春晚带动的全民主题活动就是摇一摇，春晚抢红包环节让观众有了耳目一新的体验和感受春晚上“摇一摇”8.1 亿次/分钟的峰值，也让人们看到了社交电视广阔的市场前景。2015 年 3 月，腾讯微信团队正式宣布：“摇电视”作为“摇一摇”的常规功能，正式对外开放。据海通社消息，截止到 2015 年 3 月，微信摇一摇已接入 50 多家电视台，有近百个电视节目开展摇一摇互动，包括：

2014 年 1 月 25 日，贵州卫视《最爱是中华》（综艺）

2014 年 6 月 29 日，湖北卫视《如果爱》全国首摇（真人秀）

2014 年 9 月 3 日，联合全国省级台民生新闻协作体发起“全国广电媒体微融合联盟”

2014 年 9 月 21 日，东方卫视《中国梦之声》（综艺）

2014 年 10 月 1 日，江西都市频道《空中黄金周》（综艺）

2014 年 10 月 4 日，北京卫视《我是演说家》（综艺）

2014 年 10 月 19 日，浙江卫视《星星的密室》（真人秀）

2014 年 10 月 27 日，山东卫视《红高粱》（电视剧）

2014 年 11 月 1 日，河南都市频道《名嘴 K 歌秀》（综艺）

2014 年 11 月 1 日，山东齐鲁《好运连连到》（综艺）

2014 年 11 月 7 日，上海新闻频道《剩女为爱作战》（真人秀）

2014 年 12 月 3 日，湖北卫视《跟着总书记足迹看湖北》（综艺）

2014 年 12 月 21 日，江西卫视《带着爸妈去旅行》（综艺）

2014 年 12 月 31 日，东方卫视《2015 跨年演唱会》（综艺）

2015 年 1 月 1 日，江苏卫视《2015 新年演唱会》（综艺）

2015年1月7日，河南卫视《井字对抗》（综艺）

2015年1月10日，东方卫视《何以笙箫默》（电视剧）

微摇的功能是根据电视节目的声音来匹配识别的，用户打开微信摇一摇的“摇电视”功能，在能听到电视节目声音的地方晃动手机，服务器便能实时将电视直播的声音转换成音频指纹，与直播流的音频指纹进行匹配，进入相关节目互动页面。微摇为电视节目提供多样化的互动形式，用户通过微摇不仅能够获取节目信息，还能深度参与到节目中，包括答题、签到、抽奖、投票、领取赞助商发放的各种现金或抵用票券等，用户黏性显著增强。用户还可以关注节目相关公众号，在公众号社区或节目专区进行吐槽评论，甚至还能发布文字弹幕，实现与电视节目的实时互动。通过摇一摇，微摇公司收集的用户信息可以把观众进行分类，对其进行广告精准推送。微摇甚至可以与微信再合作把这些有共同兴趣爱好的观众组建一个朋友圈或粉丝团，在这个社交圈中投放广告。

“微信摇电视”应用的大规模推广，给传统电视与移动终端的互动融合提供了契机，为把电视观众转换成用户提供了技术手段。电视台通过电视屏和手机屏的跨屏互动发展社交电视，建立了链接移动互联网的商业模式。社交电视是原有人际环境的延续，是从物理环境到虚拟环境的转变。虽然电视“摇一摇”功能发展至今仅有一年多的时间，但是这种将电视媒体、广告商和观众紧密相连的经营模式，还是迅速地占领了传统的电视市场。但我们仍需要看到，有了用户，电视台还必需与数据库电商及营销平台合作，扩大自己的用户规模，获得大规模高质量、精准的用户数据，提升自身的数据库精准营销能力，以此为基础构建数据库电商平台和通路，以期实现业务转型和扩张。

三、媒体经营融合的重点探索领域

（一）不同规模媒体的商业模式

在产业大融合背景下，传统媒体有哪些可行的商业模式呢？媒体融合的核心是如何去运用新的技术、新的渠道，去构建新的关系、新的平台。也就是要解决这一媒体系统的用户平台如何构建，其内容如何生产、如何分发，商业模式如何建立等问题。当然由于各类媒体的特点和性质不同，也要根据其不同特点来选择适合自身的商业模式。

1. **全国性综合媒体集团**

央媒又可以分为人民日报社、新华社、中央电视台等综合性媒体和中国教育报刊社等行业性媒体，对于综合性央媒来说，可以通过在打造互联网新闻平台的基础上进入自身擅长的产业和领域，例如人民日报社在打造人民网之后进军舆情业务；而资源最为丰富的中央电视台则可以在打造自身的互联网平台后，以体育频道为主体进军体育休闲产业，以娱乐频道为主体进军娱乐休闲业，以财经频道为主体进军财经信息服务业。此外，中央电视台应以其庞大的视频资源为抓手来切入。对于行业性央媒来说，由于其覆盖领域不同于综合性央媒，应该充分发挥其某一行业深度覆盖的优势，在打造垂直类的互联网平台之后，进军相关的产业，例如，中国教育报刊社可以深度挖掘教育产业资源，健康报社可以充分挖掘养老保健的产业价值，中国旅游报社可以积极进军智慧旅游产业。

2. **区域性媒体集团**

对于省级媒体来说，核心是打造基于大数据的综合性信息服务平台，而各地应根据各地的产业特点来实现产业融合。对于省级报业集团来说，由于其旗下媒体面向的主要是省内的媒体市场，单纯的新闻网站难以达到足够数量的流量，就需要提供生活服务类资讯来聚集更多的流量，19 楼网站、大众网、浙江在线等都聚合了当地大量的生活服务类资讯；对于广电传媒集团来说，实力强大的集团可以覆盖全国市场，芒果 TV 是其中的翘楚。而至于产业融合，各地都充分利用政治红利来获取稀缺资源，例如，羊城晚报报业集团大力打造创意产业园，园区内汇集了包括 YY、酷狗在内的众多优质互联网企业，湖北日报报业集团和云南日报报业集团积极进军房地产业，浙江日报报业集团积极开拓游戏产业和养老产业，上海报业集团、河南日报报业集团等进军金融业；大众报业集团进军旅游业。SMG 和湖南广电进军投资业和电视购物业，业绩不菲。

3. 地市级和县市级媒体

对于地市级和县市级媒体来说，核心是打造基于大数据的信息服务和网络行政互联网平台，把当地的各类信息服务和各类政务服务集纳上来，核心是更好地发挥本地的深度覆盖优势。由于地市级和县级媒体的市场空间较小，这就需要提供更为精细的服务。例如，苏州广电打造的“无线苏州”客户端和瑞安日报社的“全媒体网络行政平台”就提供了包括新闻、生活服务和政务服务的各类信息。在产业融合方面，可以重点进入当地的养老保健产业、教育产业和产业园区等产业，例如，瑞安日报社就通过轻资产运营的思路，仅仅投资 1500 万元就打造了一个占地 161 亩地的文化创意产业园项目。

（二）基于既往优势创新盈利模式

随着数字技术和网络技术的不断发展完善，传统电视节目的收视情况愈发不容乐观，最直接的影响就是广告收入的下滑。因此创新媒体的盈利模式，加大新产品的开发，提高非广告收入占比，已经成为传统媒体实现可持续发展的必然选择。

1. 精准让广告更有价值

目前，我国媒体收入的来源比较单一，对于广告的依赖度非常高，电视媒体的广告收入在全部收入的占比更是超过了 80%。尽管广告一家独大的收入结构颇受诟病，但是不可否认，不管是过去，现在，还是将来，广告始终是媒体最重要的收入来源。各种不同类型的媒体都面临着一个相同的问题，那就是如何利用有限的广告资源，创造更大的广告价值。移动互联网时代的到来，大数据的广泛应用，增加了传统电视的传播影响力，加深电视受众参与体验改进了电视节目制作方式，从而提高了电视频道和电视节目的广告经营收入，通过传统电视媒体与新媒体的资源整合利用、电视植入广告等多种形式，增加了来自新媒体渠道的广告收入。植入广告，大家都不陌生，在电视节目当中表现为冠名植入，在影视剧中表现为人物对白植入、品牌 LOGO 植入和景点场馆的植入等。而在互联网中，植入广告的表现形式更加多样，它可能是找茬游戏当中的品牌图片，也可能是英语培训教材当中的一段含有某产品特点的对话。植入广告由于较高的到达率和客户转化率而备受青睐，如电视行业领先者湖南卫视非常重视软性植入广告，名牌栏目《天天向上》就是成功的典型案例，2013 年湖南卫视软广收入已经占到了总创收的 20%至 30%。而作为更高层次的植入广告，原生广告自 2013 年问世以来受到了业界的高度关注。原生广告具有三个特点，首先，内容是有价值、有意义的信息；其次，内容植入和呈现不突兀、不破坏画面的和谐；最后，用户分享参与传播。一些已经掌控移动互联网终端的企业已经开始更多的尝试，仍以湖南卫视为例，其手机互动客户端“呼啦”用户数在 2014 年年初即超过了 1000 万。湖南卫视通过电视二维码资源，彻底打通了线上和线下，帮助广告客户和用户更好地进行互动。

2. 开发衍生品实现产业增值

好的内容不仅能卖出好的价钱，还能开发衍生产品，延伸产业链。如一个好的节目可以发行给各地方台，比如《鲁豫有约》在全国许多地方频道都有播出；还可以制成音像制品和图书，如《百家讲坛》。随着各地传媒集团实力的加强，他们也具备了自己操刀、跨平台整合资源的能力。

2014 年春节期间，由湖南卫视综艺节目《爸爸去哪儿》原班人马打造的电影在全国上映，取得了超过 7 亿元的票房佳绩。《爸爸去哪儿》的同名手机游戏上线后首发日 24 小时内下载量突破百万，20 天内注册用户将近 5000 万，活跃用户达到 300 多万，目前总下载量超过一个亿，实现了将观众变为用户的可能。同样，浙江卫视也在电视剧《北京爱情故事》热播的同时，趁热打铁，在 2014 年情人节档期推出了《北京爱情故事》电影版，在票房大卖的同时，还让深度植入的旗下综艺节目《中国梦想秀》火了一把。2014 年 10 月在浙江卫视热播的《奔跑吧！兄弟》电影版也于 12 月初在三亚开机，以抢夺 2015 年贺岁档的电影票房。

东方卫视 2014 年 8 月推出的《女神的新衣》直接介入时尚产业全过程，上演了一场直销于网络的电视购物秀。《女神的新衣》带给电视业颠覆性的思维模式，直接介入时尚行业的终端销售，进行利益分成以提高电视的盈利能力。

浙江卫视 2014 年 10 月推出的《奔跑吧兄弟》收视率极高，一家叫银客网的 P2P 网贷公司联合《奔跑吧兄弟》出品方之一的大业传媒，在“双十一”期间展开活动，单笔投资满相应的额度，即可获得《奔跑吧兄弟》线下活动不同折扣的优惠券。银客网与该栏目进行深度合作可谓“强强联合”，双方均看中对方庞大的用户和收视群体，可以实现线上与线下用户的“导量互惠”，从而激发更大的商业价值。

而随着电子商务的持续发展，消费者已经习惯了在网上购物，电视购物相对于网络购物有明显的优势，能够看到实物的演示和使用的效果，加上完整的物流体系，都是电视购物发展的有利条件，电视购物平台的搭建能够使电视媒体的收入有新的来源，不仅仅停留在节目和广告投放，而是能更多地参与到经营当中。2010 年，湖南卫视与淘宝网在长沙宣布组建“湖南快乐淘宝文化传播有限公司”，在淘宝网上设立专门潮流购物频道及外部独立网站；打造与网购有关的电视节目及影视剧；打通网络与电视的平台终端，创建电子商务结合电视传媒的全新商业模式。

3. 进军网络游戏产业

随着网络游戏在人们休闲生活中日益普及，诸多缤纷游戏产品深深吸引了越来越多的行业和机构，网络游戏已经成了最吸金的行业，不少电视媒体也将触角深入了这一领域。

浙江日报集团通过并购盛大网络旗下杭州边锋和上海浩方网络游戏平台，迅速获得一个拥有2000万活跃用户，2亿注册用户，800万移动用户的成熟网络平台，这为浙报集团的加速转型打下了基础。借此，浙报传媒积极探索线上线下相融合的文化服务O2O模式，大力推动浙江在线（新闻服务）与腾讯大浙网（生活服务）、边锋浩方（娱乐服务）的“三网融合”，实施“本土化、社区化”路径。

全球云端游戏解决方案技术领导厂商优必达科技有限公司，与全球千亿市值的新媒体巨头、IPTV、OTT及家庭娱乐运营平台的领导先驱——百视通新媒体股份有限公司，共同宣布达成合作共识，双方将携手于百视通新媒体平台及其他电视互动娱乐平台，并积极引进国际大厂的旗舰级游戏，将带给中国市场广大用户全新的游戏体验。

2015年5月，百视通已经完成家庭电视互动娱乐平台设备的发行与运营服务体系建设，要满足玩家对国际流行游戏大作的期待，百视通对游戏内容建设极其迫切。百视通与优必达合作推出云端游戏，是百视通游戏内容建设的重要举措之一。双方将为IPTV、OTT与电视互动娱乐平台用户带来全新娱乐体验，这也是我们与全球游戏合作伙伴开放合作的重要模式之一 。

（三）多业务融合的商业模式创新

多业务融合的商业模式创新强调通过各业务平台之间大规模、大范围的组合，实现大而集中的规模经济与小而分散的范围经济。在某个业务平台上的投入，其收益是在另外一个业务平台上通过利益的补贴和交叉、捆绑来实现的。

通过这种大范围、大规模整合的新业务形态，为客户定制整合型解决方案，各个业务平台、子单元参与获利。

具体而言，基于多业务融合的商业模式创新有以下几种思路：

第一，内容关联：触发广告展示、电视购物及消费分享。例如《舌尖上的中国》的海内外热播，的确给制作方带来了可观的版权收益，然而除此之外的盈利机会，广电产业并没好好把握。事实上，有很多人是咽着口水看完《舌尖上的中国》的，伴随节目内容播出为大众熟知的产品、服务、品牌等等，完全可以通过双向互动的有线数字电视提供广告展示、电视购物以及消费分享等一站式服务。敏锐的网站早已嗅到商机，当《舌尖上的中国》第二季“秘境”一集播出的同时，剧中提到的达里湖华子鱼已经可以通过生鲜电子商务网站“本来生活”在线购买，因为他们已经签下华子鱼在全国的独家销售代理权。

第二，兴趣关联：触发定向广告推送和消息订阅。专业的视频节目是最好的兴趣定位和人群聚合途径，例如针对长期观看网球节目的用户，不仅可以定向推送运动装备信息，还可以有针对性地提供专业培训资讯，组织大众赛事等深度价值开发。又如美食节目不仅可以关联厨房用具，还可以延伸蔬果配送服务以及同城主妇聚会等等。与专业互联网站的业务实现无缝对接，既有效发掘了视频节目的用户价值，而且对于用户忠诚度的培育也起到积极的作用。

第三，用户关联：触发社交电视等交互增值应用。在从“看电视”到“用电视”转变的过程中，我们不能只关注用户与视频内容的关联和互动，更应开发基于用户之间关联的应用服务，这才是“社交电视”的本质。例如正在年轻族群中兴起的弹幕网站，就是通过为用户提供一种“分别一起看电视的陪伴感”而大获成功。人们在春晚、《中国好声音》、《爸爸去哪儿》等热门节目播放的同时上微博、微信吐槽的行为，正显示了这种基于视频节目的强烈的社交需求。

第四，位置关联：触发 O2O 社区电子商务的增值应用。无论节目如何优秀，我们都已经很难回到全家人一起看电视的时代。这意味着，电视连接的并不是以家庭为单位的综合需求，相反，它反映的是以家庭成员个体为单位的多样需求。此外，电视等于家庭住址，等于社区服务，也就等于潜在 O2O 电子商务商机。例如，对于家庭主妇来说，通过电视解决家庭住址周边的生活物资一站式配送，是极具吸引力的。对于宅男宅女来说，一边看电视一边就可以通过遥控器订快餐、买零食，可谓娱乐生活两不误。

第五，数据关联：触发 RTB 实时竞价广告模式的展示广告创新。RTB 实时竞价广告是新兴数字媒体展示类广告的未来，借助这样的技术，当不同的人看同一个电视节目时，不再是同一个广告，而是针对他个人兴趣、爱好和行为习惯的个性化广告。品牌借此可以实现更精准的广告投放和更高的投资回报率，这也为电视广告的革新带来了无限的发展空间。

（四）人才队伍转型成为关键一环

媒体融合的体制机制改革是核心性问题，但无论是体制机制的设计还是实施，都需要人力的参与和执行，而且进入到媒体融合阶段，内容创新、技术升级、渠道拓展等固然都很重要，但将各种要素发挥最大效用，也离不开人这一生产力中最活跃的因素。可以说，媒体融合最核心的就是人的融合，是人才队伍的转变。

一是通过内部创业留人。用良好的激励机制促使传统媒体打造适应媒体融合发展的队伍，通过推动以产品为核心的一体化运作，为人才提供广阔的发展空间，不但留住了人，还使新媒体获得了长足发展。2014 年，浙江日报报业集团借鉴互联网风险投资的理念，组建了传媒梦工厂，用投资、孵化的方式，研究新媒体的团队、运营、生存、发展的环境。该集团推出了新媒体创新孵化计划，借鉴主流互联网公司内部孵化模式，启动内部新媒体创新大赛，所有员工都可报名参加。2014 年 5 月份，浙报集团内部组织开展的新媒体创新大赛，涉及 50 多个项目，有 200 多名采编人员参与。此外，浙报集团还先后成立人才工作领导小组，推出人才工程的“七彩计划”，计划用三年时间遴选七类人才共1000名左右，为他们提供相应的教育培训、岗位锻炼和事业发展平台。

二是完善考核和激励机制。考核和激励机制是吸引、留住人才的重要手段，媒体融合发展时代，要改革完善人力资源考核制度，打造适合新媒体的考核机制，留住新媒体人才。针对媒体内部专业、岗位的不同特点划分，分别建立科学的人才绩效考核制度和指标考核体系，加大优秀人才的考核倾斜力度，实现从人力资源管理向人才资源管理的创新转型；改革薪酬福利体系，收入分配向关键岗位和优秀人才倾斜，构建以经营业绩为核心的多元分配体系，对有突出贡献的优秀经营人才和技术人才提供有竞争力的薪资收入；要建立完善人才激励奖惩机制，通过考核目标管理，编制适合新媒体运作的考核指标和方式，设置专业人才奖金，对关键岗位的优秀人才给予特殊的政策扶持，激发其干事创业热情。

三是为人才提供培训成长机会。融合时代媒体发展瞬息万变，知识更新日新月异，要适应发展需求，必须不断更新知识架构，通过培训实现自我提升不仅是人才自身的要求，也是融合发展的必然要求。对人才的培训要以市场为导向，坚持多元化培训方式，实现人文教育与技能教育相结合。为优秀人才提供的多元化培训方式包括新进人才的上岗培训，南方报业传媒集团就进行为期两周的全日制式上岗培训，让人才尽快融入到队伍中去。还有拓展培训，包括选派优秀人才到国外先进媒体进行考察，与高校联合开展专题培训和研讨，与培训机构合作开办中长期培训课程，选派优秀人才骨干去国外攻读相关学位，通过一系列方式，进一步提升优秀人才自身素质，使其尽快成长为提升媒体竞争力的中坚力量。

四是优化用人环境。媒体变革时代，良好的用人环境，使人才有归属感，对组织与领导有认同感也是新经济形势下吸引和留住人才的关键。一个良好的用人环境包括人文环境和人际环境。媒体机构的管理决策者，要相信并积极鼓励优秀的经营人才和技术人才在激烈的传媒市场竞争中，创造性地自由发挥，在新媒体领域中大胆开拓创新。同时，积极加强团队协作，团队之间相互配合，形成良好的协作沟通机制，打造利于干事创业的和谐氛围，为留住优秀人才营造良好的工作环境。此外，对优秀人才要进行工作、生活、物质、精神多个层面的培养和关怀，解决其后顾之忧，提高其归属感和认同感。例如浙报集团兴建了人才公寓，以大大低于市场的价格，优惠出租给员工，为留住年轻优秀人才做了大量有益工作。

作为生产力中最活跃的因素，人才一直是各种要素发挥效用最关键的一环，传统媒体在互联网信息时代的生存和发展，顺利完成转型，同样离不开人才。媒体融合最核心的是人的融合，是人才队伍的转变。传统媒体在融合发展阶段呈现出了典型的信息化特点，扁平化、项目制、用户至上等，媒体的人才结构势必也要做出相应的调整，“用户需求发现型”的经营人才和“技术研发型”的技术人才更是成为了不可或缺的重要资源。人才的转型和融合是实现媒体融合发展的关键，栽下梧桐树，方能引得凤凰来，在与新媒体的人才竞争中，传统媒体必须要整合自身资源，通过建立健全绩效考核体系等多种方式，不断完善用人机制，继续探索和实践融合发展条件下的吸引人才、留住人才的有效途径，为当前和未来发展获得强有力的人才支撑和团队保障。

（本章编写者：董鸿英、王静、彭洋）

第六章　管理融合

推动传统媒体和新兴媒体融合发展，是党中央在新的传媒生态下着眼巩固宣传思想文化阵地、壮大主流思想舆论作出的重大战略部署。中央对于推动传统媒体和新兴媒体融合发展的基本要求是“要一手抓融合，一手抓管理，确保融合发展沿着正确方向推进”。管理融合是中央推进媒体融合的重要方面。从意识形态领域看，互联网已经成为舆论斗争的主战场，直接关系我国意识形态安全和政权安全。可以说，传统媒体已经到了一个革新图存的重要关口。新闻媒体是党和人民的喉舌耳目。推动媒体融合发展，要始终坚持党管媒体原则，坚持团结稳定鼓劲、正面宣传为主方针，把正确导向贯穿到融合发展的各环节、全过程，使融合后的媒体继续成为主流媒体，不断巩固壮大主流思想舆论。推动媒体融合发展要按照积极推进、科学发展、规范管理、确保导向的要求，以中央主要媒体为龙头，以重点项目为抓手，坚持传统媒体和新兴媒体优势互补、一体发展，充分运用新技术新应用创新媒体传播方式，占领信息传播制高点。管理融合即是要通过政策、法律、法规等途径着力解决当前我国传统媒体中存在的功能重复、内容同质、力量分散，新旧媒体之间政策不对等、竞争无序等问题，优化资源配置，提高媒体管理的科学化水平，进一步解放新闻生产力，使传播秩序更加规范。

一、新政策：媒体融合成为全面深化改革的重要战略组成

（一）国家从顶层设计层面推动媒体融合发展

2014年，融合发展已成为全球媒体的重要实践和未来方向，中国传媒也在不断探索融合发展中前行。2014年，媒体融合发展则进一步提升为我国全面深化改革的重要战略组成。2014年8月18日，中央全面深化改革领导小组第四次会议审议通过了《关于推动传统媒体和新兴媒体融合发展的指导意见》，这标志着我国将从顶层设计层面推动媒体融合发展。

中共中央总书记、国家主席、中央军委主席、中央全面深化改革领导小组组长习近平指出：推动传统媒体和新兴媒体融合发展，要遵循新闻传播规律和新兴媒体发展规律，强化互联网思维，坚持传统媒体和新兴媒体优势互补、一体发展，坚持先进技术为支撑、内容建设为根本，推动传统媒体和新兴媒体在内容、渠道、平台、经营、管理等方面的深度融合，着力打造一批形态多样、手段先进、具有竞争力的新型主流媒体，建成几家拥有强大实力和传播力、公信力、影响力的新型媒体集团，形成立体多样、融合发展的现代传播体系。要一手抓融合，一手抓管理，确保融合发展沿着正确方向推进。

（二）媒体融合成为传播体系创新发展的重要方向

在新世纪以来，从全球传媒转型创新发展的进程来看，媒介融合早已成为一种重要实践并日益成为共识。在这种背景下，十八大以来，党中央日益重视顺应新兴媒体发展大势下的媒体融合发展，并为传播体系创新指明了方向。

2013年11月，党的十八届三中全会明确提出，要整合新闻媒体资源，推进传统媒体与新兴媒体融合发展。以党报党刊、电台、电视台为主体的传统媒体，作为党的重要思想舆论阵地，必须以改革创新精神加快与新兴媒体的融合发展，切实增强传播力公信力影响力和舆论引导能力，在互联网上特别是新兴

媒体领域牢牢掌握话语权，发挥好中流砥柱、定海神针的作用。

在 2014 年 1 月的全国宣传部长会议上，中央政治局常委刘云山同志也对推进传统媒体与新兴媒体融合发展提出了明确要求。指出提高舆论引导能力和水平，已成为党的执政能力建设的一个重要内容，成为国家治理能力现代化的一个重要方面。必须贯彻好党管媒体原则，必须在把握正确导向上下功夫，必须积极抢占网络舆论阵地，高度重视改进创新问题，不断提高传播能力。6 月 29 日，刘云山同志到人民日报社调研时强调，要顺应媒体发展的新趋势，尊重规律、勇于开拓，掌握新技术、发展新业态、用好新媒体，加快推进报网融合，不断提升主流媒体的传播力影响力。

在 2014 年 4 月专门召开的推动媒体融合发展座谈会上，中共中央政治局委员、宣传部部长刘奇葆同志对推动媒体融合发展作出了具体部署，强调要着眼巩固宣传思想文化阵地、壮大主流思想舆论，积极推动传统媒体与新兴媒体融合发展，推动媒体融合发展是一项紧迫的战略任务，要解放思想，破除陈旧观念的束缚，形成适应融合发展的新观念新认识，要加快建设形态多样、手段先进、具有强大传播力和竞争力的新型主流媒体，努力达到世界一流水平。他指出，推动媒体融合发展，要树立一体化发展观念，强化互联网思维，增强借力发展意识，发扬攻坚破难精神，形成适应融合发展的新观念新认识。要紧盯技术前沿，瞄准发展趋势，不断以新技术新应用引领和推动融合发展。要始终把内容建设摆在十分突出的位置，增强核心竞争力，以内容优势赢得发展优势。要加快改革创新步伐，形成一体化的组织结构、传播体系和管理体制，为融合发展提供坚实保障和有力支撑。融合发展要实现突破，顺应互联网传播移动化、社交化、视频化的趋势，把当今可用的技术都囊括到我们的视野中来，进入到我们的项目设计，用最好的技术，达到最好的水准，取得融合发展最佳效果。推动媒体融合发展，在强调技术引领和驱动的同时，必须始终坚持“内容为王”，把内容建设摆在十分突出的位置，以内容优势赢得发展优势。要加快改革步伐，积极探索创新，推动形成一体化发展的体制机制，为融合发展提供坚实保障和有力支撑。

推进媒体融合发展，是一场事关我们党能否牢牢掌握意识形态工作主动权和话语权的重大而深刻的变革，是党中央着眼巩固新闻传播思想文化阵地、壮大主流思想舆论、创新发展传播体系作出的历史性战略部署。

（三）以更为多元的方式丰富“党管媒体”的手法

我国新闻媒体担负着重要的社会功能，保证党对媒体的管理和舆论倾向的主导，是我国新闻媒体政策的基本出发点。但面对新的互联网传播环境，党和政府开始尝试以“行政调控＋资本导控＋法律约束”的三位一体的组合方式，提高“党管媒体”的水平。

其一，对传统媒体集团坚持以行政调控为主的管理方法，保证及时准确地实现党和政府的政策意图。

其二，对各类媒体上市公司可以一方面通过传统媒体集团的控股地位实现资本控制，另一方面根据中央《关于推动传统媒体和新兴媒体融合发展的指导意见》的要求，通过特殊管理股制度，减低传统媒体集团对其上市公司控股比例的要求，使传统媒体集团可以有更强有力的投资杠杆。

其三，尽快制定细则，落实中央《关于推动传统媒体和新兴媒体融合发展的指导意见》中“支持传统媒体控股或参股互联网企业、科技企业，开展对互联网企业有关特许经营业务实行特殊管理股制度试点”的精神，实现经由传统媒体集团，通过资本手段对互联网企业有关特许经营业务的有效控制。

其四，根据互联网信息传播主体泛化，即所谓“人人都有麦克风”的特点，加快制定各种相关法律，明确信息发布者、平台运营商、网络运营商的责任，逐步实现在新闻传播领域的依法治理。

二、新法规：进一步出台规范媒体融合发展空间

依法优化传播秩序也是媒介融合管理的重要内容。2014 年，我国的新媒体治理模式全面升级，不论是领导机构的设立、管理部门的重组，还是法规的出台、专项行动的展开，都达到了前所未有的力度。

（一）依法管网：传播秩序的基本保证

在中国互联网发展的二十年里，出于扶持互联网的发展，政府对于新媒体传播渠道的管制是相对宽松的，或者说对新旧媒体传播渠道管制是不对等的。媒介融合带来了新的传播秩序，在促进媒介融合发展的基础上优化传播秩序，法治是基本保障。

2014 年以来，对于新媒体可谓是法制化的管理之年。面对互联网技术和应用的飞速发展，传统媒体管理尤其是网络媒体管理体制存在明显弊端，主要是“多头管理、职能交叉、权责不一、效率不高”。2014 年，中央网络安全与信息化领导小组从互联网管理的顶层设计层面进一步理顺了体制机制，改变了过去管理严重滞后的状况，网络空间法治化进程加速，国家相关法规条例陆续推出。

2014 年 8 月 28 日，国务院下发《国务院关于授权国家互联网信息办公室负责互联网信息内容管理工作的通知》。授权重新组建的国家互联网信息办公室负责全国互联网信息内容管理工作，并负责监督管理执法，解决了在互联网领域管理权的问题。

2014 年 8 月，网信办发布《即时通信工具公众信息服务发展管理暂行规定》（简称“微信十条”），对于规范管理微信等即时通信工具的服务提供者、使用者的服务和使用行为进行了规范，特别对于通过即时通信工具从事公众信息服务活动，即微信公共账号等的媒体形态提出了明确管理要求。

2014 年 1 月，为加强网络剧、微电影制作人员及选题管理，国家广电新闻出版总局颁布了《关于进一步完善网络剧、微电影等网络视听节目管理的通知》及《补充通知》，要求网络剧先审后播、勒令某些互联网电视机顶盒和 APP 客户端下架、未经登记的境外影视剧不得上网播放。

对于微信、微视频的加强管理，标志着微传播空间成为媒体融合传播中的重要渠道，被纳入传播秩序法制化的轨道中。

2014 年 10 月，国家互联网信息办公室和国家新闻出版广电总局联合下发《关于在新闻网站核发新闻记者证的通知》，在全国新闻网站正式推行新闻记者证制度，将新闻网站采编人员正式纳入统一管理。

2014 年 11 月，最高人民法院发布《关于审理利用信息网络侵害人身权益民事纠纷案件适用法律若干问题的规定》，在明确约束“人肉搜索”曝光个人隐私的行为之外，也提出为了公共利益且在必要范围内可免于担责。

2014 年 12 月 18 日，国家新闻出版广电总局印发《关于推动网络文学健康发展的指导意见》，阐释了指导思想、基本原则和发展目标，提出了一系列保障措施，包括发表网络文学作品作者须实名注册。

2015 年 2 月，中央网信办出台“昵称十条”（《互联网用户账号名称管理规定》），2015 年 4 月出台“约谈十条”（《互联网新闻信息服务单位约谈工作规定》），新媒体传播立法在提速，并进入精准化发展阶段。

（二）专项行动：进一步净化传播空间

2014 年的网络治理行动力度加大。多部门联合开展“扫黄打非·净网 2014”专项行动，“红袖添香”“水木网”等一批网站被查处，新浪网因传播淫秽色情信息被吊销《互联网出版许可证》和《信息网络传播视听节目许可证》，依法查处淫秽色情网站 110 家，关闭相关频道、栏目 250 个，关闭微博客、博客、微信、论坛等各类账号 3300 多个，关停广告链接 7000 多个，删除涉黄信息 20 余万条。

“净网 2014”行动和第十次“剑网”行动则分别针对淫秽色情信息与盗版问题再度“亮剑”。此外，针对移动互联网时代出现“伪基站”、网上暴恐音视频传播，相关部门也携手进行整治。

12 月，中宣部、国家新闻出版广电总局、国家网信办针对新闻单位开设地方机构失序管理混乱的情况，召开专题会议并部署清理整顿工作，明确把网站开设地方频道纳入清理整顿范围。

（三）加强监管与拓展布局：互联网电视走向有序化

一直以来，尽管新闻出版广电总局也通过发放网络视听许可证的方法进行准入管理，但互联网电视企业可以通过各种新技术和合作方式，轻易绕过牌照管制的障碍。凭借先进技术和网络开放的优势，加上资本力量的推动，在新旧媒体的竞争中互联网电视逐渐占据了上风。反观原本拥有内容优势的传统媒体，由于受制于旧有体制和单向渠道，在步步为营的守势下逐渐落入下风，网络视频、手机视频、OTT 正在加速分流电视台和有线网络的观众。2013 年电视台广告收入 1302 亿元，增长处于停滞状态，2014 年的广告收入已经开始下降，也有人称 2014 年是电视台走向衰落的起始元年。

三网融合已经进入了迅速推进阶段，各个地方的试点已经不再停留在方案的问题层面，而是正在根据本地的特色实际进行拓展布局，无论是广电通过铜退、双向改造抢占市场，还是电信运营商通过网络大规模扩容、光网改造巩固自己的地位，最终决定业务是否开展成功的关键，还是用户的实体体验，而网络与用户对接的关键就在于用户终端，而终端提供商便是提供这些终端设备的关键。国内三网融合的最初，一批终端出现了跨行业性质的功能扩展，如用户可以通过传统的同轴线利用数字电视机顶盒打电话和浏览网页，可以利用手机看视频内容等等，都体现出了终端开始将三个传统网络提供的服务集成一体的趋势。三网融合中经常被提到的 IPTV 机顶盒、双向数字机顶盒、有 CMMB 功能的 TD 手机、家庭融合网关等产品都处于这种情况，其原型是某传统网络中常见的设备，通过添加一些功能扩展成为三网融合终端。所以终端提供商对产品的研发对于我国三网融合的发展有着至关重要的促进作用。作为媒体的传输渠道早已经实现了融合，而有线电视、网络电视、IPTV 至今还需要不同的机顶盒，所以目前媒体融合面临着最后接收终端的融合。

2014 年 6 月以来，新闻出版广电总局开始对互联网电视加强监管，以前所未有的严厉监管措施为火热的互联网电视市场进行理性降温。

6 月中旬，新闻出版广电总局网络视听节目管理司针对互联网电视牌照商向上海及浙江广电局下发了《关于立即关闭互联网电视终端产品中违规视频软件下载通道的函》，同时通知中央三大台，要求包括华数传媒和百视通在内的各家牌照方立即关闭互联网电视一体机及机顶盒中预装的未经审核的视频客户端及浏览器。这条函当中主要涉及了三类违规业务：第一类是爱奇艺、搜狐视频等商业网站的客户端软件，这些客户端软件没有通过内容服务平台和集成播控平台，直接预装在电视机中；第二类是像电视猫、太极视频以及兔子视频等软件，其没有通过牌照方的管理，直接预装在电视机中。第三类是互联网浏览器软件，违反规定直接与公网连接。

7 月 4 日，新闻出版广电总局网络视听节目管理司罗建辉司长在第三届中国互联网电视产业论坛上强调："互联网电视集成播控牌照将不再发放，内容服务牌照允许省级广电机构正常申请。此外，商业网站不能在互联网电视上自建内容平台"。广电总局对未来互联网电视牌照的发放进行了明确，今后不再发放互联网电视集成播控牌照，而且会根据牌照商运营管理情况进行考核，对不符合要求的牌照商将收回牌照。对于内容服务牌照保留了申请入口，表示鼓励省级以上广电机构申请。

7 月 9 日，新闻出版广电总局向全国各地有线电视运营商下发了《关于大力开展智能电视操作系统 TVOS1.0 规模应用试验加快推动广播电视终端标准化智能化的通知》，要求各有线电视网络公司所采购或集成研发和安装的智能电视机顶盒等终端，需安装使用 TVOS1.0 软件，不得安装除 TVOS 外的其他操作系统。此政策要求各有线电视网络公司的电视机终端必须安装 TVOS1.0 软件，该系统由广科院牵头研发，属于广电自己的操作系统，从一定程度上来说加快了全国有线电视操作系统的统一化进程，对于保障我国三网融合文化信息安全具有重要意义。但此政策目前只强制于有线网络公司的有线电视终端产品，并不适用于以互联网为传输网络的互联网电视业务。

7 月 11 日，新闻出版广电总局再次发文，要求取消集成平台里提供的电视台节目时移和回看功能。用户观看直播节目，只能通过接入有线电视网络。此举主要是限制了利用互联网的传播特点观看境外非法电视节目信号的行为。

7 月 14 日，新闻出版广电总局分别约见中央三大台（央视、国广、央广）以及广东、浙江、湖南、上海四大台及地方局，针对互联网电视市场特别提出了明确要求：1. 禁止商业网站以节目服务平台形式与牌照商进行服务专区合作。且对于大量未取得播映资质的境外影视剧、微电影、网络剧进入电视机的现象要予以坚决的查处。要求各大牌照播控方在一周内全部下线，等待总局核查。2. 要求牌照方集成播控平台中展现的 EPG 菜单必须与总局验收时的内容所一致，EPG 更新后也必须及时进行报备。未报批的，要立即停止。3. 要求牌照方在市场上销售的互联网终端产品必须取得由广电总局批准的客户端编号，未取得编号的终端产品视为非法产品。4. 要求牌照方立即停止与某正查处企业（乐视）的合作。

上述一系列监管措施，基本是对 181 号文的重申和严格落实。新闻出版广电总局作为行业主管部门，对互联网盒子市场加强管控的同时，强推自行研发的 TVOS1.0 操作系统。受政策影响，整个 TV 类 TV 端视频直播软件、聚合软件和应用商店都遭受重创，广电系牌照方成为唯一受益者。

规范牌照商的行为，清退不合规的市场主体，整治 OTT 盒子等智能终端，在一定程度上遏制了互联网电视的快速无序发展，但是从长远来看，在技术上、业务发展趋势上，互联网电视是不可逆转的，未来数年互联网电视仍会保持相当的增长速度。新闻出版广电总局的监管，一方面维护健康的互联网生态，维持公平对等的竞争环境，另一方面也为传统媒体转型争取时间，为电视媒体与新兴媒体融合创造机会。值得重视的是，在监管方面，我国仍需要不断提高水平。

(四）业界自律：传媒融合发展的必要措施

2014年11月26日，首都51家提供移动互联网应用程序（APP）的企业共同签署了《北京市移动互联网应用程序公众信息服务自律公约》，承诺共同整治这一领域中的违法不良现象。

2015年6月29日，国家禁毒委会同中宣部、中央网信办等9部门和中国互联网协会，在京联合发布《中国互联网禁毒公约》。这是我国首个面向互联网服务提供者和广大网民的禁毒自律规范，也是相关部门综合治理网络环境的一项重要举措。

三、瓶颈分析：传统媒体管理融合机制问题

媒体融合是一个不断发展的新问题，而在推进媒体融合的进程中，管理融合机制是最重要的问题。分析我国传统媒体在推进融合进程中的实践，采用扁平化的组织架构，实行产品经理制和项目制符合我国当前和未来的融合发展实际，传统媒体也不断在探索适合自己的组织架构和运行机制，路径很多，亮点也不少，但必须正视一些亟须解决的问题。事实上，传统媒体集团内部的行政级别、用工模式、考核方式都不尽相同，削平旧制、重新编排、条块整合，都面临着很多困难。

(一）传统管理观念仍是转型发展的障碍

旧的体制和观念仍是传统媒体融合发展中的最大障碍之一。尽管，数字化转型在2013年已经成为传统媒体的共识，并且是提上日程的重要任务，2014

年被称为我国媒体融合元年，但是具体到不同的全媒体集团，在管理观念层面仍然存在认识不充分、受传统观念羁绊、缺乏整体战略规划、创新精神不足等问题，这严重制约了传统媒体与新媒体的融合发展。

应该认识到，传统媒体的融合发展是一个战略性转型的过程，在这个转型背后，不仅仅是要适应新的传播手段，更重要的是业务形态和运行机制的转型。这必然是类似红军长征这样的整个媒体集团的战略转移，而以往试探性先遣队的尝试方式，恐怕难逃失败的命运。这种集团化战略性转型，其意义大于运作单个的新的媒体。如果说传统媒体的转型需要以网络为内容数据库，作为整合平台，进行多媒体采编和多媒体发布，来重新统筹集团的内容资源、用户价值和客户价值，那么新媒体引领媒体集团面向未来的流程再造、机制更新工作的重要性也就不言而喻了。一些媒体的转型不够坚决，仍然存在“等、靠、要”的思想，国家层面的政策指引仍显重要。

（二）媒体融合需要突破传统的传播体系

2014 年 8 月 18 日，习近平同志在中央全面深化改革领导小组第四次会议上发表讲话要求：“着力打造一批形态多样、手段先进、具有竞争力的新型主流媒体，建成几家拥有强大实力和传播力、公信力、影响力的新型媒体集团。形成立体多样、融合发展的现代传播体系。”也就是提出了“一批”和“几个”的概念，表明在媒体融合改革发展的策略上要抓大放小，着力打造“大平台”。从总体上看，中央的意图就是要通过媒体融合形成新的媒体格局，打造新的传播体系。这是一个重大的改革任务。

这一要求的提出，主要是针对我们原有的传播体系不适合当今互联网传播的发展的需要而言的。网络传播环境中用户之间形成了以平等交流、互动为特征的传播关系。改革开放 30 年来，我国传媒业虽然取得了长足的进步，但整体上没有改变传播资源的行政性分配，中央、省、市、县四级办台、四级办报，报纸、广播、电视、出版分业种管理的格局，“一纵一横”的市场分割不利于我国媒体资源的统合综效。从本质上看，习近平总书记提出打造现代传播体系是对新的传播关系的规范和治理，在新传播环境下明晰各种传播参与者之间的责、权、利。与曾经的经济改革、国企改革一样，媒体融合要抓大放小，重点抓几家主要媒体，改变过去小散乱的状态。因此，基于我国的现实条件，在这场媒体融合发展的战略中，国家需要突破既往的行政管理体制，并着力打造一批新型主流媒体集团。

（三）传统媒体和新兴媒体地位仍不对等

在推动传统媒体与新兴媒体融合的过程中，传统媒体和新兴媒体的地位并不平等。通常情况下，传统媒体很难摆脱自身的前辈地位，在媒体融合中，经常不自觉地将自己看作融合的主体，在与新媒体进行融合的时候，只是将新媒体视为工具，并没有将其放在一个平等的地位去看待。目前多数传统媒体集团还尚未形成真正的以新媒体为引领，强力整合集团资源的转型格局。

为实施媒体融合战略，媒体纷纷推出新媒体业务，从现有的情况看，有的媒体是直接通过新媒体部门，有的媒体是成立独立的新媒体公司，有的是成立股份有限公司。成立股份有限公司有丰富的资金和资源，可以上市融资，有效运作新媒体业务。但就一些媒体来说，仅仅只是增加了一个新媒体部门，从内部流程来看，并不是真正意义上的融合，其在整体层面缺乏架构设计，协调依然不顺畅，利益格局没有打破，结构调整不完全。传统业务和新媒体业务还是两个“山头”，甚至新媒体业务自身也是各自为营，没有形成真正的新媒体矩阵，导致资源浪费、重复性劳动等问题依然存在。

中央提出推动媒体融合发展，要树立一体化发展观念，传统媒体和新媒体要进行一体化发展，同时也要对新媒体力量进行充分整合，协调推进。媒体融合战略提出以后，传统媒体纷纷上马新媒体项目，但这些新媒体项目和之前已有的项目之间并没有没有进行协调整合。就媒体以往建立的新闻网站来说，已经积累了一定的用户和平台优势，应当将其已有的优势激发出来，与其他新媒体力量充分整合利用。目前许多传统媒体的融合实践，看起来好像是流程打通了，整个媒体融合了，但是没有体制和机制的变革，后续的矛盾都会涌现出来。媒体管理融合运作成败的关键是能否处理好集团各媒体之间的利益关系，以及在组织结构、人才队伍等方面的一系列融合。

（四）媒体融合尚缺乏现代版权意识

内容融合与渠道融合是媒体融合的两大领域，在内容融合方面，版权的保护和利用是不同媒体实现内容共享的合作基础和法律基础。从现代意义来讲，在媒体融合实践如火如荼的当下，如果版权问题得不到很好的解决，媒介融合就很难走得顺畅。

媒体融合的版权问题涉及诸多方面，包括：第一，版权的界定，哪些作品有版权，这是一个前提；第二，版权的所有权，版权的归属问题，权益人是谁；第三，版权所有者的权益能否得到保护的问题；第四，版权的权益如何衡量，版权的价格如何进行谈判，如何实现版权所有者权益最大化与版权权益实用化之间的平衡；第五，在现代信息社会中，版权需要强化还是弱化的问题。随着媒体融合技术日新月异的发展，版权问题日益复杂化。这是因为，版权作品的范围在扩大，实时新闻、博客、播客、微博、微信、网店商品展示设计等，是否存在版权已引发相关争议；同时，版权的权属鉴定困难，版权的侵权行为更复杂，版权授权的障碍增多，版权的价值判断更加多元，版权的价格评估标准缺失。

四、对策探析：管理融合过程中的两大问题

为进一步落实中央关于媒体融合的重大战略，更好地推进媒体融合，在管理层面有两大重要问题需要解决。一个是与管理权相关的资本问题，一个是与内容相关的版权问题。

（一）媒体融合发展需要建立新的资本机制

资本是媒体融合发展最重要的问题之一。从实践中看，传统媒体要完成媒体融合的战略目标，建设互联网上的舆论阵地，需要大规模的资金投入。目前，传统媒体的营收能力逐步下滑，导致传媒集团在创新研发的投入能力十分有限。指望一个传统的大媒体集团一下子整体上改成新体制、新机制，特别是形成能够和互联网商业媒体竞争的机制体制，是不现实的。如果机械地理解一体化发展，想要把整个传统媒体集团的机制体制一下子都改到能够与腾讯、百度这些企业去竞争，实际上是很困难的。因此，媒体融合应在新媒体平台发展新的体制机制，并在政策资金引导下，主要通过投融资渠道解决媒体融合所需要的资金问题。

1. 当前我国新闻媒体投融资体制存在的问题和矛盾

对于新闻媒体运用资本市场的融资手段来加快自身的转型和发展，通常的看法是，新闻媒体的投融资行为导致股权多元化，会影响党对媒体的领导，导致舆论导向出问题。但必须看到，新闻媒体投融资活动产生的股权多元化现象，是社会主义市场经济环境下媒体资本运营的必然。这种现象并不必然导致舆论导向失控。股权多元化结构中，其他股东虽然能够对人事产生一定影响，但主要决策权仍然把控在主管主办单位手中。只要主管主办单位负责人用人观念端正，就不会导致相关媒体舆论导向失控的情况。所以说，只要坚持主管主办单位牢牢把控用人权，在现行的控制体系下，新闻媒体的投融资行为不会导致舆论导向失控的问题。那么即使开展股份多元化，媒体仍面临诸多问题和矛盾，包括：

（1）能否融得进？

现在外部资本是否能够“融得进”是一个大问题。原因是不少投资机构对媒体作为国有新闻机构的决策机制和激励机制疑虑甚大。其中一些较小的投资机构甚至把与媒体集团合作列为禁区。新闻媒体的决策机制问题，是一个涉及层面甚深甚广，需要通过全面深化改革才能解决的复杂问题，不是通过完善新闻媒体的投融资体制就能够解决的问题。

（2）能否用得好？

融进来的资本能不能用得好是新闻媒体是否能够具有持续融资能力的关键。影响用得好的因素主要有：一是领导体制。我国新闻媒体现在的领导体制，是在单纯从事新闻报道和宣传工作的传统党委机关报定位下形成的，存在决策权力过于集中、“议政合一”、责权脱节、决策效率不高等问题，其决策层成员结构和决策规则与社会主义市场经济下的决策需要有一定的不适应性。二是用人机制。经过多年的改革，目前我国新闻媒体的用人机制已经相对比较灵活，特别是其中经营业务部分的用人机制，已经初步做到了与市场接轨。但是，对于多数媒体机构来说，媒体内部的文化氛围，仍然对市场化的用人机制持排斥态度，导致传统媒体集团在面对媒体融合发展这一新任务时，仍然难以有成效地引进新型技术和经营人才。三是激励机制。我国新闻媒体的激励手段缺乏，特别是缺乏长期激励手段，媒体从业人员与媒体集团的事业发展的利益分享机制（分红、股权、期权）不够健全，现有的以采编业务为核心的薪酬体系无法吸引优秀的技术人才加盟，这已经导致专业投资机构对与媒体合作心存疑虑。

（3）能否退得出？

部分媒体集团开展投融资业务，特别是经营业务上市以后，还面临着资产形态转化所带来的一系列问题。就现有规定而言，由于国务院及有关部门对于媒体集团对其上市主体的持股比例有硬性要求，即原则上绝对控股，导致其资产形态无法及时转换，不能为进一步投融资行为创造空间。

2. 进一步完善新闻媒体投融资体制改革政策

(1) 媒体融合必须要有新的体制机制作为载体

根据传统媒体经营管理的具体情况，应该把传统媒体机构要做的一些新媒体项目和新媒体平台，用新机制、新办法、新载体发展起来。对于这些新业务，一定要用新机制、新体制，甚至要用新的考核方式方法去考核。在一体化发展战略框架之下，用新的实体、新的组织、新的机制，去做新的业务。尤其不能用传统媒体落后的体制机制去覆盖、去发展新的媒体融合平台，而应该让新的机制体制去推动新平台的建立，未来吸收和转化旧的体制机制。这就是在“一体化发展”框架下实现“个性化转型”，实际上，这也是一种“增量改革”。因此需要考虑对传统媒体集团的新媒体项目公司实行混合所有制结构，并制定相关政策。

(2) 新闻媒体应主要通过投融资渠道解决媒体融合所需要的资金问题

为此，需要解决影响资金大规模进入新闻媒体机构的瓶颈问题。包括：第一，尝试放开对管理层和关键技术人员及其他专业人员的股权激励限制，同时，为了始终保持党对媒体的绝对领导，对新媒体公司应尽快实行特殊管理股制度，即党和政府可以以少量股权取得对公司人事的决策权。其二，把传媒集团对其控股的上市公司的要求从绝对控股改为相对控股。其三，对新闻媒体集团的领导体制进行系统梳理和顶层设计，提升新闻媒体机构的科学决策水平，改变传统媒体集团现行领导体制治理结构重叠和治理规则冲突所造成的决策效率低下问题。其四，以国家财政资金作为种子资金，广泛吸纳社会资金，发起募集媒体融合基金，专项用于支持各类媒体融合项目。

（二）建立健全内容版权和个人信息安全的法制体系

互联网技术改变了信息传播的生态结构，也打破了传统的信息利用规则。在媒体融合的过程中，内容版权和个人信息安全等新问题，由于缺乏既有制度调整，对信息利用的秩序造成了严重冲击。各种失范现象不仅引发了利益主体之间的纷争，而且消减了各种力量之间的合作条件，最终阻碍了媒体融合的进程。法律作为调整社会关系的方法，需要通过确立各种行为边界，起到定纷止争、恢复秩序的作用。

内容产品的版权和个人信息的安全，是媒体融合过程中常常遇到的两个法律问题。就版权而言，法律基于言论自由的考虑，将时事新闻排除在外，使新闻版权的构建具有困难。但随着数据库产业的发展，《世界知识产权组织版权条约》等文件注意到了保护数据库权利的重要性，并将其纳入汇编作品。这实际上是为新闻版权的构建提供了一种机会。我国作为签约国，应当尽快在自己的著作权制度中明确这种数据库权利。就个人信息而言，我国法律基于个人安全的考虑，偏重于限制个人信息的利用。但互联网环境下个人信息的生产及传播，是个人参与社会交往的必要条件，难以避免。法律应当以“可识别”和“公私属性”作为标准，确立个人信息利用的边界，避免“一刀切”。

1. 版权是建立信息利用秩序的关键

互联网时代需要数据库版权，数据库是互联网环境下信息存储的主要形式，也是划分信息权利的重要边界。在互联网上，信息的产生是瞬时而海量的，信息的留存形式却是分散而隐蔽的。而数据库的建立，使信息的存储变得集中化、结构化，既实现了信息价值的规模性，又提供了信息查询的可能性，从而提高了信息利用的效率。在这些进步中，包含着创建者的投资，更包含着他们的劳动，应当获得信息利用的专属权。而数据库具备特定的形式，又使这种专属权在法律上的保护成为可能。

新闻产品被无偿使用的常态化，是内容融合中遇到的首要问题。新闻产品作为传统媒体的核心资源，被其他人任意使用，对传统媒体来说，就是基本的价值补偿模式遭到破坏，新闻生产难以为继。而在寻求法律救济的过程中，更多人认为版权制度是维护新闻生产者权益的可行办法。但这里的前提是需要破除现行制度中关于“时事新闻无版权”的障碍。

1992 年 7 月，全国人大常委会批准加入《伯尔尼保护文学和艺术作品公约》，该公约对我国生效。其中第二条第 8 款规定：“本公约的保护不适用于日常新闻或纯属报刊消息性质的社会新闻。”作为成员国，我国在自己的《著作权法》中也做出了“本法不适用于时事新闻”的规定，并且在其《实施条例》中明确：“时事新闻，是指通过报纸、期刊、广播电台、电视台等媒体报道的单纯事实消息。”这意味着在法律制度层面，新闻消息被明确排除在著作权保护之外。

将新闻消息排除在版权保护之外的做法，并非产生于版权制度诞生之初，恰恰相反，特许制时期的新闻印刷权是一种专有权。到了资产阶级执政时期，新闻出版权仍然是一种事实上的专有权，即由掌握印刷技术和机器的大众媒体享有。但在互联网时代，情况发生了变化：既没有政治上的特许制，也没有经济上的工具垄断，信息传播成了没有现实约束的活动领域。现代版权制度将新闻消息排除在版权保护之外的立法背景，正是互联网尚未普遍应用之时。在这一时期，掌握着传播工具的传统媒体处于传播生态中的强者地位，法律出于保护弱者的考虑，为保障公众知情权，才将新闻消息作为版权保护的例外。在互联网传播环境下，原来的大众媒体从生态链上的强者变成了弱者，基本的新闻生产难以为继，法律的视角也应当做出相应的转变，以适应新的时代要求。否则，如同十八世纪的英国担心没有作者愿意创造作品一样，将来也不再有媒体有能力生产高质量的新闻。

仅仅展示弱者的处境，对于争取法律保护来说，仍然是不够的，新闻版权的正当性和可行性还需要得到进一步的论证。现代版权保护作者，体现的是保护劳动的立法精神。尽管版权制度将“独创性”作为获得权利的基本条件，但从整个制度设计上看，独创性及其对应的“作品”，都只是立法技术上的需要。因为通过权利设置来调整社会关系时，法律需要明确这个权利的边界，才能具备指引性。而这个边界往往需要通过对保护标的设定具体的标志，才能被人们掌握。这里的“独创性”以及“作品”就是在版权保护标的上设置的限制性标志。因为只有“独创”的，才最容易同其他对象相区别，有了“作品”概念，才易于说明保护的范围。所以，独创性在制度上的意义在于技术而非目的，版权制度的目的仍然在于保护劳动，只不过这种劳动需要具备一定的形式，以便法律能够在这里设置标签，区别于其他事物。

在印刷时代，新闻消息存在的形式常常是分散的，单条消息的内容也并不丰富，在形式上不具备版权保护的条件。但在互联网时代，数据库将成为新闻版权技术难题的破解口。在互联网传播环境下，媒体在网络上存储信息的方式变成了存储器里面的数据库，这使得新闻信息的存在方式从分散变成了集合，所承载的劳动数量大大增加了，具备了法律保护的价值。更重要的是，存储器本身具有物理边界，由物权人控制，而数据库作为一种信息仓库，在信息的选择和编排上必然包含了一定的智力劳动，形成了一定程度上的“独创性”。这些特征，使新闻版权在数据库层面具备了实现的条件。早在1996年12月通过的《世界知识产权组织版权条约》（下称《版权条约》）中，就明确了数据库作为一个整体应当受到保护。该条约第5条规定：“数据或其他资料的汇编，无论采用任何形式，只要其内容的选择或编排构成智力创作，其本身即受到保护。这种保护不延及数据或资料本身，亦不损害汇编中的数据或资料已存在的任何版权。”这里的“无论采用任何形式”，当然地包括了网络数据库。虽然“这种保护不延及数据本身”，但对于通过技术设施阻止其他人随意进入数据库来说，汇编物（数据库）上的保护已经足够。当然，这种保护只是针对商业竞争者，并不会损害公众知情权，因为公众获取新闻的渠道是媒体公开的发布平台，并不需要进入后台数据库。

然而，我国的著作权制度同国际公约尚存在一定距离。作为《版权条约》的成员国，我国有在国内法中落实数据库权利的义务，但可能由于对网络信息传播活动的体验和认识尚不充分，我国《著作权法》第十四条只规定了“汇编作品”的著作权，而没有明确是否包括网络数据库。依据该法第五十九条“计算机软件、信息网络传播权的保护办法由国务院另行规定”，在《信息网络传播权保护条例》中也仍然没有找到关于数据库权属的规定。新闻数据库版权在制度上的缺失，反映在司法案例中就是无法可依。

2014 年 6 月，标榜“不做新闻生产者，只做新闻搬运工”的移动客户端“今日头条”因涉嫌擅自发布《广州日报》的作品，被《广州日报》旗下“大洋网”提起著作权之诉，随后海淀法院公开审理此案。可就在刚刚进入司法程序不久之后，“今日头条”即与《广州日报》签署合作协议，原告申请撤诉。“今日头条”相关人员透露，在今后的合作中，除了提供导流以及收益分成模式外，也会对优质内容生产者提供购买版权的合作模式。而且，“今日头条”的合作模式受到很多媒体的欢迎，已有数千家媒体与“今日头条”达成合作协议或入驻“今日头条”媒体平台。这个结果有些出乎意料，却在情理之中。在这里，新闻生产的价值得到了网络媒体的认可，传统媒体的主动加入也表明两种媒体之间存在合作空间。合作意味着交换与分配，而权属上的模糊，甚至空白，无法明确交易中的边界，最终将不利于媒体之间的正向融合。在这个案例中，主动权一直掌握在“今日头条”手中，如果将诉讼程序进行到底，由于缺乏新闻数据库版权的明确依据，法院也很难做出保护传统媒体的判决。

但在另一起发生在新兴媒体之间的诉讼中，法院婉转地承认了数据库创建人的权利。备受关注的百度诉 360“机器人协议案”于 8 月宣判结案。北京市第一中级人民法院在其新闻稿中指出：“原告既没有充分阐明如此设置 Robots 协议的理由，又拒绝修改其 Roberts 协议，故而其请求法院判令禁止被告抓取原告网站的主张不应得到支持。”这句话表面上是没有支持百度提出的诉讼请求，但实际上绕过诉讼请求对百度的数据产权给予了默认：一方面百度设置了

Roberts 协议来阻止 360 的进入，这是一个已经发生并继续存在的事实，法院对此予以默认；另一方面法院表示不会禁止 360 抓取百度的数据，因为百度已经有 Roberts 协议这个工具了，言下之意是百度已经具备自力救济的能力，无须法院的他力救济介入。另外，判决 360“赔偿百度经济损失 50 万，网站建设费 20 万”，也表明法院承认百度在数据库上面存在财产性权利的态度。

分析新闻数据库版权的意义，不仅在于对新闻产品本身找到了一种保护方法，更重要的是，数据库版权作为版权家族中的一类新权利，在法理上和国际公约层面都得到了印证。在这里，无论数据库中的信息内容是新闻，还是其他数据，只要这些信息的产生，包含了生产者的劳动或投资（资源与劳动都具有价值），就应当享有基于信息产品而获利以及向其他利用者主张报酬的权利。这种价值补偿规则反映的是能量守恒定律的要求。

2. 个人信息的利用需要明确边界

上面说到在数据库版权中，信息生产者享有基于信息产品获利的权利，需要以不损害原生性权利人的利益为前提。数据库的权利人是基于数据库的创建，而非信息的生产获得权利的，所以数据库权利在权利层次上属于继生性权利。具体而言，在作品库中，原生性权利人为数据库中具体作品的作者；在新闻库中，原生性权利人为创作新闻作品的作者，或者生产单纯消息的媒体；在名址库中，原生性权利人为个人信息所识别到的自然人。对前两种数据库来说，数据库版权人只需要取得原生性权利人的授权即可，但对于名址库来说，情况则更为复杂，涉及个人信息的安全问题。

（1）信息收集需要正视个人信息的社会性

从《关于加强网络信息保护的决定》到《消费者权益保护法》的修订，再到《刑法》第七次修订以及“两高”《关于办理利用信息网络实施诽谤等刑事案件适用法律若干问题的解释》，无一不在表达着政府对保护个人信息的坚决态度。但是，信息传播中的问题具有复杂和多变的特点，规则的制定还需要重视技术的发展情况。在互联网环境下，个人信息的生成与传播是伴随着个人的上网活动发生的，正在成为人们日常生活的内容。而随着可穿戴设备、传感技术的发展和推广，个人信息的收集将变得更加自动化。比如具有蓝牙功能的血压计可以将测量数值自动传送到手机上；用于缓解疲劳的保健项圈随时随地地记录着使用者所处的位置；家电行业正在掀起的智能潮能够实现室温和灯光的远程控制……

个人信息与人们日常生活的交织，体现了个人信息的社会性。即作为一种具体的身份识别符号，个人信息是作为社会成员之个人参与社会交往的必要条件。也就是说，个人信息的生成和传播正伴随着日常的社会交往成为一种难以避免的现象。个人信息已经突破了传统的人格属性，制度设计需要正视个人信息的这种社会性。这里并不反对在收集时征求个人意见的规则，但需要把握好规制的度。

实际上，国际窃听风波已经将这个问题提升到了国家战略的高度。在前美国中央情报局雇员斯诺登曝光美国监听计划后，美国政府并未对此做出太多回应，情报收集工作仍然在继续。观诸美国法律，对信息产业的干预主要是政府引导加行业自律，并无对信息收集和利用的明显限制甚或禁止。而欧盟和我国的情况则恰恰相反，尤其强调对个人权利的保护。就欧盟法来说，在技术上不及美国，但作为政治盟国在信息传输上又同美国有着密切联系，其个人信息制度上的严格性主要表现在针对美国企业在各国主权领域的监听，而非限制本联盟成员国的商业发展。所以我国的个人信息制度，应该着眼于整个国际局势，适当放宽对本国信息产业的限制，因为技术上的领先与产业上的优势总是相辅相成的。

（2）确立个人信息利用边界的两个标准

在把握信息利用与个人权利的边界时，可以参照两个基本标准：

第一个标准是信息的可识别性。可识别性是一种信息能够成为“个人信息”的核心条件，许多国家或地区的立法都将“可识别”写入个人信息的概念。比如，法国《数据处理、数据文件及个人自由法》第 2 条规定：“个人数据是指与可通过身份证件号码、一项或多项个人特有因素被直接或间接识别的自然人相关的任何信息。”又如，我国台湾地区《电脑处理个人信息保护法》第 3 条规定：“个人信息指自然人的姓名、出生日期、身份证统一编号、特征、指纹、婚姻、家庭、教育、职业、健康、病历、财务情况、社会活动等足以识别该个人的信息。”那么，无法识别到具体个人的信息不应成为法律保护的对象。日本首相官邸组织的“个人数据研讨会”6 月 19 日提出修改“个人信息保护法”，并制定新的个人数据使用方案，以推动并规范“大数据”的利用。方案建议企业可以在未经本人同意的情况下，向第三方提供并使用无法推定具体个人的信息，如购物履历、移动情况等。日本的立法计划就是对可识别性标准的逆向适用，即如果将个人信息进行匿名化处理，使其无法直接推导出具体的个人，那么这种被处理后的信息就不再是法律意义上值得保护的个人信息，而转化成一种没有识别意义的数据。

第二个标准是行为的公私属性。对于个人信息来说，属于公共领域的利用行为，个人应当适当让渡部分私人利益；属于私人领域的利用行为，则构成对个人权利的侵犯。比如，在互联网领域，美国的大多数司法管辖区已经发展出一条法律原则——“自担风险”原则。该原则明确规定：如果某人自愿让他人获得自己的个人信息，或者将个人信息放在商业信息流上，那么他就放弃了对于这些个人信息的隐私权。在这里，信息主体自愿将自己的个人信息放在商业信息流上，意味着对个人信息的公开，个人信息由此进入公共领域，个人不再享有主张隐私的权利。在互联网传播环境下，信息的流动具有传播速度快、影响范围大的特点。如果允许个人不断对已经进入公共信息流上的信息主张权利，那么一方面会导致司法成本的增加难以承受，另一方面也因影响难以消除而无法提供真正的救济。所以，就互联网上的个人信息问题而言，信息主体自己才是最好的管理者，而法律只在个人能力无法到达的领域发挥作用。比如，是否将个人信息放入公共信息流从而放弃隐私主张权，由信息主体自己决定；但如果信息主体自愿提供的个人信息被恶意利用，发生其他侵权或犯罪事件时，法律仍然会依据传统的既有法律进行干预。

（本章编写者：刘瑞生、董鸿英、徐艺心、申亚美）

第七章　建议与展望

作为当前新闻传播领域数字化、网络化变革的关键概念，“媒介融合”备受瞩目。一段时间以来，媒介融合热衷探讨的是互联网改变了媒体的内容生产方式。而今天，实际上我们需要更充分地意识到互联网正带动媒体超越传统范畴，衍生出新的产业运作方式。面对新媒体技术对当前中国传播格局以及社会传播关系所带来的深刻变革，媒介融合急需以体系化重构的方式来加以推进。也就是说，媒体融合是一个系统工程，其关键在于面向现代传播体系来构建媒介融合的发展框架。现代传播体系强调在互联网环境下突破媒体固有的行业模式，重新梳理和挖掘信息传播的经济价值，形成立体多样、融合发展的传播格局。媒介融合实践需要从中国社会传播关系和信息传播需求的变化趋势以及技术的变化趋势中去分析现代传播体系，以更清晰和系统地分析新传播体系的参与者关系构建、新传播渠道的发育、新产品和服务的生产、新商业模式的形成以及相应的体制机制调整，主动寻找媒介融合的主导、驱动和支持力量。以现代传播体系为导向的融合实践的特点就在于，基于媒体在信息传播领域的专业化优势，主动延伸产业价值链，从而在组织社会生活方面发挥更具主导性的作用，在未来传播格局中成为拥有强大实力、传播力、公信力和影响力的主流角色。这一媒体融合理念中，用户平台是关键，数据库是核心，而传播关系是本质。

一、现阶段我国媒体融合政策解读

2014 年 8 月 18 日，习近平同志在中央第四次深改组全体会议上发表讲话，将媒体融合提高到国家战略的高度，“媒体融合”这个专业词汇成为了业界和社会各界热议的话题。其后不久，中央发布了《关于推动传统媒体和新兴媒体融合发展的指导意见》（以下简称“意见”）。其间也有些学者和业内人士对媒体融合产生质疑，甚至称其为“伪命题”。结合本课题组对中国新兴媒体融合发展的深入研究和实践调研，我们对中央媒体融合决策做出如下解读。

（一）“意见”的缘起和形成

1. 习近平：加快传统媒体和新兴媒体融合发展，占领信息传播制高点

2013 年 8 月 19 日，习近平同志在全国宣传思想工作会议上就已经提到了关于媒体融合的想法与概念。他说：“根据形势发展需要，我看要把网上舆论工作作为宣传思想工作的重中之重来抓。宣传思想工作是做人的工作的，人在哪儿重点就应该在哪儿。我国网民有近六亿人，手机网民有四亿六千多万人，其中微博用户达到三亿多人。很多人特别是年轻人基本不看主流媒体，大部分信息都从网上获取。必须正视这个事实，加大力量投入，尽快掌握这个舆论战场上的主动权，不能被边缘化了。”[①] 他强调，“要适应社会信息化持续推进的新情况，加快传统媒体和新兴媒体融合发展，充分运用新技术新应用创新媒体传播方式，占领信息传播制高点。”[②]

这是习近平同志第一次在公开场合提及媒体融合的议题。这也相当于给中

---

① 中共中央文献研究室《习近平关于全面深化改革论述摘编》，中央文献出版社 2014 年 8 月出版。

② 同上。

宣部和中国传媒界提出了一个新的课题，就是怎样做网上舆论引导工作，怎样能占领网络上的舆论阵地。

此后不久，在党的十八届三中全会上，“推动传统媒体与新兴媒体融合发展”写入了《中共中央关于全面深化改革若干重大问题的决定》。2013 年 11 月 16 日，《人民日报》发表习近平同志关于《中共中央关于全面深化改革若干重大问题的决定》的说明，指出：“从实践看，面对互联网技术和应用飞速发展，现行管理体制存在明显弊端，主要是多头管理、职能交叉、权责不一、效率不高。同时，随着互联网媒体属性越来越强，网上媒体管理和产业管理远远跟不上形势发展变化。特别是面对传播快、影响大、覆盖广、社会动员能力强的微客、微信等社交网络和即时通信工具用户的快速增长，如何加强网络法制建设和舆论引导，确保网络信息传播秩序和国家安全、社会稳定，已经成为摆在我们面前的现实突出问题。”

于是在 2013 年底中央成立了“中央信息化与网络安全领导小组”，并由习近平同志亲自挂帅。在主持召开中央网络安全和信息化领导小组第一次会议时，他提出：“做好网上舆论工作是一项长期任务，要创新改进网上宣传，运用网络传播规律，弘扬主旋律，激发正能量，大力培育和践行社会主义核心价值观，把握好网上舆论引导的时、度、效，使网络空间清朗起来。”

此后，习近平同志也相继讲过一些相关意见。其中比较重要的是，他提到“如果我们党过不了互联网和新兴媒体这一关，可能就过不了长期执政这一关”。[①] 这些言论体现了他对媒体融合问题一脉相承的思考。

2. **刘奇葆：使融合后的媒体继续成为主流媒体，巩固壮大主流思想舆论。**

习近平同志提出媒体融合课题以后，中央主管宣传工作的刘奇葆同志和中

① 转引自慎海雄《创新创新再创新，抢占融合制高点》，《新闻战线》2014 年第 7 期。

宣部对于这个问题进行了深入的调查研究和思考。从 2013 年 10 月开始，中宣部组织了一系列的调研活动，从中央各主要新闻单位到地方主要媒体，还有一些商业网站的负责人，以及相关各方面的专家，都参与了这项系统的调研工作。经过半年多的准备，2014 年 4 月 14 日，刘奇葆同志在一个推动媒体融合发展的座谈会上，对总书记提出的媒体融合课题作了全面的回应。他围绕“使融合后的媒体继续成为主流媒体，不断巩固壮大主流思想舆论”这一宗旨，提出了推进媒体融合的主要指导思想，甚至一些具体要求也从中得以体现。刘奇葆同志的讲话中，有几个关键点值得我们注意：

（1）媒体融合发展要有互联网思维

刘奇葆同志要求媒体融合发展中，要有互联网思维，要用互联网思维来改造我们的传统媒体，要适应新兴媒体平等交流、互动传播的特点。其实这一特点意味着一种新型的传播关系。这就是说，要在互联网环境下发展新媒体，就要变革传统的大众传播思维，导入用户观念，强调用户体验，这是与以往对信息渠道和资源的垄断完全不同的思维。可见领导层对于这方面的思想观念还是很开放并且很专业的。

（2）要树立一体化发展观念

以往，我们在体制内的新媒体发展方面存在两条线，一条是传统媒体做其电子版，逐步发展到网站；另外一条线就是各级党委的外宣办成立专门的机构办本地新闻网站，这是现在很多新闻网站的前身。如上海的东方网、浙江的浙江在线都属其中。在发展中我们看到，脱离传统媒体创办的网站，在信息来源、运营机制和经济实力方面都存在较大困难，之后这些网站通过各种方式归并到了当地的主流媒体集团。如浙江在线现在就是浙报集团的一个组成部分。

从另一方面来说，在传统媒体内部如何发展新兴媒体，两者如何实现一体化，这个问题依然在探讨之中。以本人的调研和观察看，在传统主流媒体集团内部，必须辩证地看待和处理这个问题：在战略上，一体化发展意味着集团要把战略中心逐步转移到网络空间，把网络空间作为舆论的主阵地，作为与当代用户互动、交流，提供信息和服务的主平台，实现媒体转型；在战术上，则要根据互联网媒体发展的规律和要求，建立专设的新型机构，以新的机制体制和新的思维运转，开发互联网上的新空间和新市场。大量的事实证明，在旧体制里面，由于传统观念和旧的考核评价机制的作用，终究孕育不出新业务。调研中我们发现，一些有独立法人地位的新媒体运营机构，相对来讲会发展得更好一些。比如人民日报社的人民网，在这方面就做得比较出色。所以，我们认为，媒体融合发展在战略上要一体化，在战术层面要为新业态的产生创造适宜的孵化环境，要保持新媒体业务的相对独立性及其运营机构体制机制的更多灵活性和自主性，以新的机制体制去发展新媒体、新业务。

（3）要求借力发展

这部分实际上涉及如何处理传统主流媒体在融合发展中如何处理与商业网站以及其他一些互联网应用平台的关系。比如传统主流媒体集团同腾讯、新浪、百度、阿里巴巴等网络平台运营商的关系等。在政策上，刘奇葆同志强调要有战略观念，以开放的心态，学会借力发展。这也是我国增强国际网络空间竞争力的一个必然选择。

（4）以先进技术为支撑

刘奇葆同志在谈话中还着重强调了要以先进的技术作为支撑。他提出了三个方面的技术：

一是利用大数据和云计算推进新闻生产。首先要掌握海量的数据资源。经过几十年的发展，新闻媒体积累了丰富的数据资源，这是我们宝贵的财富。要把这些优势资源整合起来，建设和完善专业化、规模化、现代化的内容数据库，同时加强了对各方面数据的收集管理，为用户提供高质量的新闻信息产品。

二是利用媒介互联技术实现弯道超车。刘奇葆指出，客户端是访问移动互联网的主要入口，也是比较成熟的技术应用，很多媒体都开发了移动客户端。要办出特色、办出影响，要着力打造移动互联网上的新闻门户。积极利用移动通信技术平台，办好手机报。商业网站在移动客户端、手机浏览器、应用商店等方面技术比较成熟，要积极关注、善加利用，借助他们的技术平台，扩大在移动终端的覆盖面和影响力。

三是利用微博微信技术拓宽社会化传播渠道。刘奇葆同志在这里明确提出，要把移动互联的终端作为主要的传播终端来看待。要密切关注并有选择地发展社交类应用和技术，促进社交平台与新闻传播平台有效对接，增强平台黏性，集聚更多的忠实用户。这是因为从新闻信息传播的角度而言，移动终端有时效性的优势。从综合运用的角度还有其他的终端，比如家庭大屏等终端，也是需要认真加以开发和利用的。

(5) 以内容建设为根本

这方面，刘奇葆同志着重强调以下几点：

其一，在品质上追求专业权威。传统媒体在信息采集核实、分析解读等方面，有着新媒体无法比拟的优势。

其二，在传播上注重快捷精简。要多生产精准短小、鲜明快捷、吸引力强的信息；要形成即时采集、即时发稿的报道机制；要加强短视频、微视频的创作生产，把报道内容直观形象地呈现出来。

其三，在服务上注重分众化互动化，既要提供共性新闻产品，也要加强个性化新闻产品。要认真研究用户的不同需求，有针对性地生产特色信息产品，点对点推送到用户手中，做到量身定做、精准传播。互动是新兴媒体的独特优势和显著特征，要加强媒体与用户间的互动交流，吸引用户提供新闻线索、报道素材和意见建议，提高用户的关注度和参与度，在互动中参与，在参与中传播。

其四，在展示上实现多媒体化。在新媒体环境下进行新闻生产，必须采取多媒体化的展示方式，多样化的展示、多介质的推送，要综合运用图文、图表、动漫、音视频等多种形式，实现内容产品从可读到可视、从静态到动态、从一维到多维的升级融合，满足多终端传播和多种体验的需求。

（6）机制体制建设为依托

刘奇葆强调媒体融合发展要以机制体制建设为依托。

首先要做的就是重组媒体内部组织结构。要求根据融合发展的需要，改变传统媒体和新兴媒体分立单干的状况，推动传统媒体和新兴媒体深度融合。要重构新闻采编生产流程，升级采编系统，建立统一指挥的多媒体采编平台，实现新闻信息一次采集、多种生产、多元传播。

第二就是要转变用人机制，建立统一的人才管理系统，加大新兴媒体内容生产、技术研发、资本运作和经营管理人才的培养引进力度，优化人才结构、统一调配使用。要完善绩效考核机制，探索媒体融合发展条件下吸引人才、留住人才、用好人才的有效办法，形成干事创业的良好环境。

（7）宏观管理为保证

这个管理跟一般的管理不是一个意思，如果用英文来讲就要翻译成“control”而非“management”，说白了就是对舆论导向的管理和控制。刘奇葆同志一再强调，推动媒体融合，必须坚持一手抓发展，一手抓管理。要理顺管理体制，对网上网下、不同业态进行科学管理、有效管理，“统一管理度量衡”，努力提高管理的科学化水平、使传播秩序更加规范。要推动媒体资源整合，着力解决功能重复、内容同质、力量分散的问题，优化资源配置，进一步解放新闻生产力。这主要就是给传统媒体创造一个与网络媒体平等竞争的环境。近年来，国家对于整顿互联网舆论环境的各种举措，从相关部门的建立和有关法律的出台，都体现出国家对互联网舆论空间的控制力度在加大。

（8）构建现代化的立体传播体系

这个方面的论述将媒体融合的视角做了一个提升，实际上指出了媒体融合不仅限于传统媒体在网上开通微信，做几个小平台，而是要求建立现代化的立体传播体系。这也将媒体融合的终极目标提了出来。

3. 蔡名照：媒体融合需要建立可持续发展的模式

刘奇葆同志讲话发表以后，2013年6月24日，中宣部副部长、国新办主任蔡名照召集中央各主要新闻单位举行媒体融合项目汇报会，会上他讲到了一些如何设计媒体融合项目的指导思想：

一要立足于整合资源。各媒体作为专业的新闻内容生产商，拥有丰富优质的新闻资源。设计融合发展项目，要充分考虑如何整合各种资源，依靠资源优势占领新媒体市场。

二要研究设计传播渠道。必须着眼于扩大媒体覆盖面，占领新媒体、开拓新市场，建立与内容资源相匹配的传播渠道，拓展主流舆论阵地、扩大主流舆论传播，实现融合发展总目标。

三要注重个性化服务。新媒体的突出特点在于个性化，单纯靠内容资源的简单集成，不可能达到融合发展的总要求。要将提供个性化的信息服务作为融合项目的重要任务和发展方向，细化信息服务，生产个性化、定制化新闻产品。

四要强化互动功能。产品设计要充分体现互动理念，提高对用户需求的把握，在互动中满足用户需求，增加产品吸引力和用户黏性。互动环节的内容，是新媒体信息传播的重要组成部分，要重视互动环节的信息生产与传播，通过多种方式、多种渠道、多种形态的互动，最大程度增强信息传播整体效果。

五要有商业模式。融合发展的重要目标就是要占领新媒体市场、掌握新媒体受众。市场也是对融合效果的检验。产品设计要充分考虑市场活力问题，具备盈利条件的产品才真正具有发展后劲。强调商业模式不是为赚钱而赚钱，而在于扩大市场份额和传播覆盖，提高可持续发展能力。

蔡名照要求媒体融合项目要打牢技术基础。“始终把技术放在突出位置，加强技术建设，强化技术思维，突出技术特色，大幅度提高技术能力。要采取各种措施，创造吸引技术人才的工作条件和机制，全面加强技术力量，为媒体融合发展打牢坚实基础。”

他还要求媒体融合要树立用户观念。明确目标受众，找准服务对象，强化市场活力。要搞清楚用户的划分定位、市场规模，搞清楚用户的具体需求，搞清楚能够满足用户的手段、渠道。要把思维向用户延伸，考虑用户的感受和体验，打通与用户连接的“最后一公里”。

（二）对“意见”的分析与解读

结合上述背景学习“意见”，我们会有以下发现：

1. 媒体融合的目标是推动传统媒体占领网络空间的舆论阵地，在网络空间中继续发挥主流媒体引导社会舆论的功能

这实际上是要求传统主流媒体把工作重心转移到网上，把主要力量投放在网络空间中。一直以来，传统媒体都是分别把平面的纸张、电视屏幕、收音机等作为主要终端形式，按照在这些终端上发布信息的技术要求和周期安排生产流程，设计组织结构，配备工作人员，领导层的工作重心和资源配备的重心都在传统媒体平台上，互联网络上的各种终端只是传统终端的补充，在整个信息发布过程中居于次要位置。尽管这一状况的存在有其内在的和现实的原因，但毕竟无法适应当前掌控网络传播主导权的需要，正像习近平同志指出的，“很多人特别是年轻人基本不看主流媒体，大部分信息都从网上获取。必须正视这个事实，加大力量投入，尽快掌握这个舆论战场上的主动权，不能被边缘化

了”。因此媒体融合意味着传统主流媒体要把工作重心转移到网上来，以网络舆论阵地作为主战场。

2. 媒体融合将是当前和今后媒体改革与发展的抓手和着力点

从2003年文化体制改革试点开始，党和政府一直努力推动媒体行业的机制体制改革，取得了较为突出的阶段性成果。但毋庸讳言，对于改革的目的、方法、目标的认识并不一致，阻力来自各个方面。如何明确目标，统一认识，克服阻力，进一步深化媒体行业的改革，是摆在我们面前的重要课题。从这个角度看，中央深化改革领导小组把媒体融合作为重要议题之一，是具有深谋远虑的。从“意见”及中央领导同志的讲话精神来看，媒体融合将是当前和今后媒体改革与发展的抓手和着力点，这意味着中央将在以下几个方面推动媒体改革向纵深发展：

其一，强调媒体改革发展的指导思想是党的群众路线。

习近平同志强调，“人在哪里，重点就在哪里”，这个表述，体现了党的群众路线思想。这就要求我们的媒体要接触群众，联系群众。这个表述，对于一段时间以来，党内和媒体业内一些同志提出的“党报办给干部看”的错误认识有正本清源的作用。它要求我们改革原有的故步自封的思想，切实通过联系群众，占领舆论阵地。

其二，在改革发展的策略上抓大放小，着力打造大平台。

习近平同志在中央深改组第四次会议上发表讲话要求：“着力打造一批形态多样、手段先进、具有竞争力的新型主流媒体，建成几家拥有强大实力和传播力、公信力、影响力的新型媒体集团。形成立体多样、融合发展的现代传播体系。”

这个要求的提出，主要是针对我们原有的传播体系不适合当今互联网传播的发展的需要而言的。经过改革开放以后30多年的发展，我国传媒业虽然取得长足的进步，但整体上没有改变传播资源行政性分配，多级办媒体而导致的

“小散乱”的状况。基于我国的现实条件，在这场媒体融合发展的进程中，国家会在各个地区着力打造一批新型主流媒体，其主要特点是拥有大量用户的用户平台，有先进的技术作为支撑，有强大的经济实力作为后盾；国家还将重点建设几家新型媒体集团，它们必须要有全国性的超大用户平台，并有强大的公信力，同时也在内容生产方面有强大实力。从总体上看，中央的意图就是要通过媒体融合形成新的媒体格局，打造新的传播体系。这是一个重大的改革任务。

其三，按照媒体融合发展的需要改革内部机制体制。

媒体融合的关键是人，而“用好人才”的核心是要解决传统媒体的内部机制体制问题，这也一直是媒体改革的重点和难点。“意见”指出：“加大新兴媒体内容生产人才、技术研发人才、资本运作人才和经营管理人才培养引进力度，逐步调整优化人才结构。建立健全绩效考核体系，研究创新项目用人机制，探索媒体融合发展条件下吸引人才、留住人才、用好人才的有效途径。”从实践看，媒体融合发展需要在传统媒体集团内部搭建新平台，这就使新的机制体制能够在一个局部实现增量改革，减少改革的阻力。

其四，通过媒体融合，形成新的传播体系和传播格局及新的新闻宣传管理体系。

习总书记还强调：“要一手抓融合，一手抓管理，确保融合发展沿着正确方向推进。”“意见”也指出：“理顺管理体制，破除制约媒体融合发展的体制机制壁垒，提高管理科学化水平。完善媒体管理制度，对网上网下、不同业态进行科学管理、有效管理，确保面向大众传播的新闻信息遵循统一的导向要求和内客标准。把推动媒体融合发展与优化资源配置紧密结合起来，解决目前存在的媒体功能重复、内容同质、力量分散等问题，使媒体发展格局更加科学合理。”

媒体融合意味着新的传播体系和新的传播格局的构建，对旧的传播体系、格局是一个本质性的改革。而新的传播体系和传播格局是在新的传播关系和新的传播技术基础上构建的，这就使得传统的新闻宣传管理体系和方法也要顺乎其变，做出改革和调整。

二、以平台思维更新对媒体融合的认识

“媒体融合”作为现代传播一个关键概念的兴起，与当前人类生活的数字化、网络化、信息化变革息息相关。但要说清什么是媒体融合，如何达成媒体融合却不是一件容易的事。从一定意义上，“融合”不是一种确定状态，而是媒介数字化、社会信息化革命背景下的一种演进过程。“新媒体”“跨媒体”“多媒体”“全媒体”等概念和实践应用均与之相关，并且可以视为在“媒介融合”基础上衍生出来的传播形态。全球来看，学界和业界对于媒体融合的认识是一个不断发展和深化的过程。

（一）何谓“媒体融合”

1. 媒体融合的概念

所谓的“媒体融合”，在技术上是指以在以信息的数字化为基础的各项媒体技术的推动下，一种新的“大媒体（Mega Media）”系统的出现。

“大媒体”一词，最早由美国人凯文·曼尼（Kevin Maney）提出，“大媒体”描述传媒业部分领域全面竞争的现象，且传统大众传媒业、电信业、信息网络业等都将统一到一种新产业之下，这个新产业就叫“大媒体业”。确切地说，现代所谓的“大媒体”，是指以信息的数字化为基础，使用数字通讯和数字广播技术，融合音频、视频、文字、图像、动画等多种信息格式，通过新型显示终端，进行以新闻信息为主的多种信息整合、加工、分析和传播活动的传播媒介系统，它是以媒体融合为基本特征的。

2. **媒体融合的三个层次**

为了厘清认识，并找到媒体融合的关键，有必要先认清媒体融合概念所涉及的层次。媒体融合概念主要涉及信息传播领域的终端、渠道、业态及商业模式等三个层次的问题。

（1）终端层次

媒体融合最早来源于上世纪80年代，最初是一个技术概念，主要是指一个终端设备能够兼容、播放多种媒体格式。在这种意义上的媒体融合问题，已在后来的实践中，通过硬件和软件的改进而得到解决。比如现在广泛使用的"手机"等手持移动终端，就已经从一个单纯的移动通讯工具变成了一个综合信息处理器和显示的终端，成为了人们进行信息交换、分享的技术平台和向外发布信息的端口。这也是许多文献所引用的，"由美国马萨诸塞州理工大学教授浦尔提出的，原意是指各种媒介呈现多功能一体化的趋势"的"媒体融合"。

（2）渠道层次

人们普遍使用融合型的终端，就最终形成了新型"通讯—媒体"系统。从我国智能手机用户量看，根据CNNIC统计数据，截至2014年12月，我国网民规模达6.49亿，网民上网设备中，手机使用率达85.8%，首次超越传统PC整体使用率，中国手机网民规模达到5.57亿[①]，占中国人口的三分之一以上。按照传播学的操作性定义，当一种设备或媒体手段的应用比例达到25%以上，我们就认为它已具备了公共传播系统的功能。今天，在移动互联网支持下，以手持移动终端构成的"大媒体"系统（渠道）与以往的报纸、广播等系统一样，都是在特定的社会信息技术条件下发展起来的一个传播系统。微信等基于

① 数据来源：第35次中国互联网络发展状况统计报告。

移动手持终端的应用平台的出现，更促进了以移动网络和移动终端为基础的“通讯－媒体”系统的构建。从未来看，这个系统将会替代其他所有系统，成为社会中最主要的传播系统。其原因，根据我们的分析，是由于手持移动终端基本实现了人类终极的传播愿望，即“随时随地，以任何手段和方式，接收和传播信息”。

因此从渠道角度来看，以移动终端和移动网络及其应用平台为基础，构建了一种新的传播体系。它不是孤立地为一部分人使用，而是被社会成员普遍地使用。在物理形态上，它以手持移动终端为主干，兼有其他的信息传播渠道。这里值得注意的是，由于互联网信息传播渠道的开放、共享特点，应用平台在互联网上成为信息传播的重要节点，也是互联网用户集聚的平台。

（3）业态及商业模式层次

由于“大媒体系统”使用的是多种媒体手段，同时负载多样内容，因此会有较强的整合性，即对技术的整合，对各种社会资源的整合，对各种社会信息的整合。这种整合的结果，会产生一种新的业态和新的商业模式，这种传播方式和它特有的商业模式正在颠覆我们传统的大众传播体系。

今天传统媒体面对的危机，不仅仅是新技术的挑战，更多的是一种新的社会需求、新的商业模式、新的社会沟通传播方式所带来的挑战。这实际上反映的是一种新的社会关系，以及在新的社会关系基础上结成的新的传播关系。这些都与以往的“大众传播”有本质的区别。就我们的观察所及，大多数传统媒体在面对媒体融合课题的时候，往往只是在用新的技术去做新的终端，开设一个新的内容窗口，很少想到在新技术背后，是一种新的社会关系和传播关系在起作用。整体上看，未来经过媒体融合而形成的新的传播体系，也将广泛影响生活各个方面，成为新的生活方式的发起者和组织者、枢纽和中心。

目前，媒体融合在技术上已实现，渠道及平台构建也趋于完成。传统媒体在媒体融合发展过程中面临的任务就是如何去运用这种新的渠道，掌握这种新的工具，构建新的平台。具体而言，就是要解决这一新的媒体系统的用户平台如何构建，其内容如何生产、如何分发，商业模式如何建立等问题。如果说融合型的终端是车，渠道和平台是路网，业态和商业模式就是运载什么样的货物，如何运送和如何结算。从目前发展看，解决业态和商业模式层次的媒体融合问题将是一个比较长期的持续的过程，将在未来一个时期成为新闻与传播领域的核心命题。

（二）现阶段媒体融合的关键是用户平台

对于中国传统媒体而言，构建用户平台既是政治任务，也是商业模式需要。从习近平总书记的一系列相关讲话精神看，中央提出媒体融合的目标是推动传统媒体占领网络空间的舆论阵地，在网络空间中继续发挥主流媒体引导社会舆论的功能。这实际上是要求传统主流媒体把工作重心转移到网上，把主要力量投放在网络空间中。

2014 年，习近平总书记在关于媒体融合发展重要讲话精神座谈会中指出的："很多人特别是年轻人基本不看主流媒体，大部分信息都从网上获取。必须正视这个事实，加大力量投入，尽快掌握这个舆论战场上的主动权，不能被边缘化了"[①]。"人在哪里，重点就在哪里"，习总书记的这一表述，体现了党的群众路线思想。当媒体融合概念从书斋和行业实践中走出，成为了涉及国家整体战略的热词，意味着传统主流媒体需要进一步把工作重心转移到网上来，强化网络舆论阵地的主战场作用。在网络社会里，传统的受众演变成了网络中的用户，发现用户、吸引用户、留住用户，建立用户平台，是当前媒体融合需要正视的关键问题。

一直以来，传统媒体都是分别把平面的纸张、电视屏幕、收音机等作为主

① 中共中央文献研究室《习近平关于全面深化改革论述摘编》，中央文献出版社 2014 年 8 月出版。

要终端形式，按照在这些终端上发布信息的技术要求和周期安排生产流程，设计组织结构，配备工作人员，领导层的工作重心和资源配备的重心都在传统媒体平台上；互联网络上的各种终端只是传统终端的补充，在整个信息发布过程中居于次要位置。尽管这一状况的存在有其内在的和现实的原因，但毕竟无法适应当前掌控网络传播主导权的需要。因此媒体融合意味着传统主流媒体要把工作重心转移到网上来，以网络舆论阵地作为主战场。在网络社会里，传统的受众演变成了用户，建立用户平台，就是建立与社会成员分享、交流信息的互动渠道。

在互联网环境下，用户就是阵地，用户就是市场。在未来，传统媒体机构真正的价值实现也在于如何利用汇集来的信息和数据以及自身的传播能力和社会资源的整合能力，服务于用户，服务于社会生活的运转，并在此基础上创造出适应网络化生态的商业模式。面向互联网商业逻辑的媒体融合是对传统媒体价值链的一次重新审视，它要求将传统媒体的“价值链”改造成互联网时代的“价值环”，从工业时代的规模经济转向信息时代的聚合经济，围绕用户增进互动和服务功能。从整体战略上看，媒体融合是否成功，取决于传统媒体机构能不能最大限度地构建用户平台，并在这个平台上建立用户规模，创造用户黏性。

（三）如何构建用户平台、发展用户模式

要解决用户平台这一媒体融合的关键问题，媒体需要明确什么是用户？用户从哪里来？如何获取用户规模？如何增加用户黏性？为此，媒体转型需要面向互联网进行平台化构建，通过建立数据库，深刻洞察用户和市场；发展服务应用，形成用户体验和互动；运用数据分析，满足多样化、个性化需求；建立新的商业模式，有效开发用户价值。

1. **什么是用户？用户从哪里来？**

2014 年“互联网思维”成为媒体业热议的关键词，“互联网思维”强调的是用户思维、流量思维和用户体验。2013 年 6 月 24 日，中宣部副部长、国新办主任蔡名照召集中央各主要新闻单位举行媒体融合项目汇报会，会上特别强调媒体融合要树立用户观念：明确目标受众，找准服务对象，强化市场活力。要搞清楚用户的划分定位、市场规模，搞清楚用户的具体需求，搞清楚能够满足用户的手段、渠道。要把思维向用户延伸，考虑用户的感受和体验，打通与用户连接的“最后一公里”。

历史地看，传统媒体新闻理念中所呼吁的“受众本位”，与网络环境下新媒体所强调的“用户为本”，两者有相似之处。但实际上，两者的基础和调性仍然是不可同日而语。传统媒体的“受众本位”主要是针对内容设计与制作，根据相对主观的分析，预设媒体服务的最大规模的目标受众群体，以求最大限度地贴近这一群体的价值取向和信息需求。受众观点很大程度上是基于经验和主观判断，在一个长周期内研发和设计产品，通过大规模、标准化的生产来服务对象。而“用户为本”则更多地针对媒体的运营结构设计，它体现的是媒体平台与使用者在互动中形成的依存关系。进一步说，受众本位仍是传统媒体“规模经济”思维下的价值观念，而用户为本是新的传播环境下“范畴经济”、“体验经济”的商业逻辑。

从性质上看，传统媒体所服务的读者或观众其实都是指一群人（Mass），人群中的每一个人是面目不清、名址不祥的。基于传统的技术条件，媒体对于受众只能是一种模糊的概念和思维。但是在互联网时代，通过数据的统计和关联分析，网络媒体可以为信息的传播提供更精准、更智能的渠道，目标消费群不再是以统计特征来呈现的一团模糊的群体，而是一个个鲜活、动态的个体。用户成为具有清晰人口统计学识别信息、行为数据、需求数据、消费数据的网络化个体，是一个清晰的具体的存在（名址、人口统计学特征、行为特征）。

专业互联网团队对用户数据库的标准是：用户基本信息库＋用户行为日志库，两者缺一不可。在传统媒体时代，受众群体是追求一个区域或一个行业细分领域最大的人群覆盖量，这是一个积分的过程。而网络时代，需要了解具体的点上的变量和特性，能够与各个点进行充分的互动，挖掘点上的需求并实现其价值最大化，这是一个微分的过程。只有对各个点有了个性化的把握，才能创造更好的用户体验，也才能更好地实现产品和服务的销售。

媒体的用户从哪里来呢？实际上，传统媒体应当着眼于将受众转化为用户，并通过新的网络互动方式获取新的用户。传统媒体整体上还没有做到对每一个服务的家庭，每一个个人作为用户去把握和分析。但今天的互联网公司在一些方面也并没有比传统媒体手里的用户数据更精确。例如报纸发行的订户数据就是值得进行数据库营销的宝贵资源。为此，传统媒体应当通过媒体融合，借助现代信息技术手段，挖掘和开发自身的数据库资源，并在基础上加强产品与服务的分众化、互动化设计，通过不断的交互掌握用户需求，扩展用户规模，将传统的媒体运营模式转化为平台化构建、数据化生存。

2. 如何构建用户平台，发展用户模式

传统媒体机构如何才能建构自己的基于互联网络的海量用户平台呢？分析当前互联网应用平台的发展实践，一般而言，构建大规模用户平台的途径主要有依靠技术，依靠内容，依靠服务。从策略上看，在技术开发和应用方面，新媒体公司中腾讯、阿里巴巴都是很成功的应用平台，又如百度运用搜索引擎技术完成了信息的整合，吸引了大量的用户，而绝大多数传统媒体机构难以在这方面建立优势；在内容方面，除了少数原来的广电机构外，大多数传统媒体机构在娱乐内容方面没有优势，而具有优势的新闻内容生产的传统媒体，一方面要面对这类产品没有版权保护的窘境；另一方面，也要看到这类产品虽然具有较强的刚性需求，但其用户黏性不足的现实。目前看，企图依靠新闻性内容集聚并黏住用户基本上难以实现。因此，从国内互联网应用的发展实践看，顺应传统产业全面信息化、网络化的趋势，通过发展以本地服务为主体的 O2O 业务，实现用户的聚合是传统媒体机构融合转型中较为可行的途径之一。

相比新媒体和互联网平台，传统媒体机构有一个较为突出的优势：即对线下资源的整合能力。通过整合，传统媒体可以建立更精确、更有价值的用户数据库。就国内媒体集团的融合发展实践看，浙江日报报业集团与修正药业合作，开展社区养老服务，其实质就是通过发展养老产业，广泛收集用户数据，并将其纳入自身的大数据库系统进行分析，为未来的数据库电商业务打好基础。围绕“以用户为中心”这个核心理念，浙报集团不仅利用上市公司作为融资平台，通过资本运营并购“边锋/浩方”游戏平台，将其上的 2000 多万活跃用户收入囊中，更是结合地方的智慧城市建设，积极介入地方性智慧政务平台、区域电商平台建设，并积极布局网络医院等业务，力求在浙江省境内广泛聚集用户群，实现全省用户数据的整体覆盖，建立聚集大规模用户的应用平台。

在实践中，在互联网信息传播环境下，借助智能化政务建设的需要，建构大规模用户平台，获得大量的用户数据，也是一条现实可行的路径。浙江日报集团下属的传统纸媒瑞安日报社，根据集团提出的“新闻＋服务”构建新型用户平台的媒体融合发展战略，积极谋划和实践通过“互联网＋政务”，打造智慧行政服务平台，占领政务服务入口，促进了自身融合发展。他们依托自己的技术开发团队，为当地智慧政务建设搭建技术平台，并提供政务服务平台运营维护服务，以及线上线下活动策划服务，从而实现了借助政务入口，集聚用户，构建新型媒体平台，重掌“话语权”的目标。从这个视角看，这些政务平台同时也是新型的媒体用户平台。目前，各政务入口的用户人数达到 40 万，已大大超过《瑞安日报》传统报纸的发行量，各端口每天阅读量总和达七八万人次，而且还在快速增长，为传统媒体重掌“话语权”，起到舆论引导作用，奠定了坚实的基础。

我们认为，“互联网＋政务”是智慧城市建设中不可或缺的一环；“媒体融合”是互联网信息传播环境下，党和政府继续占领信息传播制高点的重要举措。二者都是提高党在互联网环境下执政能力的重要举措。如果能够把智慧政务和媒体融合两大战略任务结合起来，以有条件的本地主流媒体机构作为运营主体，建设本地公用云计算中心，开放、打通部门信息数据端口，接入智慧政务入口，尽快形成集信息开发、应用、建设、管理与服务一体化，上下贯通、左右连接、运转协调、便捷高效的完整的智慧政务整体框架，构建成熟的公共服务平台、体系与管理体制，提供完善的智慧城市服务体系，形成智慧城市生态系统，无疑将使两大任务之间建立有机联系，有利于两大目标更好更快地达成。

三、以数据化生存构建媒体新的商业模式

长期以来，传媒业对媒介融合的理解基本指向于媒体数字化。媒体数字化产品，如网站、电子版、手机报、IPAD 版等，大多是作为媒体集团新媒体或全媒体战略的一个注解，一种内容传播的有益补充，多数尚不能成为媒体集团新的利润中心，甚或商业模式转型的重要依托。就商业模式而言，传统媒体业者在面对新媒体时，通常会认为找不到商业模式。以数字化方式进行的“新媒体转型”成为传媒业的一种集体迷思。实际上，并不是没有商业模式，而是从业者仍希望在传统媒体既有的框架里找商业模式，即“卖内容”和“卖广告”。但是新媒体的商业模式，很显然不在这两种模式中。“数据化生存”将是媒体业未来的选择。而用户平台的建立，是这个模式成立的前提和关键，用户平台即是为建立媒体与社会成员分享、交流信息的互动渠道。

（一）媒体应转向以人为核心的价值构建

数据化生存的时代，媒体融合需要更加强调各种信息的内在联系，以及信息与消费者，与社会经济之间的逻辑联系。基于数据库的运营，媒体日益呈现

出平台化的特征，更为强调用户的互动性和商业模式的可扩展性。

1. **媒体融合需适应互联网商业逻辑**

过去的媒体市场是有限市场，而互联网是无限市场，很多时候，投大量金钱创办的新媒体产品在互联网中如泥牛入海。用自身有限的资源去搏无限的互联网，将是极大的浪费且收效甚微。互联网“微分”化的市场，不是用过去主流价值观宣传的方式就可以占有的，我们需要看到，巨大的市场空间存在于“微”。作为内容产业主导者，媒体如果还用全要素竞争的方式面对互联网，就已显得大而无当了。互联网环境下，媒体转型更好的方式是保持开放性，强化专业分工和社会协同的意识，通过引入“集成经济”[①]，进行集约式发展，整合内外资源，把结构改造与有机集成相结合，产生新的不同于传统的发展模式，从而扩展产业链的价值。

传统商业逻辑与互联网商业逻辑的对比

对比项	传统商业逻辑	互联网商业逻辑
核心价值	生产效能。通过生产、批发、零售、消费等诸多环节的社会大分工实现长闭环	消费体验。在点对点连接中直接形成商业短闭环
商业类型	串行商业。多环节串行方式，需要事先备好产品到库存中流转	并行商业，社群经济，规模由许多人同时参与形成，在供应产品甚至消费时才形成最终产品
整合营销理论	4P：产品、价格、渠道、促销	4C：需求、满足需求的支付成本、购买的便利性、沟通
五大要素	闭环、单一、非动态、价值链、传播方式受限	去中心、异质、多元、价值环、自传播
以什么为中心？	以产品为中心，向受众推送自己想做的	以用户为中心，给受众真正想要的

① 参见：蓝兰．传媒集成经济初探及传媒产业关联整合的价值构建研究［J］．新闻与传播研究，2014（11）：9—11.

在一个充分开放的信息社会，如果媒体转型局限于新闻传播领域，很可能因为失去对内容生产、专属管道的独占性优势，失去媒体价值而被边缘化。在互联网环境下发展新媒体，就要变革传统的大众传播思维，导入用户观念，强调用户体验，这是与以往对信息渠道和资源的垄断完全不同的思维。新的传播格局要求机构媒体从“以内容为核心”转入到“以人为核心”的价值构建。未来的媒体要通过数据库和数据分析软件来对信息进行收集、存储并深度挖掘和分析，经过整合分析将有价值的信息数据化，形成不同的数据库来服务不同的客户，最终成为数据库电商。

2. 数据库将是新商业模式的基础

迄今为止，互联网上的用户数据库大都是基于领先的技术优势建立的。但是以互联网技术为基础和核心形成的新的技术体系，正在全面改造传统产业，即所谓“互联网＋”，这给传统媒体机构借助新的技术，发挥公信力优势，整合线下产业资源，提供了难得的历史机遇。

数据化转型理念将以三项变革为现实支撑：首先是依托内容数据库的新闻与其他信息产品生产；其次是依托用户数据库的精确传播；最后是在客户数据库和用户数据库匹配基础上扩展的数据库电子商务和社区服务。首先要建构内容数据库，依靠数据库生产个性化的新闻产品和其他信息服务，如将媒体积累的报道、图片等资源加以整合分析，用于生产市场专线信息和舆情服务等；其次，要建立客户数据库，或者称作产品数据库，就是将广告客户的需求与特性加以积累和分析，以此掌握企业的营销传播需要，以及其销售需要；最关键的，是要建立用户数据库，来知道用户在哪里，如何到达，了解用户需要什么。有了这些数据库，有了丰富的数据，媒体在对其加工、分析、匹配之后，就能实现信息产品和其他各类商品的精准推送服务和销售，也可以相应的去做采购，从而建立供应链。

媒体业原本的商业模式本身就是一个借助其他行业进行转移价值补偿的模

式，传统媒体的广告模式是其中之一，这是有着深刻的社会历史原因的。运用互联网思维，我们将会发现，传统媒体利用自身的公信力去聚合用户资源，建立用户平台，分析用户需求，建立强大的数据库销售能力，最终实现多种商品的大规模销售，即基于数据库的媒体购物或媒体电子商务，将是未来媒体的主要盈利模式。

（二）如何获取用户数据，增加用户黏性

机构媒体要在新的传播体系中保持既有的核心地位，就必须清晰地理解互联网环境下用户从哪里来，以及如何吸引到用户，自身在传播体系中的角色，与其他传播参与者之间的关系类型等，传统主流媒体在新传播体系中的主导地位也必须从与新媒体、自媒体的平等竞争中进行重新确立。互联网条件下，媒体对用户的服务需要完成两个核心动作：1. 通过精准定位找到目标消费者，建立用户规模；2. 运用数据分析满足个性化需求，建立用户黏性。在这里，用户规模体现为用户数据库的规模和质量；用户黏性，指的是用户对于互联网应用平台的依赖度，是一种产品和服务价值的最本质体现。

1. 建立数据库，深刻洞察用户和市场

今天，成功的媒体公司已经认识到拥有数据库能力的重要性。他们明白数据库更多的是建立标准、一个可持续的过程，而不仅仅是点击按钮就可以获取结果的强大软件。在建成数据库以后，接下来的挑战是：把分散的信息和数据从非集中式的业务系统和数据采集点，汇集到一个单一的集成数据库，从而准确地反映用户和市场发展前景。[①] 从这个角度来说，我们传统媒体不善于与我们读者互动，这是我们传统媒体传播方式方法和手段决定的。一直以来，传统

---

① Scott Stines：《媒体转型钱库吃紧？新闻媒体的三根救命稻草》，http：//www.time-weekly.com/html/20141226/27811_1.html，2014-12-26。

媒体习惯于分别把平面的纸张、电视频道、广播频率等作为主要的载体形式，按照在这些时间和空间十分有限的载体上发布信息的技术要求和周期安排生产流程，设计组织结构，配备工作人员，领导层的工作重心和资源配备的重心都放在媒体运营上。而传统媒体的新闻网站及其他数字媒体最大的问题也是太像传统主流媒体。它除了有互联网的形式，没有太多的互联网基因和用户思维。

2. 发展服务应用，形成用户体验和互动

从步骤上看，传统媒体的用户平台构建需要完成社区化、社交化、产品化和平台化的“媒体四化”转型。社区化是第一步。社区化的核心价值是为媒体获得用户规模和用户黏性。媒体在信息和意见交换领域的社区化转型与当下网络平台的社交化密切相关。网络传播社区化的趋势，要求媒体传播的渠道必然要进行社交化转型。社交化即是媒体转型的第二步，其强调的是用户以个人身份在朋友等关系圈里主动、积极地参与信息的分享、互动。在此基础上，媒体为顺应社交化的趋势，在信息产品生产中，会改变以往面向所有“受众”生产的大工业模式，转而针对一个个有特殊需求、有特性的小小区、圈子，甚至是有个性的小区成员个人生产“小产品”，形成自己的产品群，从而走向“产品化”。而“产品化”最终要求媒体改变既有的产品生产方式，走向依托平台进行多种产品和服务生产的平台化生产模式，实现“平台化”。“平台化”是传统媒体转型、媒体再造的核心，其基础是数据库。这样，枢纽型大媒体经过“四化”，将从传播方式、功能定位、运营模式和组织架构等方面实现全方位转型与再造。

相比新媒体和互联网平台，传统媒体机构有一个较为突出的优势是对线下资源的整合能力，通过整合，它们将建立更精确、更有价值的用户数据库。如果说面向客户的服务是把广告产品变成营销服务，那么面向消费者或说用户的服务则可以分为两类：将虚拟的信息产品落实到现实的体验服务，以及将单纯的商品升级为具有文化内涵和精神享受的消费体验。相关“用户服务”的典型案例是钱江报系的“杭州吃货”团队运营的各种线下服务，包括整合星级酒店、食品饮料和炊具供应商、个性餐厅、民间美食达人等资源，推出收费的美食互动课堂，例如针对已婚女性的“辣妈训练营”、针对都市白领的“伊人汇淑女学堂”、针对家庭的“爸爸去哪儿亲子美食”等训练项目，授课内容多为都市人喜欢的西点烘焙、西餐礼仪、咖啡红酒知识等。这种课程的场地、师资、原料等基本由供应商、餐饮及相关企业开支，所以“杭州团队”最终可以获得来自“学费”的纯利润，更重要的是这些线下服务培养了一批重视度极高的“铁粉”，对“杭州吃货”的品牌推广大有裨益①。由于信息技术的革新推动着信息传输技术及媒体形态的变革，传播方式和载体形式在不断变化，但媒体的信息服务价值是不变的，围绕着信息服务人的生产与生活，互联网化的新型媒体集团所提供的产品和服务与既往将有所不同，它将更加强调用户的体验和互动。

3. 运用数据分析，满足多样化、个性化需求

在新媒体的变革影响下，传统媒体也开始从追求覆盖规模向追求用户黏度发展。从“长尾”的观念来看，在幂律分布曲线中，价值的实现可以有两种方式：一是“头部”所代表的集中垄断的销量极大化，二是“尾部”所代表的边缘小众的数量极大化。当长尾时代到来，满足“个性化”的成本越来越低时，商品的止亏销量也急剧降低，曾被大众流行所排挤或忽略的利基市场，甚至是极端的“个体”将被突显出来。这个潮流下，不仅消费模式迅速差异化，连生产端的生产模式也随之个人化。那么这种趋势对于传播的决定性影响是，对于媒介机构，以及对于曾经依托大众媒体进行商业信息发布的广告机构来说，他们面临的模式调整具有很大的相似性。从传统的人头覆盖、信息喂食，现在到了一个需要充分尊重个体差异、个体选择的时候。新的传播思维，应当是顺应

① 蒋梦桦，《杭州吃货：报纸美食版的新媒体探索》，解救纸媒，2014－04－13。

个体的自主权，因为这是信息技术已经提供的可能，更加重视专业的信息服务和信息管理。这个时候，数据库、搜索、智能匹配、即时协同、社会化媒体的意义比传者本位的内容推销、渠道拓展意义要大得多。

这就要求传统媒体既能提供共性新闻产品，也要在数据库建设的基础上加强个性化新闻产品的提供。必须看到，现代传播体系的各种参与者之间的关系模式与传统媒体时代的传播者和接受者模式有巨大差别。过去的大众传播模式下，受众通常是媒体内容的被动接受者，媒体对于新闻的接触、报道、评论与传播拥有相对垄断的权力；而互联网环境下，媒体的垄断性资源被分散，专业化生产的价值被稀释，一种多节点的、互动的、多向的传播格局正在形成。因此要认真研究用户的不同需求，有针对性地生产特色信息产品，点对点推送到用户手中，做到量身定做、精准传播。同时要加强与用户间的互动，并在互动的基础上开展个性化营销。互动是新兴媒体的独特优势和显著特征，互动可以吸引用户提供新闻线索、报道素材和意见建议，提高用户的关注度和参与度，使用户在互动中参与，在参与中传播。

4. 建立新的商业模式，有效开发用户价值

在传统媒体各种新媒体转型策略中，多是将新媒体作为传统终端的一种补充，在整个信息发布过程中居于次要位置。尽管这一状况的存在有其内在的和现实的原因，但毕竟无法适应当前掌控网络传播主导权的需要，也难以建立面向互联网平台的商业模式。曾经媒体的竞争力来自于对信息源的垄断、专业化的新闻生产、独占的传播渠道，但在互联网环境下，媒体只有放下工业时代的垄断思维，与社会中各种资源保持协作和互动，才能更好地接触用户、洞察用户、吸引用户，为用户提供服务并创造经济价值。互联网并不是我们习惯上认为的工业时代的延伸，它彻底解构了工业思维，颠覆了我们所熟悉的商业世界。它对商业世界最根本的意义在于：一方面能够将某一群体的产品受众在短时间内迅速聚集起来，或标签化或社区化，另一方面将媒体所能调动的全平台

的信息资源整合在一起，让资源与用户产生交互反应。

基于对自身未来发展战略目标、现有资源的具体分析，传统媒体的转型可以选择不同的定位，一部分可以转型为基于强大内容和资讯数据库的内容生产商；一部分可以转型为适应网络时代互动要求的整合营销服务商；还有一部分可以向互联网平台运营商、新型区域门户或垂直门户发展。在这个过程中，媒体的功能和角色将发生重大的转变，从过去的新闻生产者和资讯提供商发展到逐步占据社会生活在互联网的内容、营销或服务平台的位置。

四、以现代传播体系确立融合发展目标

在我国，媒体融合既是各类媒体适应新的信息技术环境和经济环境，实现自身转型发展的生存需要，也是我们国家和社会顺应技术和社会结构等环境性因素的发展变化，构建新型传播体系的战略任务。信息技术正走出传统 IT 行业，全面改造各个传统领域，当前的媒体融合仍处在不断突破的发展阶段，随时会对传播手段和渠道产生革命性冲击；人们之间的社会关系则由于社交化信息分享和交流平台的出现，正在呈现与以往迥然不同的现象和特征。

之所以提出构建现代传播体系，是着眼于更加系统化地应对当前新闻传播领域的结构性变化。而这种变化的深刻背景是中国社会传播关系和信息传播需求的发展新趋向。传统媒体的角色使命及经济逻辑是与工业化社会结构相适应的，在互联网所推动的信息连接方式变革中，与失去内容生产的中心地位相比，失去对传播渠道、信息平台的独占性优势是传统媒体面临的更大生存危机。传统媒体新的转型理念，应当是着力构建现代传播体系，即以新的传播科技和现代社会结构为基础，在与社会中各类传播主体的互动中构建信息传播及商业运作系统。对现代传播体系概念、目标与运行机理的廓清，可极大推进新形势下媒体融合的观念认知。

(一) 中国社会传播关系面临转型

随着新媒体的不断涌现以及各类互联网公司的强势崛起，今天新闻和信息的生产、传播与消费方式与传统四大媒体的黄金时代大为不同。美国学者罗森(Jay Rosen) 早前曾指出："大众传媒的时代不过是一个时代，它不会永远持续下去的。"[①] 他认为，"公民新闻传播的时代已经到来，传统的大众传媒将被公民新闻所取代。"[②]

1. 社会结构、信息需求与大众传播

很大程度上，大众传媒是人类社会工业化的产物，而大众传播也是与大规模工业化生产模式相对应的。相对于农耕社会的人际传播和群体传播，大众传媒无疑是历史性的进步，它对于架构工业社会的信息秩序和整合社会发展驱动力具有重要的意义。工业化对人类带来前所未有的社会组织形态考验，机器血淋淋地割断了人的自然联系，人又转而借助机器建立新的联系。帕克在对工业城市社会的分析中写道："大城市的增长，已经大大扩大了读物的出版规模。这种读物，在乡下曾经是奢侈品，在城市里已变为必需品。在城市范围内，人们的读和写几乎同说话一样是生活的必需。"[③] 流入城市的人口，从之前依靠人际传播、群体传播来获得外界信息，转而投向大众媒体。报纸、广播、电视作为单向度的大众媒体，适合于以最经济的信息生产和传播方式进行大规模的人口覆盖。它们是城市社会生产和生活的必需品，在为城市成员消弭空间的隔阂，同时也在当时的技术条件下最大限度地保障人们的知情权，并行使社会环

---

① Leonard Witt. Is Public Journalist Morphing into Public's Journalist? National Civic Review. Fall 2004. p. 55.

② 吴飞．新媒体革了新闻专业主义的命？公民新闻运动与专业新闻人的责任［J］．新闻记者，2013 (3)：11.

③ ［美］帕克等．城市社会学［M］．宋俊岭等译．北京：华夏出版社，1987．79.

境监测和公民教育的功能。

工业化对于大众媒体有双重的意义，一方面工业化带来了城市化，使人口离开土地流入城市，另一方面也逐步塑造了城市的社会结构。这个过程中，值得注意的一点就是城市中等收入阶层（西方亦称中产阶级）的产生、发育和成熟。为了适应工业化对于专业分工的要求，城市中等收入阶层成为受过高等教育和其他专业训练，具有专业技能和职业特长，收入相对稳定，追求并形成了自己独特生活方式的人群。他们逐步发展成为城市社会的主体。他们通过大众传媒所营造的信息环境自觉不自觉地融入城市的文化，进入城市的生活状态，弱化了原来的信息获取渠道，开始适应消费大众化新闻信息产品的城市生活方式。因而，可以说这一群体是大众传媒的主要消费者，也是其生存的土壤。

观察大众传媒的社会化过程还包含着一种经济的逻辑。大众媒体的特点是由一个信息中央处理器，对媒体产品进行大机器工厂化的制作，将同一个模板的内容进行大规模的复制，或将同样的内容尽可能广地传播。这样的传媒组织形态和生产方式是与工业化社会相适应的，它们符合同样的商业理念：同一模板的大量复制、广泛销售，可以尽可能地降低单位产品的劳动时间和其他资源耗费（即成本最小化）。虽然“便士报”发行是赔钱的，广播和电视多是免费的，但传统大众媒体从最广泛的受众群体中积累了品牌价值和受众价值，这种价值被商业信息的传播需求所看中，通过广告销售在广告主那里实现了自身的经济效益和资源补偿。因此，传统大众媒体主要是新闻媒体，只有从最普遍的意义上解决人们的信息差问题，它们才能够从社会中获得足够的资源去支撑它的信息生产。

2. 环境感知：新闻专业化生产的生存态势

但纵观当今传媒领域的诸多重大变革，无不在说明传统媒体正在面临“互联网化”[①] 的过程。互联网化的一个基本的前提是互联网已逐步成为工业化之后的社会基础设施。互联网以人为单位的深度普及，支撑起了这样一个基础网络设施。在网络化社会，信息服务于生产和生活的方式已经不同以往了。扁平化、碎片化、去中心化成为信息传播以及现代社会结构的变化发展趋势。技术因素与社会因素结合在一起，催生了传播的社交化、网络化变革。对于传统媒体而言，这种演变将带来严峻的生存考验，它们过去所拥有的内容生产、专属渠道、受众服务等方面的独占性优势正遭受巨大挑战：

第一，对内容生产的独占性优势的式微。

传统媒体是新闻生产专业化的产物，专业分工是人类社会信息生产的一种进步体现。但随着信息时代的到来，现代数字媒体技术正在实现媒体所有权和传播参与权向普通公民的回归。传统的大众媒体，基于工业化的技术能力，是一种对从生产资料到运营能力都有极高要求的信息生产模式。从政党报刊、廉价报刊一直到走向垄断报团，都隐含了一种对人的信息需求实行集体主义的价值观。而信息技术的革新促使传播活动的参与者日益多元化，传播媒介的终端形态逐步小型化，这种状况打破了机构媒体对于媒介接近权和新闻传播权的独占地位。互联网环境下，传播主导权向个体回归，内容消费者与内容生产者开始实现融合和统一。“产消”之间的融合，改变的是信息生产模式。媒体原有的组织化、专业性的新闻生产，逐渐被社会化、非专业的新闻生产所取代，传统的共享型传播转型为分享型传播。[②] 用户生产的新态势对于传统新闻传播垄断性权力的解构所带来的冲击将是巨大的。比较一下在新闻产品生产领域《The Daily》的失败和近来中国大陆《今日头条》的红火，就会看到，“新闻

① “互联网化”是由易观国际（Analysys International）于2007年提出的概念，指产业或企业的内部流程及外部活动与互联网（包括移动互联网）相结合，或被互联网改造。互联网化可以是对传统商业流程中某环节的直接替换，也可以是再造商业流程本身（简化、优化或重构），还可以是创造新的商业流程。

② 彭兰．用户为王：“产消融合”时代的媒体思维［J］．新闻与写作．2014（11）：46.

众筹”超越了传统的专业生产，“聚合”战胜了“原创”。传统的“客观新闻学”体现的是以文字、图片、影像为核心的“单向度”信息传递；而“对话新闻学”则引入了以参与和互动为本质特征的“互联网思维”，将新闻生产转变媒体与受众之间的双向沟通甚至于多向度的“众包”机制。①

第二，对专属渠道的独占性优势的失落。

专业化分工时代，机构媒体的另一大不容忽视的优势是对专属渠道的独占性。在前信息时代，没有一种类似互联网的信息传输网络作为整个社会的基础设施，机构媒体为了使自身的新闻和信息产品更迅速而可控地抵达受众，往往需要搭建专属的传播渠道。在传播渠道不为普通组织或个体所拥有的时代，机构媒体所建立的专属渠道，无疑是一种具有极大价值的稀缺资源。电视、广播、报纸等大众媒体所传播的新闻或信息，需要达成社会成员共享的目的，它们往往不是通过向社会提供新闻内容而获利，它的获利来自因为自身成为一种信息向社会广泛传播的平台，因为这个平台具有商业传播的价值。互联网重塑新闻传播值得特别关注的一点就是，其对于整个社会信息基础设施的重构。也就是，新闻信息、公共信息、广告信息都需要通过媒体的专属渠道进行传播。但现在互联网提供了一个开放网络，机构媒体、普通用户和商业企业都可以加以应用。开放和连接是互联网的核心特质。互联网这种连接所带来的并不仅仅是媒介广播功能，更大程度上是社会资源的一种重新配置的巨大可能，它呈现一种史无前例的社会资源整合配置的全新态势。② 现今人们正在经历的即时通讯领域所发生的重大变化，OTT（越过运营商提供服务）在大量扩散，微信这样的应用对三大电信运营商造成了巨大的冲击。机构媒体曾经花费大量投资建立的专属渠道（卫星传输网络、自办发行网络等）在互联网作为信息传输基

① 史安斌．从客观新闻学到对话新闻学：论西方新闻理论演进的哲学和实践基础［A］，史安斌主编，国际传播前沿研究［M］．北京：清华大学出版社，2012，23－29.

② 喻国明．在连接中创造价值：互联网逻辑下的传媒运作［J］．新闻战线．2014（7）：30.

础设施的情况下，独占性优势逐步被消解。也就是，机构媒体将不再是社会中新闻和信息集散的必由或唯一路径。今天传统媒体危机的核心就在于“传统媒体在网络空间失去了社会信息整合平台的地位，失去了原有的对渠道的垄断地位”。[①] 与失去内容生产的中心地位相比，失去对传播渠道的独占性优势是传统媒体面临的更大生存危机。

第三，对受众群体的服务优势的丧失。

信息化社会和知识经济背景下，职业分工、专业训练导致都市社会的分层化，促使起初大众媒介所服务的大众（mass）开始进一步分化。城市白领和中产阶级正面临着更为复杂的生活方式和职场选择，已经不能满足于被动的阅听方式、单一的传播内容，他们更倾向于主动地寻求信息和解决方案。随着现代社会碎片化格局的加深，必然要求一种个人化的、多节点的传播格局。互联网环境下，传统机构媒体对于受众群体既往的服务优势受到两大趋势的挑战，一是精确传播（个性化），二是实时匹配（数据化）。而新媒体所带来的分众化、精细化的传播方式正好为现代社会新的信息需求提供了相应的条件。我们看到，网络信息技术的发展，传播的能量不再仅仅依靠“流行的单体冠军”来积蓄，而是向着“非主流市场”蔓延。在这种趋势下，新的传播思维，应当是顺应个体的自主权，更加重视专业的信息服务和信息管理，因为这是信息技术已经提供的可能。历史地看，传统媒体新闻理念中所呼吁的“受众本位”，与网络环境下新媒体所强调的“用户为本”，两者似有相同。但实际上，两者的基础和调性仍然是不可同日而语。“受众本位”是传统媒体“规模经济”思维下的价值观念，而用户为本是新的传播环境下“体验经济”的商业逻辑。

那么，大众传播模式在互联网环境下被消解的过程是否就是新闻专业化生产的终结呢？实际上，这个过程正是追求事实本源的新闻专业主义在新的社会

① 宋建武．以服务构建用户平台是媒体融合的关键［J］．新闻与写作．2015（2）：5—9.

传播关系和信息传播需求条件下的延续。因为新闻从本质上，或者说从法理上，是与人的生存权益和民主权力相关的。如吴飞教授从新闻专业主义的演进历程中所梳理的：自新闻业产生以来，新闻报道范式（或者称报道方式）至少出现过几次重大的变革：政党报业（观念新闻学）—客观新闻业（信息新闻学）—解释性新闻报道—调查性报道—新新闻主义—精确新闻学—亲近新闻学—公民新闻运动。剖析这些报道范式变革的内在动因，其实是与社会对新闻活动的基本诉求所分不开的。[①] 只要社会公众对于新闻的根本诉求没有改变，网络的出现对于新闻更快更好地生产不仅不是毁灭性的力量，反而是新的激励因素。只不过在这个新的时代，媒体需要从一种“庙堂式”文化基因转向一种“江湖式”的文化基因，[②] 网络环境下的社交传播是一种平等主体之间的互动交流。这种平等互动与现代社会关系、社会结构高度一致。此时的新闻生产需要以一种更加开放、分权、共享、交互、容错的方式去进行。

（二）网络环境下的现代传播体系

面对上述传播环境的变化，加快推进与新媒体、新技术的融合成为传统媒体的重要转型方向。而融合的过程，即是传统媒体改变或扩展自身媒体形态、技术手段、传播渠道、生产方式、运营方式的过程。从业界实践来看，数字化、网络化、全媒体化一度构成媒体融合的整体趋势。但数字化新媒体真正能成长为传统媒体集团利润中心的，至今尚不多见。传媒业界逐渐开始认知到仅仅把传统媒体电子化、数字化不是融合的关键，“新媒体”命题本身就是值得反思的对象，传统媒体需要重新整体定义自身的价值。实践表明，传统媒体与新媒体的融合，不是单纯的媒介形态创新，而一定是整体综合运营能力和商业模式的统一建构。媒介融合必须采用一种系统化、网络化、结构化的方式来推

① 参见：吴飞．新媒体革了新闻专业主义的命？公民新闻运动与专业新闻人的责任［J］．新闻记者，2013（3）：12.

② 彭兰．再论新媒体基因［J］．新闻与写作，2014（2）：6.

动，其指向应当是面向一个新的现代传播体系。

1. **从信息的底层结构理解媒介融合**

从一定意义上，“融合”不是一种确定状态，而是媒介数字化、社会信息化革命背景下的一种演进过程。“新媒体”“跨媒体”“多媒体”“全媒体”等概念和实践应用均与之相关，并且可以视为在“媒介融合”基础上衍生出来的传播形态。纵观“媒介融合”概念与内涵的发展，不难了解其多义性和复杂性。从1978年尼古拉·尼葛洛庞蒂（Nichols Negroponte）提出“媒介融合”的设想至今，这一概念从未来学的理论探讨领域逐步渗透到社会信息传播的各个实践层面，直至受到经济、政治领域的高度关注。近来，习近平、刘奇葆等同志的相关重要讲话[①]显示出，当媒介融合问题与中国社会转型以及国家战略发展的要求相结合时，媒介融合从很大程度投射为“主流媒体在未来传播格局中的角色和地位”问题，开始承载重大深远的政治意义。

如西蒙·穆雷（Simone Murray）所言，从20世纪90年代开始的“媒介融合”已经历了三次浪潮：第一次是跨媒体所有权的并购与组合，第二次是关于媒介的数字化改造，第三次则是不同信息平台间“内容流（Content Streaming）”的迁移与整合。[②]“媒介融合”在我国，也大致经历了这几次浪潮，从传统媒体与新媒体的跨媒体组合逐步发展到强调两者间内容与经营的内在融合。但从现实来看，传统主流媒体的转型步履维艰，处于相对胶着的状态。媒介融合的理念与路径仍然是当前尚未清晰的问题，传统媒体的转型似乎

① 新华网：《习近平在全国宣传思想工作会议上发表重要讲话》http：//news. xinhuanet. com/politics/2013－08/20/c _ 117021464. htm，2013－08－20

刘奇葆：《加快推动传统媒体和新兴媒体融合发展》http：//politics. people. com. cn/n/2014/0423/c1001－24930310. html，2014－04－23

② Murray，S. E. （2003）. Media Convergence′s Third Wave：Content Streaming，Convergence：The Journal of Research into New Media Technologies，Vol 9，issue 1，Sage Publications Ltd，UK，pp. 8－18.

缺少一个确定的体系建构对象。

笔者认为要更深入地理解媒介融合，需要关注当今网络化社会底层的信息结构方式。互联网对人类生活的渗透，意味着一种更高效的信息传播技术以及更人性化的传播方式逐步融入到社会机体当中。正如1983年，麻省理工大学学者伊契尔·索勒·普尔（Ithiel De Sola Pool）在其《自由的科技（Technologies of Freedom）》一书中指出一种既定的物理网络将提供“融合”的传输渠道，从而释放曾被限制于某种特定渠道或技术的传播能量。社会“互联网化”的过程不仅改造着“传播”，更具冲击力的在于，它演化出新的社会结构方式。“互联网对于今天的传媒领域而言，不仅仅是它攻城拔寨、摧枯拉朽的进取态势，更重要的是，它已经从传播领域的底层设计上改变了传播运营和价值实现的基本法则。”①

而媒介融合体系化建构的意义在于正面应对互联网化对媒体所带来的整体性颠覆与变革。因为媒体融合不是指传统媒体的新媒体转型，也不是全媒体化，而是对媒体功能与信息组织方式的整体性重构。这个重构包括媒体的内容、渠道、管理、商业模式等各方面，如果说之前的媒体数字化是种先遣队式的革新探索，随着媒体转型试错“时间窗”的逐步关闭，现在则是到了媒体必须考虑整体战略性转移的时候。也就是对于媒体来说，体系重构的价值大于运作单个的新的媒体。因而，以现代传播体系作为构建媒介融合的发展框架具有重要的探讨价值。

2. 现代传播体系的概貌若何？

现代传播体系是以新的传播科技和现代社会结构为基础，在与社会中各类传播主体的互动中构建的信息传播及商业运作系统，它是新的传播手段、传播

① 喻国明．互联网逻辑已成传媒业的操作系统：关于2014传媒业发展问题单的思考［J］．青年记者，2014（1）：10.

渠道与传播关系的集合。它是以“数据”和“创意”为工具和方法，依照社会规范和行业规律与各种各样的传播参与者共存和互动，并在对社会经济实体运行的介入中实现“大营销”，完成社会信息服务的价值补偿与增值，实现其商业模式的运转。现代传播体系是对传统媒体集团概念的更新，它可以理解为一种新型传播机构，但它更加强调对社会中各类传播需求者和参与者的连接与整合。现代传播体系的形成是媒体融合的结果，它的意义大于建设新型媒体集团。

现代传播体系概念的辨析

	媒体集团	新型传播体系
技术平台	媒体作业平台	互联网平台
产品/服务	新闻/资讯/延伸信息服务	信息匹配/社区互动
商业模式	版权售卖/广告售卖	数据库营销/实体产业介入
服务对象	受众	用户
转型模式	媒体数字化	产业融合

这一新型传播体系，基于全新的媒介生产和传播的技术平台，把多种传播技术、产品和服务加以整合，发展出全新的媒介商业模式，逐步在未来传播格局中承担起主流传播机构的角色。对于机构性媒体来说，媒介融合所带来的实际上不在于媒体内容与形态的改变，而是对其传播位势的解构。媒介融合在内在特质上，代表了一种关系的重构，它将指向新的传播体系与格局。也因而如果仅从传统媒体向新媒体转型的角度迎接媒介融合的挑战，将很有可能事倍而功半。事实上，媒介融合不应当是指媒体与媒体的融合，而是要强调媒体与人的融合。

小 结

应该说，现代传播体系的本质和核心则是强调现代传播关系与现代传播手段及渠道的结合，其实质是一种“人—机过程”。其中，现代传播关系是体现在信息传播、交流过程中以现代社会结构为基础的各类传播主体间的社会关系，是人和人之间的关系。[①] 它的创新性在于，其是对媒介传统生产和经营领域的颠覆与再造，强调的是在新的互联网环境下重新发现和挖掘信息传播的经济价值。也就是，现代传播体系是在新的技术基础上产生的新传播渠道，加上新的社会结构所构建的新的传播关系的集合。新的传播关系的主要性质是传播活动的参与者作为独立主体之间平等互动的社交关系。这一融合理念所强调的是，传统媒体应改变固有的以新闻信息产品为价值载体的媒体观念，而代之以信息交互服务、传播关系整合为着眼点的传播观念。在信息传播方式革新之后，这一新型传播体系还要解决商业模式的问题。即基于一种全新的媒介生产和传播的技术平台，发展出全新的媒介商业模式，并由此生发出对媒介传统的内容生产、传播、消费等方式的颠覆与再造。

（本章作者：宋建武、董鸿英）

① 宋建武．媒体融合重在构建现代传播体系［J］．青年记者，2014（9）：1.

第八章　融合案例

一、人民日报社：三大主攻方向拓展主流媒体阵地

提要：2014 年，人民日报社紧跟时代发展步伐，加快融合发展进程，着眼自身发展，确定全媒体新闻平台和数据中心建设、发展人民日报客户端、做大做强人民日报法人微博和微信公众账号三大主攻方向，主动出击，积极拓展主流媒体宣传舆论阵地，在媒体融合上起到了带头领军作用。为保障融合发展目标的实现，人民日报社建立了新型采编组织机制、新型技术驱动机制、新型人力保障机制等几个重要的支撑体系。

（一）融合成绩斐然

这些年来，人民日报创办了人民网，坚持权威性与大众化相统一，经过多年快速发展，2012 年在上交所成功上市，成为我国第一家上市的新闻网站，也是第一家整体上市的新闻媒体。目前在全球网站中的排名稳定在前 60 名左右，在全世界报纸所办网站中的排名稳居第一。伴随社交媒体的崛起，人民日报法人微博应运而生，快速成长为微博平台上最具影响力的媒体微博，粉丝总数目前超过 5700 多万。成为全微博平台第一个粉丝超过 5000 万的媒体微博账号。2014 年，仅在新浪平台上，人民日报法人微博平均每天发布微博 53 条，平均每天收获转发 16 万次，评论 4 万余条，平均每条微博收获转发 3079 次，评论 800 余条。单条微博最高转发超过 200 万次，评论超过 500 万条。在新浪

媒体微博影响力排行榜上长期居于首位。与此同时，人民日报微信公众号也取得较快发展，并持续呈现快速增长态势。在各类热点事件、突发事件中，人民日报法人微博和微信发挥了舆论引导、情绪疏导的重要作用。

今天，人民日报已经由过去单纯的一张报纸发展到10种媒介载体，基本覆盖了现有各类传播形态。

总体上看，一个传统媒体与新兴媒体并举、官方声音与民间舆论呼应的舆论引导格局初步形成，一个形态各异、载体多样的现代传播体系已具雏形。如果说媒体融合大致是三步，包括发展新媒体、结合新媒体和融合发展的话，人民日报大致走完了前两步，而且走得比较快、比较好。现在，正在采编流程的融合和体制机制的融合上发力，实现传统媒体与新兴媒体“你就是我，我就是你，你中有我，我中有你”的阶段了，可以说人民日报的融合发展之路站在了一个新的历史起点上。

（二）三个主攻方向

2014年，人民日报社把加快融合发展作为报社当前和今后一个时期的战略任务和紧迫任务，专门制定了加快推进融合发展的战略规划。这个规划提出，要以导向为灵魂，以真实为生命，以人民为中心，全面增强传播力、公信力、影响力和舆论引导能力，使人民日报成为形态多样、手段先进、具有强大传播力和竞争力的新型主流媒体，努力达到国际一流水平。

为了这个目标，人民日报进一步优化全社新闻信息生产的体制机制，创新内部组织运行体系、运行机制，促进新闻业务、资源要素的融合，使人民日报成为全媒体生产多渠道传播的核心内容生产者。按照一次采集、多种生产、多元传播的模式，建立内容丰富、形态各异、媒体多样、覆盖广泛的现代传播体系。还围绕舆论引导和信息服务两大基本任务，形成国内顶尖、国际一流的传播渠道集群和具有较强市场竞争力的信息服务产品集群。

人民日报社的融合发展战略明确了三个主攻方向：

1. **建立全媒体新闻平台和数据中心**

互联网实现了人、信息、资源的互联互通，日益成为一个社会必不可少的基础设施，驱动这一变革的动力是技术。云计算是当前互联网的前沿技术，人民日报社将用好这一技术，改变单纯服务于报纸载体的生产方式和技术路径，形成适应互联网传播特点的新闻生产流程和技术驱动体系。大数据时代的到来，为传统新闻业提供了前所未有的机遇。人民日报社不仅保持和发扬传统媒体的专业采集、深度分析的优势，更充分占有海量信息和数据，通过深度挖掘，向受众呈现更精准、更快捷、更丰富的新闻和信息。人民日报社将依托丰富的信息收集、数据挖掘和舆情分析的经验，建立数据中心，既面向社会大众，又深耕垂直行业，力争向国内外用户提供更具竞争力的数据信息产品。

2. **重点发展人民日报客户端**

移动互联网上，入口决定先机。人民日报社聚焦移动互联，做精内容，做优技术，做广用户，做大平台，将人民日报客户端的发展，作为报社媒体融合发展的切入点和突破口，打通人民日报社核心采编资源，贯通人民日报法人微博、微信等渠道，融通社属各报刊及社外各级党报党刊等优质内容资源，连通各级政府机关、企事业单位等新闻源。力争用较短时间，打造一个与人民日报地位和影响相称、具有一流内容和一流用户体验、拥有广泛传播力和影响力的移动新闻门户、权威观点引擎和聚合信息平台。2014 年 6 月 12 日上线的人民日报客户端，到 2014 年底下载量已超过 1700 万，受到用户欢迎。无论从用户规模还是用户活跃度、影响力，在中央主要媒体所创办的新闻客户端中都是处于排头兵位置，成为国内新闻客户端阵营中的重要力量。同时，客户端开通面向各类党政机关、企业和机构全面开放移动政务发布平台，推出全新的模式和生态，向平台化方向快速发展，受到业界的广泛关注。

图 8—1 人民日报客户端

3. 拓展社会化传播渠道

当前，很多人是通过社交渠道的分享来了解新闻，自觉和不自觉地进入到信息生产和传播的过程之中。社交媒体的渠道已经成为新闻传播的重要阵地。过去两年，人民日报法人微博的成功经验充分证明，对于传统主流媒体而言，依托社交平台借力发展，是一条有益道路。人民日报社进一步加强与微博、微信等社交媒体平台的合作，不断扩大用户规模，提升传播效果。形成既符合社交媒体使用者需求，又具有鲜明人民日报特色的新闻信息的社会化传播路径。依靠专业内容生产能力和与公众互动的丰富经验，为社交媒体平台，提升产品人气、增强用户黏性。人民日报还计划探索借力国外各大社交媒体平台，讲好中国故事、传播中国声音。

（三）多手段保障融合发展

为实现融合发展的目标，人民日报社建立了几个重要的支撑体系：

1. 构建新型采编组织机制

改变单纯围绕报纸生产所采取的“末端管理”，实现既服务于传统媒体编辑制作、又服务于新兴媒体传播的新机制。按照即时采集、实时传播、深度挖掘、精心制作的全媒体生产流程，根据网站、微博、微信、客户端等的传播特点，调整采编指挥，优化资源配置，实现全天候、全媒体的新闻采集和发布。形成统一的指挥调度和编辑制作中心，实现传统媒体和新媒体资源共享，"一次采集、多种生成、多元传播"，实现传统媒体与新兴媒体深度融合、官方声音与民间舆论协同配合。建立鼓励创新的内部生态。鼓励并推动采编人员以分社、版面或内部横向组合的方式组建创新项目小组，通过运营微信公众账号等方式，在完成好本职工作的前提下，运营自媒体账户、客户端等产品，纳入报社采编管理，通过多种方式、多种渠道传播人民日报的声音。

2. **构建新型技术驱动机制**

2014 年，报社发起成立人民日报社媒体技术股份有限公司。选择政治可靠、技术先进、资源优质的战略合作者，合资成立人民日报社媒体技术股份有限公司，培育国内一流的媒体技术创新核心团队，技术公司已成为报社媒体融合发展的战略驱动力。这一举措有利于深挖报社技术潜力，整体谋划、统一调配报社新媒体技术力量，优化科技人力资源和技术研发资金配置，整合现有技术资源，形成技术开发合力。

3. **构建新型人力保障机制**

改进人才结构，建立新媒体人才库。在巩固现有传统媒体办报人才存量的同时，有步骤、有重点地强化新兴媒体业态相关的内容生产、技术实现和经营管理等各类人才增量的挖掘、储备和开发，逐步实现报社人才技能结构从以采编和办报为主向兼具一流新闻素养和现代信息传播技能的转换。在全社范围内对新媒体人才进行统筹，建立新媒体人才库，根据报社融合发展工作需要，统一调配使用。

二、新华社："新闻＋创意"的媒体融合实践

提要：2014 年，新华社新媒体中心以集成服务为抓手，以融合发展为路径，在产品研发、平台建设、资本运作、创意营销等方面进行了积极探索，推出"新华社发布"总客户端，组建全国党政企客户端集群，首创"新闻信息超市电子交易平台"，着力打造"融合平台"和"融合渠道"，研发升级系列"融合产品和终端"，"新闻＋创意"正逐步成为新华社推进媒体融合发展的一种新常态。新华社的媒体融合实践为传统媒体实现战略转型、推动融合发展积累了宝贵经验。

（一）打造用户平台

1. 推出"新华社发布"客户端

作为新华社全国党政企客户端项目的主体单位，新媒体中心牵头，于 2014 年 6 月 11 日正式推出"新华社发布"客户端，标志着新华社集全社之力打造的全国最大的"党政企客户端"集群首次集体亮相。"新华社发布"上线当日，单条稿件最高点击超过 1130 万人次，页面浏览量超过 5000 万。"新华社发布"上线以来，在新媒体领域的舆论引导力初显，渐成全社各部门融合发展成果的集成展示平台、市场链接平台和效果检验平台。系列解读报道专业独到，有效引导了新媒体舆论；在众多社会热点报道中，"新华社发布"客户端始终坚持客观、公正的报道立场；"新华社发布""现场"栏目充分发挥新华社信息采集优势，第一时间实时多媒体滚动播报，弘扬社会正能量，引起新媒体"点赞"热潮，直观地展示了新华社强大的新闻信息采集能力，充分体现新媒体实时、快捷的特点。

2015 年 6 月 8 日，新华社新闻客户端新版正式发布。与旧版"新华社发

布”相比，新版更注重新闻的权威性和资讯的丰富性，依托新华社遍布全球的新闻采编网络，全天候发布文字、图片、音视频等各类原创新闻，每天为用户发布 1000 多条原创新闻，囊括海内外所有重要事件。新版客户端可以通过地理位置识别技术，为用户提供本地实用资讯和便民服务。用户甚至可以通过客户端与遍布全球的 300 多名新华社记者互动对话，深度参与新闻生产过程。据统计，新版新华社客户端发布后一天内，下载量激增，新增用户数 1080.2 万。

2. 打造全国党政企客户端集群

集全社之力快速推进“新华社发布”全国党政企客户端集群建设。截至目前，新华社党政企客户端已全面覆盖全国 31 个省、市、自治区，签约用户超过千家。集群项目获得资本市场青睐，成为新华社推进媒体融合发展的旗舰产品，为当前传统主流媒体推进媒体融合发展提供了标志性样本。国家级移动互联网集群效应逐步显现，国家通讯社的权威性和影响力充分彰显。“新华社发布”客户端在众多重大时政新闻、社会新闻和突发事件等报道中的新闻推送速度早于新浪、网易、腾讯等新闻客户端。“新华社发布”正逐步成为地方党委政府开展移动政务的新媒体载体，各地群众便捷获取信息服务的新媒体平台。这一客户端集群也代表着主流媒体自主掌控、集成国家通讯社采编、营销、技术优势的国家级融合发展平台。

3. 打造媒体现代电子商务平台

新华社首创“新闻信息超市电子交易平台”，这是新华社打通媒体平台与电子支付的融合渠道，结合先进的电子商务应用，推动新闻信息供稿服务方式转型升级，推动媒体融合发展做出的重要创新举措。“新华社新闻信息超市”网站设立展示区、订购区和服务区，涵盖新闻产品、信息产品、新媒体产品、报纸杂志产品等等。同时，平台支持丰富的产品体系，拥有统一的商品管理系统，具有灵活的定价体系和便捷的在线支付方式，并提供基于大数据分析的个性化服务。率先推出特色产品“新华全球连线”，利用新华社独有的遍布全球180多个国家和地区的信息采集网络，运用现代电子商务手段，有效链接市场需求，探索多元化产业路径和经销模式，实现电商式个性化服务的有效尝试。

（二）创新报道方式

1. 推出“轻应用”产品

融合产品继续向手机移动端传播推进，打造了《“雪域天路60载”新媒体音画特刊》等系列轻应用融合产品，通过应用HTML5等前沿传播技术，将传统内容资源和优势引入移动互联网，进一步适应移动化、智能化、可视化传播趋势。“雪域天路60载”新媒体音画特刊采用音、画“轻应用”，运用HTML5技术再现了“在人类生命禁区”的“世界屋脊”创造公路建设史奇迹的壮阔史诗。新媒体可视化的呈现，实现了新闻产品从可读到可视、从静态到动态的融合升级。《习近平政协重要讲话典出何处》《习近平主席出访亚洲四国署名文章注读》《习近平主席出席上合峰会和出访亚洲四国全扫描》《全面深化改革速读》《数说人大60年》《达沃斯论坛上的中国经济新词表》等一系列适合新媒体媒介和用户阅读习惯的轻量型融合产品，平均点击量突破500万，最高突破2000万，在新媒体舆论场产生热烈反响。

2. 全媒集成报道产品

新华社不断吸纳新媒体领域创新成果，实现动态升级，打造了《面向未来的赶考》《红色圣地的绿色革命——延安退耕还林记》《焦裕禄》等上百个形态各异的系列创新融合产品。有的作品完全以游戏的形式展开，彻底颠覆传统新闻信息产品形态。“面向未来的赶考”大型集成融合报道以历史纵深感、恢弘视角、全媒体形式展示了习近平总书记指导河北省开展党的群众路线教育实践活动的过程。首次实现了在电脑、IPAD、手机等多终端上的同步上线，首次运用了多版本自选式阅读方式，首次运用大数据方式对习近平总书记一年来的相关重要讲话进行了梳理。报道涵盖文字、图片、视频、大数据分析、打分插件等多种媒体要素和交互内容，上线后几个小时访问量逾4000万人次。大型全媒体融合报道《红色圣地的绿色革命——延安退耕还林记》大胆探索颠覆性设计，在主通讯的处理上引入了闯关游戏互动，全程通过闯关答题引导读者详细的阅读，从以往追求轻量化阅读变为竞技化阅读、互动式阅读。融合报道总访问量超过2000万人次，“新华社发布”微博阅读人数超过780万。

3. “创意新闻”产品

新媒体中心在技术应用与报道形式上不断创新，“新闻＋创意”渐成主流媒体推进融合发展的新常态，在新媒体领域实现了创意引领式发展。《献礼新中国65周年特刊》以10幅“奇幻照片”为素材创作，将新华社“老”照片与“新”技术无缝融合，突出“静”变“动”的神奇，运用介于视频与图片中间的新技术，集“照片”高精画质和“视频”灵动真实于一身，达到静中有动、动中有意、意中有趣的奇幻效果。新华社推出的国内首部沙画新媒体融合产品《“山神”刘真茂：我用一生护青山》新媒体沙画特刊短短几天点击量超830万，巧妙运用传统的沙画艺术，与新媒体手段相结合，以创新的艺术形式讲述了传奇人物刘真茂在大山深处守山护林的感人故事。“新华社发布”客户端推出的、对外部等协同创作的《萌图：跟“习大大”学儒学经典》新媒体融合画刊，首次实现了移动融合产品的“动图”特效，大大提升阅读体验，时效性强。画刊上线不到一天时间点击量超过960万。用户对“动图＋萌图”双重特效的新媒体表现形式好评如潮。

4. PGC和UGC集成融合

两会期间，新媒体中心借助微信平台，首创微信公众号大厅模式，创办“新华社发布·全国两会”微信公众大厅，集纳新华社“新华视点”、“新华社中国网事”、“我报道”等主要的微信公众号资源，使之成为一个开创性的“媒体微信公众发布联盟”，并附上这些微信公众号的链接信息（名称及二维码等），一定程度上实现多个公众号之间的互联互通，增进了新华社微信报道形式的多样化、报道资源的扩大化，增强了新华社微信报道的集中度和影响力。同时，首次利用微信平台搭建“全国两会代表委员访谈群”，打造“两会微谈”集成报道。“两会微谈”在新闻采编的流程再造上，实现了对内容的“循环生产”，综合利用，实现了传统报道和新媒体报道、PGC 和 UGC 集成融合。

（三）巩固主流影响

1. 以国家通讯社名义发布国内首部《融合报告》

在去年发布《中国新兴媒体产业发展报告（2012—2013）》的基础上，新媒体中心举办首次新兴媒体产业发展大会，联合新华每日电讯、参考消息、经济参考报、新华网等发布国内首部《中国新兴媒体融合发展报告》，全面记录2013 年以来中国新兴媒体融合发展历程，解析新兴媒体与技术、产业和市场交互融合中出现的热点，展望未来中国新兴媒体融合发展走向，并对促进中国新兴媒体产业的健康发展提出了建议。并主办“中国传统媒体与新兴媒体融合发展高端对话”，提供业界高端对话、交流合作的平台，赢得媒体融合话语权。

2. 新媒体旗舰产品线上线下推广双管齐下

通过事件推广、活动推广、借力推广等，实现线上线下结合、国内海外联合，短期内迅速集聚大量用户，迅速打响了“新华社发布”知名度。积极开展形象推介与线下活动，有力地提升品牌影响力，带动了包括“新华社发布”在内新华社新媒体旗舰产品共同壮大。推动“新华社发布”走进上海电影节、威尼斯电影节、北京电影节，走进世界杯、走进 APEC、走进世界互联网大会等活动。巴西世界杯期间，新媒体中心与体育部等部门合作，联合国内各大应用下载市场在“新华社发布”总客户端上开展世界杯系列推广活动，“新华社发布”走进巴西，走近国内球迷，开展了南京、广州的线下球迷活动。前方报道团在巴西标志性建筑、世界杯新闻中心、世界杯12个城市及球场，开展“为新华社发布代言”活动，“新华社发布”的Logo和二维码出现在世界杯所有赛场和城市。

（四）提供多元服务

新媒体专线产品优化升级，通过集成服务实现通讯社传统优势向新媒体领域的融合拓展。新媒体专线在内容产品、技术保障、业务流程、运行机制等方面实现全面升级，通过加强内容集成、形式集成、服务集成，进一步推进传统报道和新媒体报道融合、PGC和UGC融合，创新应用大数据、词云图、可视化、“果壳问答”等，推出系列拳头产品，快速响应点题服务，更好满足了多层次、个性化的市场用户需求，实现了两个效益双丰收。

三、中央电视台：台网融合一体化发展

提要：作为党和国家的主流媒体，2014年，中央电视台集全台之力，把媒体融合发展加速推进。除了借力微信微博等传播平台以外，在手机、Pad等移动终端推出“央视影音”（CBox）、“央视悦动”等移动客户端产品集群，搭建起自身的传播平台，重新再出发；渠道布局上，利用自身在权威信息、视频内容和品牌上的优势，与中国移动联姻，建设国家4G视频传播中心，吸引广大4G用户，抢占移动互联网入口。

（一）多屏覆盖：“央视无处不在”

中央电视台一直在加快发展传统电视以外的播出渠道，力图占据电视屏幕以外的新媒体播出阵地。目前，中国网络电视台已初步构建起“一云多屏”的

新型传播体系。“一云”是指以国家网络视频数据库为核心的内容云、服务云，网络视频数据库除了拥有中央电视台丰富的内容资源之外，还集纳了中国各地方电视台的节目以及网民上传的原创内容，日均视频节目制作能力1000小时，视频数据库库存总量超过480万条，是全球最大的中文正版视频数据库。“多屏”是指电脑屏、手机屏、Pad屏、智能电视屏、户外电视屏。目前，在电脑屏，网站日独立访问用户超过3000万人，月度独立访问用户数近5亿，提供140路电视频道的网上直播、2012个电视栏目的点播，是国内最大的视频节目生产机构和网络电视直播点播平台，2014年巴西世界杯期间，中国网络电视台创下588万同时在线观看网络视频直播的世界纪录。在手机、Pad等移动屏，推出了“央视影音”客户端（CBox）、“央视新闻”客户端、“央视体育”客户端、“央视悦动”客户端等移动客户端产品集群。在智能电视屏，互联网电视用户覆盖超3500万，IPTV用户近1600万，用户规模和发展速度均处于国内行业首位。此外央视还通过公交、民航、户外屏等平台进行传播，覆盖巨大的流动人群。

现在，央视节目可以通过央视网的网络电视、移动客户端、IP电视、手机电视、互联网电视等新媒体集成播控平台以及全球网络视频分发体系，和传统电视传播一起，初步实现了“央视无处不在”、“随时随地看电视”的渠道布局。

（二）双屏互动：电视和手机间的渠道融合

在多屏覆盖的基础上，中央电视台正在积极探索“多屏互动”，这是更进一步的台网融合。首先实现的是手机和电视之间的“双屏互动”，实现由电视单向传播向电视和新媒体双向互动传播的转变。2014年热播的《中国谜语大会》是中央电视台的首次尝试，取得可喜效果。在节目直播过程中，电视观众通过下载央视悦动客户端、用手机扫描电视二维码等方式，与场上选手同步竞猜谜语，竞猜结果在电视屏幕上及时呈现；通过央视悦动客户端参与“摇一摇”有奖互动，三期节目直播过程中共有206万人实时互动，最高有8万用户在同一秒摇动了手机。通过双屏实时互动，不仅打开了演播室的“墙”，让电视观众与场上选手同步猜谜，更打通电视观众与新媒体用户两大用户群，把许多年轻的“手机控”观众拉回到电视屏幕前。

《中国成语大会》运用新媒体手段创新文化传播，推出成语记忆大比拼、获胜竞猜、成语填空、摇一摇抽奖等一系列新媒体互动产品，在节目播出过程中，观众可通过“央视悦动”客户端、扫描电视二维码等实时参与互动，极大地调动电视机前观众参与节目互动热情。共有1295万人次参与双屏互动活动，单期节目最高互动量达267.8万人次，在社会上引起了一阵“成语热潮”。

2014年央视中秋晚会开创了大型直播晚会利用手机客户端进行双屏互动的先河。通过手机小游戏、手机送祝福等新媒体手段开展晚会互动传播，拓展年轻用户群体，定制“看秋晚，送祝福”、“送嫦娥姐姐回家”游戏、“为喜爱节目点赞投票”互动活动，引导网友在收看秋晚时使用手机为亲朋好友送去祝福、选出喜爱的节目，充分运用社交媒体传播性强的特点，鼓励网友自发在社交媒体进行转发活动，深受年轻网民喜爱。晚会参与互动总人数达63.7万，发起的微博话题阅读量达1977万。

“九九艳阳天，陪着爸妈过重阳”十小时大型直播节目以新颖的节目设计和全新的融合互动传播，吸引了全国1.61亿电视观众收看和亿万网友关注互动。直播节目全程植入互动，观众在观看节目时可以实时通过央视悦动客户端及微博微信平台，“为父母送祝福”、“为父母点歌传情”、“摇手机为爸妈赢礼物”，送出的祝福语及点播歌曲实时在电视中展现。台网融合共倡孝老爱亲，多屏互动同奏浓情旋律。直播过程中，电视累计近200次提示用户通过手机客户端参与节目互动，通过“央视悦动”客户端参与重阳节目互动总人次达92.5万，相关微博话题阅读量达9093万。

（三）探索台网一体化运行模式

从2013年起，中央电视台实施新媒体人员派驻制度，探索台网融合一体化运行新模式。央视网首批派驻台总编室、新闻中心、综合频道等部门以及重点项目的新媒体人员，从节目宣传推介入手，积极参与到重大报道和节目的选题策划和制作中，逐步实现电视与网络资源共享，一体化运行。

以“央视新闻”为试点，在央视新闻中心筹建了网络新闻编辑部（虚拟部门），央视网派驻25名新媒体人员入驻网络新闻编辑部，与新闻中心编辑记者合署办公，参加新闻中心日常策划统筹会议，参与重大报道的策划，参与央视新闻微博、微信、客户端日常内容的制作和发布，并结合重点选题，自主策划原创内容，联动央视网同步发布并推广。

（四）首发首播赢得主动优势

中央电视台按照“两个舆论场并重、多渠道传播并举”的思路，进行新媒体首发首播、电视与网络宣传一体化的探索实践，新媒体成为在电视之外新的发稿平台。2012年12月29日至30日，习近平总书记到河北省阜平县看望慰问困难群众，中央电视台首次以微博方式实时报道。2013年11月9日，新闻中心制作，央视网全球独家发布“李克强总理的经济公开课”视频。这些通过新媒体报道党和国家领导人重大活动的尝试，均引起了海内外高度关注和广泛好评。2014年，围绕北京APEC会议、习近平主席出席G20峰会等重大时政活动，“央视新闻”新媒体首次大规模尝试时政新闻的“微视频”报道，特别开发了“V观APEC”、“V观G20”和“V观习主席出访”三个系列的独家时政新闻微视频产品，各平台累计阅读量超过8亿次。

（五）积极抢占移动互联网入口

移动互联网是大势所趋。中央电视台抓住移动互联网发展契机，打造台网融合新产品，现已初步构建起以“央视影音”、“央视新闻”、“央视体育”、“央视悦动”为核心的系列移动互联网产品群。其中，央视影音（Cbox）是覆盖PC、手机、IPAD三屏，提供央视及地方电视台140多路电视频道直播和2700多个电视栏目点播服务的“超级视频APP”。在业界首次推出了直播“时移”技术，同时还为用户提供节目回看、预订、智能EPG、搜索、动态码率等功能。截至目前，央视影音（Cbox）客户端累计下载已达3.35亿次（其中PC下载2.49亿次，移动下载8623万次），获得“最受用户欢迎移动音视频应用”、2014互联盛典“跨界融合创新奖”、“2014视听创新案例”等多项奖项。“央视新闻”是台新闻中心与央视网全力打造的新媒体新闻品牌，现已建立了微博、微信、客户端的立体传播架构。截至目前，“央视新闻”新媒体总用户数突破了9300万，被业内誉为“新媒体平台上进步最快、规模最大、影响最强的主流媒体国家队”。“央视新闻”客户端荣获“最佳新闻客户端奖”、“最具影响力广播电视客户端”、“2014全球移动互联网卓越成就奖”等奖项，2015年广告招标总成交价1.3839亿元，品牌价值得到业界和市场的充分肯定。

同时，为积极适应4G发展的新形势，与中国移动合作建设4G视频传播中心，开展全面4G战略合作。经过双方多轮商谈，于2014年12月23日正式签署了战略合作协议。

4G视频传播中心作为中央电视台加快推进媒体融合发展的重点项目和重要抓手，坚持先进技术为支撑、内容建设为根本，对于增强电视媒体在4G新媒体领域的传播力、影响力、公信力和舆论引导能力，不断巩固壮大主流思想舆论，更好地满足人民群众日益增长的精神文化生活需求，尽快把中央电视台建成具有鲜明视频特色的国际一流新型主流媒体和新型媒体集团，具有重大战略意义。在4G视频传播中心的项目合作中，中央电视台负责建设4G手机电视内容聚合与集成播控平台，负责信源的聚合与播控；中国移动负责建设4G手机电视分发平台及运营支撑系统。

这种跨界融合将大大有利于诸多优势的发挥，包括中央电视台的权威信息、视频内容和品牌优势，利用中国移动的用户渠道、技术平台、市场服务优势，遵循移动互联网特别是4G网络的传播规律，以高品格、高品质、高品位并为人民群众喜闻乐见的优秀视频内容优势，传递正能量，更好地满足人民群众在4G时代对网络视频的新需求、新期待的优势等。4G视频传播中心在为广大手机用户提供优质视频内容和便捷服务的同时，也将面向全国电视台和视频内容制作机构开放，提供专业的传播技术服务，共同探索4G视频产业的新型运营模式，推进视频新媒体产业的融合，构建绿色健康、有序发展的4G视频媒体生态系统。

（六）国际传播：创新手段进入世界主流

中央电视台坚持传统媒体与新兴媒体并举，充分利用新媒体实现海外落地，运用国际广泛接受的表达方式，讲好中国故事，传播好中国声音。2013年8月，作为国际传播的全新尝试，央视网推出全球唯一的24小时多路直播大熊猫平台“熊猫频道”，在全球范围内掀起了一股“熊猫之风”，BBC一档著名新闻栏目将“熊猫频道”评为当周最佳网站之一。在全球最大的实名用户社交媒体平台Facebook上，央视网建立并运营了CCTV中文和CCTV多语种账号。2014年10月31日，“CCTV中文”账号粉丝突破100万，成为国内主流媒体中发展速度最快、粉丝数最多、影响力最大的中文账号。Facebook创始人马克·扎克伯格第一时间用中文回复“恭喜”。在熊猫频道基础上，正在建设“直播中国”新型国际传播平台，该平台于2014年12月16日正式上线，以网络直播为原点，将当下中国发生的故事与中国传统文化相结合，借助中国网络电视台多终端和海外社交平台等载体，以规模化网络实时直播为特色，通过熊猫、长城、泰山等24小时实时定点直播、大型文化活动等事件性直播等，向世界展示真实中国。

四、北京电视台："大媒体"引领融合发展

提要：2014 年，北京电视台新媒体发展中心在"大媒体"工作理念引领下，成功搭建四大新媒体平台及云媒体系统，并基于该系统建立起统一的用户系统、云媒资系统和数据服务平台，面向不同的用户需求，全面覆盖北京电视台涉及的新媒体业务。此外，在节目生产流程上，实现了台网联动的项目化流程再造，建立起了"全媒体记者联动"的节目生产体系和新媒体发稿机制。

（一）融合成果：四大新媒体平台成功搭建

2014 年，新媒体发展中心搭建完成四大新媒体平台：北京网络广播电视台网站、北京 IPTV、BTV 大媒体移动客户端、BTV 官方微平台。

目前四大平台发展势头良好。截至 2014 年底，北京网络广播电视台网站（brtn. cn）的访问量和影响力稳步攀升，ALEXA 全球排名稳定在 2600 名左右，在全国省级网络台中排名第一；BTV 大媒体 APP 下载量在年底突破 100 万；北京 IPTV 用户超过 40 万；BTV 新浪官微粉丝达 430 万，北京电视台微信订阅号粉丝累计超过 25 万。

1. 北京网络广播电视台网站

北京网络台网站（BRTN 网站）在完成全台十一个频道一百多个栏目网络日常宣传的基础上，积极配合全台大型活动和各频道的重点宣传报道。与此同时，网站重视原创内容，在北京网络视听创新成就与节目成果评选中，BRTN 北京网络广播电视台获得"网络视听产业突出贡献平台奖"。

BRTN 网站也成为国家级、市属重点项目承载平台。"2014 北京市优秀网络视听节目征集评选"官网、"APEC 媒体中心网站"、"弘扬社会主义核心价值观共筑中国梦"等主题原创网络视听节目展播平台的相继上线，BRTN 网

站影响力逐步扩大。

2. 北京 IPTV

内容上，北京 IPTV 从推出“看吧”升级为 IPTV+，到“淘电影”、大健康频道新内容产品播出，北京 IPTV+五大业务内容（点播、轮播、专题、看吧和 BRTN 网站 IPTV 专区）面貌焕然一新。

市场拓展上，在调研的基础上联合联通营业厅建成金融大街和远大路联通金源两个 IPTV 旗舰营业厅；开展 IPTV 剧风行动进驻社区推广；制订并实施 IPTV 合作伙伴激励计划，与兄弟台新媒体部门合作推出共享平台，促进北京 IPTV 快速发展。

3. BTV 大媒体移动客户端

作为北京电视台布局互联网业务的核心产品，BTV 大媒体 APP 完成 8 个版本迭代升级，在全台各频道、重点栏目、大型重要宣传活动中发挥了重要作用。

4. 北京电视台微平台

北京电视台微平台的主要工作为自有账号运营和全台账号矩阵管理。微平台运营着 BTV 在新浪、腾讯的法人微博、BTV 微信公众订阅号、公众服务号等 8 个官方账号，同时对北京电视台全台微博、全台微信电视进行矩阵管理。

2014 年 8 月“微信电视”这一创新性的产品概念被提出，以北京电视台微信公众服务号为核心，将台内各频道、节目、主持人全部纳入到北京电视台微信电视矩阵中来，形成真正的双屏互动。

5. 北京电视台新媒体工作基地

基地是北京电视台建设“大媒体”战略的载体。新媒体基地云基础支撑平台项目获得了“EMC2014 国际大奖”。截至 2014 年 10 月底，新媒体工作基地共完成接待参观任务 198 批次，2209 人次。

图 8—2 北京网络广播电视台 BRTV

（二）2014 年融合实践亮点和创新

1. 建立网状生产机制，践行“大媒体”工作思路

在“大媒体”的思路指导下，BRTN 探索项目组整体联动的网状生产机制和积极高效的网台互动机制，开创性地建立了整体联动、交互开放的网状业务生产机制——以 12 个产品项目组为经、以 4 个平台（PC 端、电视、微博微信、移动客户端）为纬，共同打造 1 个品牌——BRTN。

BRTN 的 12 个产品项目组成员除了新媒体中心员工外，还有 11 个对应频道（中心）的编辑记者。双方共同策划宣传报道方案，就不同平台的展示方式进行规划，利用各自渠道互推互宣，在节目呈现方式和人员合作方面形成良性循环。与生活频道联合制作的全媒体互动型健康帮助节目《健康到家》完成了总计 4 期节目样片的拍摄工作。

2. 积极研发“微信电视”“视频地图”等创新产品

为了顺应互联网传播移动化、社会化和视频化的趋势，实现媒体升级转型，新媒体发展中心创造性地提出了“微信电视”和“视频地图”等创新概念。

微信电视依托移动互联网技术，以微信为入口，通过与电视屏的跨屏互动关联，可以改变节目内容制作、传播单一、封闭的传统模式，实现经营模式的创新。微信电视得到台领导的充分肯定和大力支持，并在北京电视台内部迅速进行全面推广普及。截至目前，依托云编辑平台的矩阵框架体系基本建立。

“视频地图”是将优质内容资源互联网产品化的积极尝试。地图服务平台从个体用户使用出发，将 LSB 地理位置与视频内容相融合，改变传统视频节目传播方式，从概念上占据尚属行业空白的基于空间视频传播的领先位置。目前，项目已完成基础地图数据承载及应用服务功能开发、地图网站界面、CMS 内容发布及运维平台开发等工作。

（三）探索新闻报道工作新模式

1. 网台融合传播主流价值

在 2014 年 10 月的《家国梦·岁月情》国庆直播中，新媒体发展中心运用多种手段参与宣传报道，网台融合传播主流价值、汇聚民心民意。BRTN 网站推出大型专题页，进行实时报道；北京电视台官方微博、微信公众平台分别发起主题活动；北京 IPTV 整合内容资源，重点推荐相关节目；BTV 大媒体手机客户端积极助力“心语小亭”和“国庆嘉年华”专题活动的手机端宣传推广，同时观众通过扫描“微信电视”二维码参与节目实时互动。当天，通过BRTN网站收看直播报道的用户达23万人次，北京电视台官方微博话题互动量超过20万，充分地展现了首都和全国人民欢度国庆的热烈景象。

在2014年北京市两会宣传报道中，BRTN新媒体平台总覆盖人群超过1亿。公众通过新媒体了解两会动态、参与时事讨论、为首都发展建言献策。BTV全媒体平台引导正确舆论导向，成为两会重要信息的集散地和舆论场。

2. 大型活动的全媒体传播

2014年6月中心启动“2014巴西世界杯”全媒体报道实践。此次报道全面打通电脑端、电视端、手机端等终端，实现四大平台联动，网站制作了“世界杯专题”，微平台上为BTV体育的6档特别节目开通微门户互动平台，BRTN论坛启动了“看球去哪”等有奖互动活动，在IPTV端特别推出“世界杯看吧”。多平台形成了报道合力，取得了良好的社会效果。

3. 跨媒体合作产生舆论合力

2014年3月正式播出的《真相》节目由新媒体中心、新闻节目中心与新华社北京分社联合制作，旨在帮助大众甄别虚假不实信息，探寻事实真相，发出主流媒体声音。节目在BTV传统频道和BRTN新媒体平台播出。《真相》得到中宣部、国家网信办、国务院新闻办公室和新华社领导高度重视，其中，中宣部副部长，中央网络安全和信息化领导小组办公室主任、国家互联网信息办公室主任鲁炜做了的特别批示。在北京网络视听节目成果与创新成就总结大会上，《直播北京·真相》获得“最佳原创纪录片奖”。

2014年全国两会期间，北京电视台新媒体发展中心积极拓展对外合作，与人民网合作推出“问总理、上头条”活动，进行了跨媒体的重大活动报道。地方媒体与全国性媒体联动、BRTN四大新媒体平台联合发力，产生了巨大的舆论引导合力。

4. 运用新手段推进宣传报道

2014 年“五一”宣传中，新媒体发展中心和新闻节目中心一起启动了“幸福绽放”——“五一敬·爱传递”大型新闻报道活动。在网络上，BTV 大媒体制作的象征幸福的鲜花在微信朋友圈中传递，向劳动者致敬。活动形式新颖温馨，取得了良好的传播效果。

新媒体中心与网管部、新闻中心共同研发了基于的全新报道工具——“心语小亭”。它通过 BTV 大媒体客户端的视频采集，将用户 UGC 内容直接引入新闻生产网，实现了互联网与传统新闻生产融合。心语小亭先后在北京电视台建台 35 周年、新中国成立 65 周年直播、重阳·陪伴是最好的礼物等大型活动中成为报道的主力军。

（四）新闻传播院校战略合作

除了在实践中锻炼传统电视人向全媒体人的转型外，北京电视台先后与中国传媒大学、中国人民大学两高校建立起战略合作伙伴关系，为事业发展挖掘、储备专业后备人才。与中国传媒大学共建的新媒体产学研基地于 2014 年 9 月揭牌，与中国人民大学合作实施了“台校新人培养行动”，通过校园宣讲、竞聘、组建团队。在此基础上，台校双方积极探索创建一个实战型新媒体产品项目“新锐校园”，以北京市多个不同介质的媒体为融合平台，将媒体人才的培养与一线实践紧密结合起来，共同开发新产品，共同生产新内容，共同推广新的平台，创新融合媒体的传播机制。该项目既可以作为大学人才培养的实战平台，又可以将内容与产品用于 BRTN（北京网络电视台）的实际生产。同时，台校共建“BRTN－RUC 跨媒体实验室”，打造一个较为轻便而前沿的新型融合媒体实验室，将新媒体内容生产、整合、推广等工作环节融合在一起。这一尝试正好顺应了“重大项目带动战略，通过流程优化、平台再造，实现各种媒介资源、生产要素的有效整合”的媒体融合发展要求。

五、歌华有线：网络运营转向平台运营

提要：2014年歌华有线全面实施“一网两平台”战略规划，不断加快“由单一有线电视传输商向全业务综合服务提供商”战略转型的步伐。积极拓展三网融合新业务，完成了全媒体应用聚合云服务平台“歌华云平台”一期建设，发布了歌华云飞视、歌华云游戏和新型智能机顶盒终端“歌华云盒”。“歌华云平台”旨在构建内容、渠道、平台、经营、管理“五位一体”的新老媒体融合发展的新型平台，现已成为北京信息化建设和公共文化服务的重要支撑平台。

在文化大发展大繁荣的背景下，歌华有线紧紧抓住跨越发展黄金期，实现跨界合作。深入“一网两平台”战略，加快全媒体产业布局，全力探索打造具有强大实力和传播力、公信力、影响力的新型媒体集团。

2014年，歌华有线贯彻“一网两平台”战略和全媒体发展规划，积极拓展三网融合新业务，并且完成了全媒体聚合云服务平台一期建设。截至2014年12月底，公司有线电视注册用户达到551万户，增长27万户；高清交互数字电视用户推广40万户，累积超过422万户；家庭宽带用户31.6万户，增长约8万户；歌华飞视用户33.5万户，增长7万户。

“三网融合”大背景下，歌华有线公司充分发挥有线电视网络优势，通过科技创新、业态创新和服务创新，积极发展视频、数据、语音等多种业务，大力推动高清交互、集团数据、个人宽带、歌华飞视、IP电话、多屏融合等多种业务和应用，已经成为北京信息化建设和公共文化服务的重要支撑平台。

（一）“一网两平台”战略思维推进工作

歌华有线公司积极推进有线电视向数字化、双向化、高清化发展，致力于将电视机变成家庭多媒体信息终端，全力将高清交互数字电视打造成集政府信息平台、文化共享平台、行业应用平台、便民服务平台、用户娱乐平台于一体的新媒体旗舰，满足人民群众日益增长的精神文化和信息生活需求。2014 年歌华有线全面实施“一网两平台”战略规划，不断加快“由单一有线电视传输商向全业务综合服务提供商、由传统媒介向新型媒体”战略转型的步伐。

“电视院线”平台由北京歌华有线于 2014 年 1 月 27 日推出。该栏目实现了将电影院搬进客厅的愿望，实现了热门电影同步更新。“电视院线”采用先看片后付费的模式，用户打开机顶盒，在“电视院线”里选择想要欣赏的影片，就可以在 72 小时内反复观看该部影片，其费用将与用户当月的歌华有线电视费一起结算。“电影院线”平台目前已覆盖全国超过 2000 万高清双向用户，近两亿有线电视用户。与上海东方有线、天津有线、重庆有线、江苏广电网络等全国 30 余家省市有线电视网络公司达成合作协议。

图 8—3 歌华电视院线界面

2014 年 8 月 14 日，歌华有线公司完成了手机电视内容服务平台和互联网电视内容服务平台建设，并分别与国家新闻出版广电总局批准的手机电视集成播控平台运营机构、互联网电视集成播控平台运营机构签署了合作协议，完成了联网对接。歌华手机电视服务内容为新闻、影视剧、文娱、专业类节目的点播服务，接收终端为手机等手持终端设备；互联网电视服务内容为运营和管理互联网电视内容服务平台，开办新闻、影视剧、文娱、专业类节目的点播服务。

2014 年 11 月 27 日，歌华有线完成“歌华云平台”一期建设，发布了歌华云飞视、歌华云游戏和新型智能机顶盒终端“歌华云盒”。“歌华云平台”系全媒体应用聚合云服务平台，旨在构建内容、渠道、平台、经营、管理“五位一体”的新老媒体融合发展的新型平台。

（二）通过跨平台数据分析强化服务

“歌华发布”由歌华有线于 2014 年 11 月 14 日正式推出，是全国首个大样本收视数据实时采集分析系统。该大样本收视数据实时采集分析系统由歌华有线大样本收视数据研究中心建成，可实时采集、实时分析、实时展示超过 400 万高清交互用户的收视行为数据。

“歌华发布”作为歌华有线大样本收视数据研究中心推出的收视数据品牌，涵盖“开机率”、“平均收视时长”、“回看频道和节目点播情况”等各类数据产品。通过“歌华发布”可获取北京地区有线电视用户每日不重复开机率、北京地区有线电视用户每日每户平均收视时长、北京地区最受观众喜爱的回看频道和节目一周点播情况以及高清交互平台直播频道和节目收视情况四项收视数据。

基于歌华有线宽带 30 余万用户，中心正在进行宽带数据分析，中心还将逐步融合互联网宽带数据，实现互联网数据分析，并研究互联网数据和有线电视数据、互联网电视数据、手机电视数据的融合，形成同户不同源的多平台数据，为政府提供舆情服务。

不同于传统收视率调查，北京大样本收视数据研究中心依托超过400万高清交互数字电视用户，可实时记录所有电视用户每一步收视行为，具有客观、准确、权威的特点；数据自动回传和采集，全程由计算机系统自动完成，没有人为干预，客观反映用户真实行为，保证数据真实、可信，具有可靠性的特点；数据实时回传、实时分析、实时发布，满足了大数据时代行业对收视数据越来越快速、高效的要求，具有较强的时效性。中心在不断拓展跨平台数据分析的同时，逐步实现了跨平台数据采集技术、各类型数据协同等技术突破。

除了通过数据分析，歌华有线还通过畅通客服热线、提升营业厅服务质量、引入暗访机构以及网络化试点工作来提升用户服务质量，强化“用户至上”的思维。

（三）加强跨界合作有效整合产业链

1. 拓展云游戏业务

2014年1月20日，歌华有线公司与四达时代通讯网络技术有限公司共同签署了战略合作协议，双方将合作开展云游戏业务，为高清交互数字电视用户提供高质量的大型游戏产品。此外，双方将共同发展IDC机房建设合作。

2. 提供互联网电视服务

2014年4月24日，歌华有线公司获得授权开办移动通信网手机电视内容服务和互联网电视内容服务许可。公司获得授权后，将开办移动通信网手机电视内容服务，播出名称为歌华手机电视。公司还将在全国范围内开办歌华互联网电视，通过运营和管理互联网电视内容服务平台，开办新闻、影视剧、文娱、专业类节目的点播服务。

2014年9月26日起，歌华有线分别与互联网电视集成播控牌照方百视通及手机电视集成播控牌照方央广合作，开展 OTT 互联网电视及手机电视业务。据了解，在与百视通合作的互联网电视产品中，歌华有线设立“歌华专区”，提供独有的电视院线、歌华频道、北京数字学校等多种点播内容。

3. 推出“歌华阅视”手机电视遥控器

2014 年 9 月 19 日，歌华有线携手阅视无限推出“歌华阅视”多功能手机电视遥控器应用。该应用 9 月在北京全面上线推广。用户在安装 APP，绑定高清双向机顶盒之后，就能拥有专属的“手机遥控器”。

4. 成立“中国电视院线联盟”

2014 年 12 月 23 日，歌华有线联合全国 30 余家有线公司成立“中国电视院线联盟”。联盟聚合了北京歌华有线、上海东方有线、湖南电广传媒、吉视传媒等 25 家有线电视网络运营商，致力于打造全国范围的有线业务联合体。在文化大发展大繁荣的背景下，歌华有线紧紧抓住跨越发展黄金期，实现跨界合作。深入“一网两平台”战略，加快全媒体产业布局，全力探索打造具有强大实力和传播力、公信力、影响力的新型媒体集团。

(四) 科学经营推行规范化管理

在业务拓展的同时，歌华有线着力加强资本运作，完善公司治理。与环球购物和东方购物签署股权合作协议；投资北京视博云、上海异瀚数码，增资北京北广传媒影视有限公司，持续被评为上交所治理样板企业。与此同时，全力做好“营改增”及税收减免相关工作。2014 年，公司 90%的业务全部纳入营改增，并获得 2014 年 1 月 1 日至 2018 年 12 月 31 日持续享受免征企业所得税的优惠政策。配合公司战略转型，歌华有线完成了机构改革顶层设计。为打破单一依靠职务晋升的发展机制，公司还开展职级体系搭建工作，对物资采购加强精细化管理。

在营销推广方面，歌华有线为扩大电视院线品牌知名度，将“电视院线”品牌做到家喻户晓，策划“全民观影日”活动。活动面向歌华有线网内400万高清交互机顶盒用户，在前期预热宣传基础上，用“免费看大片”的方式，以“全民观影日”为活动主题，使“电视院线”品牌在普通大众用户中实现有效传播。北京歌华有线充分发挥在全国有线电视行业龙头的独特优势，立足北京，辐射全国，携手20余家国内有线电视网络公司，将“电视院线”项目的成熟模式进行全国推广，共同打造“中国电视院线”平台。

在三网融合的背景下，歌华有线全面实施“一网两平台”战略规划，不断加快“由单一有线电视传输商向全业务综合服务提供商、由传统媒介向新型媒体”战略转型的步伐，努力推进公司持续健康快速发展。

六、上海报业：以平台促进发展

提要：2014年上报新项目频频上马，大举扩张，面对新媒体的冲击，上海报业集团提出的应对之策是平台战略，最大化地发挥集团的整合优势。他们从内容生产的核心竞争力出发，自建面向网络传播的内容生产新平台，主要有“澎湃”、“上海观察”、“界面”三个产品，试图通过最大化地发挥集团的整合优势，在平台上做集成、孵化，从产品、项目的单体打造，走向围绕新媒体产业布局和发展模式的顶层设计。

（一）发力三类平台

上海报业集团的新媒体战略就是平台战略，最大化地发挥集团的整合优势。主要做好三类平台的集聚和培育：

1. 优化已有平台

上海报业集团积极推动解放、文汇、新民等一批自办网站的升级。解放网拥有国家一类新闻网站资质，突显“党”性特质，以解放日报官方新闻网站为定位，着力打造党报向新媒体转型的枢纽和平台。文汇网突出“文”字，搭建起教育、科研、医疗卫生领域高端人群传播交流平台，并积极尝试图文、动漫、音视频等多样化表达方式。新民网则着力呼应民生、民意的特色定位，突出一个“民”字，并率先在国内将地理位置服务与新闻资讯传播相结合，带来社交阅读新体验。

2. **借力大平台**

平台化思维要求善于借势，上海报业集团十分重视并不断深化与百度、腾讯等大平台的合作项目。目前，上报集团充分利用百度平台资源，由集团控制抓取源，本地新闻搜索第一次有了独立的链接、有了页面的优化和设计。内容经过专业的编辑挑选，对新民、解放、文汇等各网站带来了显著的流量导入效应。《新闻晨报》与腾讯合作，借助腾讯的用户资源深耕本地土壤、提供本地化生活服务、实现流量变现。此外，上报集团与运营商合作，整合上海本地手机报媒体，一城一报，建立“上海手机报”品牌，用户规模超150万，打造移动互联网上的上海新闻门户。

3. **自建新平台**

(1) 上海观察

“上海观察”是一款只在互联网上发行，以用户收费为盈利模式的资讯类深度阅读产品。它把上海本地的党政干部、城市利益相关者和关注上海的境内外人士作为目标用户，旨在主流价值观主导下生产适合互联网环境下读者需求的内容。

“上海观察”APP，于2014年1月1日上线，由《解放日报》旗下的一支团队打造，主力都是80后。它是一款只在互联网上发行，以用户收费为盈利

图 8—4 上海观察 APP 用户界面

模式的资讯类深度阅读产品。其目标受众主要是党政干部、城市利益相关者、关注上海的境内外人士，旨在主流价值观主导下生产适合互联网环境下读者需求的内容，提升党报在主流读者中的影响力和公信力。它推出的决咨委访谈系列、政情舆情系列、区县点评系列、公务员系列等文章引起广泛关注和好评。目前“上海观察”APP 下载量为 25.3 万，收费订户总量达 16 万，每年订阅费 100 元。

“上海观察”APP 设置了政情、经济、城事等 8 个栏目，选题内容涵盖上海改革和发展的各个方面，具有较强可读性，如“香港的粗口政治”、“厉以宁给学生李克强工作打几分”等政情类分析文章。其他栏目的文章也是秉承深度分析的特色，对热点事件、敏感事件做出有观点的报道，比如“罗先经贸区，张成泽的罪”。品牌栏目“韩正一周”，围绕某个主题，以图片、文字形式反映韩正的讲话精神和工作情况，如《这一年来，韩正敲过的“麻栗子”》，摘取了一年来韩正在大小会议上对广大党员干部的批评告诫，并注上了每个语录的讲话背景，体现了领导的讲话风格；《如何理解韩正全会讲话，三个关键词：天、地、人》，用全新的语言风格提炼出讲话的关键点，尽可能少地使用文件语言，而是列举关键点和“接地气”的语录，帮助读者快速了解全会精神。

（2）澎湃新闻

作为中国第一个新闻问答产品，东早《澎湃 The Paper》从内容生产的核心竞争力出发，将重点放在分辨事件中的真相和谣言，并将核实结果实时更新，增强社交属性和粘性，优质评论和互动会转化为内容在首页呈现。

图 8—5 澎湃新闻客户端用户界面

“澎湃”新闻是上海报业集团大力推进的重点项目，是在原有《东方早报》基础上探索产生的“报网融合”的新闻生产方式，包括新闻网和手机客户端形式。它坚持原创，是风格严肃、追求建设性和权威性的全新新闻产品。核心用户定位为关注上海、关注中国的政经界人士和影响力、购买力强的中高端人士。“澎湃”抛开传统媒体运作的部门制度，重组日常部门架构，尝试栏目小组中心制运作。在生产流程上，实行“报网融合”的新闻供稿方式，统一指挥调度，一次采集、多种生成、多元传播。目前，东方早报社内部已经开启纸媒与新媒体两套流程的并行模式，包括了工作流程、采编内容、文风文体、薪酬考核等等各个方面的差异整合。

“澎湃”苹果版移动客户端从 2014 年 7 月 23 日正式上线以来发展迅速，下载用户达 200 万，目标是 1000 万。澎湃新闻网日均页面访问量超过 800 万，独立 IP 超过 200 万。7 月至 11 月广告收入 760 万元，到年底能实现 1000 万元。目前已有不少机构愿意出资进行合作。

（3）界面

“界面”是一个全新的互联网金融信息服务平台，为个人及机构投资者提供具备影响资本市场能力的内容。产品主要包括精品财经新闻网站、专业投资资讯服务平台和商业情报数据库等。它着重报道中国最重要的上市公司和事件，以推出独家、重磅、影响市场的报道为目标，为个人及机构投资者提供精简、专业、权威的资讯产品。目标用户是包括国内金融机构从业者、专业投资者、高净值人群等。在此基础上，打造基于用户的线上线下交易平台和财富管理终端。如果要找全球范围内的对标的话，大致是华尔街日报＋SeekingAlpha＋彭博的组合。

图 8—6“界面”互联网金融信息服务平台

界面的表现形式是一个域名为 jiemian. com 的网站，规划中主要由三个模块组成。第一个模块是免费平台，延续《第一财经周刊》（界面初创何力团队很多来自一财周刊）风格，以“公司人”为核心用户群，进行泛商业报道，每日更新量预计在水平门户和垂直网站之间，主要围绕知名公司及上市公司。第二个模块是面向投资者的封闭平台，重金向分析师约稿，同样重金请基金人员审稿，并采用收费模式，借助券商通道，发布给投资者。稿件有模板要求，类似完成相应填空题，而非由作者随意撰写——这是非常典型的 SeekingAlpha 的套路。第三个模块为面向机构投资者的专家库模块，对外实施有偿征求信息线索，撰写与投资密切相关的报告进行售卖。界面另外还有销售信托理财产品以及运营金融产品的远期规划。

除了上海观察、澎湃、界面以外，上报集团还有几个小型项目投入。《文汇报》获得了 700 万左右的投入，打造立体报纸、百日千里 APP，前者借助二维码，在报纸上实现视频功能，并已经组建与之配套的视频团队，后者则与大学机构合作，面向上海地区大学生推行一个健康类 APP。2014 年，《新民晚报》获得了 600 万－700 万的投入，做包括新民网、社会化媒体和 app 的移动集群。它旗下的“侬好上海”微信公号目前已经积累订户 6. 5 万，号称汇聚了三观相同的上海人进行本地服务。英文报纸《上海日报》也获得了 500 万的投入，改造既有 iDEALShanghai. com，面向在沪外籍人士，主打 O2O 概念，目标要做上海地区面向老外的“大众点评＋格瓦拉＋豆瓣”，当下平台注册会员万余，入驻商户五千余家。

（二）探索三个率先

如何实现在内容、技术、平台、终端、人才、管理等方面的科学融合，上报集团做出了三个方面的探索：

1. 率先探索互联网思维下的新型媒体产品

互联网思维下的新型媒体产品，标准应该有两条：

一是专业权威。《上海观察》项目，就是希望通过融合发展，发挥传统报媒在信息采集核实、分析解读方面的优势，依托既有的强大的采编力量、权威的信息渠道进行专业化的新闻生产，以思想性强、观点鲜明的尝试报道和评论言论取胜。

二是特色分众。上报集团认为，立足上海国际金融中心的城市定位，专业金融信息服务具有爆发的潜力。与其他财经媒体不同，《界面》从一开始就以互联网和移动互联网为核心平台，整合其他媒体、产业形态，在资讯服务、数据服务、交易服务、投资者关系等领域完成布局，最终建成类似“彭博”定位的金融媒体电商。集团希望以“界面”为试点，探索一条数据挖掘和深度分析的专业化内容生产新模式。

2. 率先探索一体化发展的体制机制

实现媒体融合发展，需要打破制约融合发展的体制机制壁垒，形成一体化发展的格局。报业集团目前推进运作的《澎湃》项目，就是探索一体化体制机制的尝试。

《澎湃》将在全团队范围内探索“报网融合”的新闻生产方式。在部门架构上，根据“新闻+思想”的产品定位，重组日常部门架构，尝试栏目小组中心制运作；在生产流程上，探索“报网融合”的新闻供稿方式，统一指挥，一次采集、多种生成、多元传播；在内容架构上，《澎湃》创建一个新闻和思想的内容市场，精选重点关注领域，栏目设置实现小而精、小而美，力求每个栏目都做到该领域的翘楚。

3. 率先探索利用社会资源借力发展

上报集团提出，要敢于开门办“报”，用新的资本、机制，开拓新业务。

2014年，上报集团将联合国内最大的一支人民币母基因，发起新媒体产业投资基金，目标规模12亿元人民币。基金将聚焦文化内容、渠道和消费的相关产业，主要投向成长期企业，同时关注处于初创期但有成长潜力的优秀企业。通过这个平台，帮助集团完成理解互联网、营造互联网创业文化的目标；同时，介入互联网创新的前端可以为集团引入互联网和传媒的跨界人才，加大报业集团在技术研发、资本运作和经营管理人才的引进力度，把最前沿的移动化、社交化、视频化的技术、渠道囊括到视野中，对接项目需求。

七、东方网：打造多媒体融合发展的平台型传媒集团

提要：2014年，东方网全面构建以移动端、电视端和其他终端为一体的传播渠道，推动媒体业务从PC端发布为主向移动发布为主转化。同时，以服务社区为方向，通过线上互联网平台和线下实体店相结合的方式，为居民解决“最后一公里”的服务需求，致力于打造多媒体融合发展的平台型传媒集团。

东方网（Eastday.com）成立于2000年5月28日，2012年3月完成转企改制，是上海最具影响力、权威性和公信度的网络媒体。东方网业务分为五大板块：一是打造以内容产品化、信息服务标准化为主体的媒体业务；二是以政府合作为基础的数字政务；三是以文化和民生为特征的电子商务；四是基于本地、社区、位置，旨在解决智慧城市“最后一公里”服务的智慧社区O2O业务；五是围绕主营业务市场拓展的投资业务。

2014年东方网佳绩连连，在新闻宣传方面，新闻宣传影响力和传播力继续提升，世界排名、中文网站排名、本地排名均有所上升，深耕本地，做强本

地新闻，培养和锻炼采编队伍，卓有成效。在产业经营上，既“破”又“立”，2014年，东方网实现主营业务收入5.58亿元，创历史新高，利润近4000万，继续在全国地方新闻门户中名列前茅。

（一）发力移动端打造中央厨房

2014年东方网进一步提升其网络新闻宣传影响力和竞争力。强化主动发布，强化传播方式创新，以Web为基础，全面构建以移动端、电视端和其他终端为一体的传播渠道，最终实现媒介融合。重点推动东方网媒体业务从PC端发布为主向移动发布为主转进，打造微信矩阵，以东方网官方公共账号为龙头，携17个子账号，覆盖用户对信息、服务的各种需求。

此外东方网强化技术集成创新，利用技术实现内容采编作业的集约化和标准化。其建立的“全媒体记者＋大分发中心”（“中央厨房”）信息处理机制高度调控、灵活运转。东方网在“中央厨房”的机制下，前端生产链条融合，后端传播链条分化，信息的使用深度不断增强。通过对信息的归类和整理，海量媒体产品汇流成一个大市场，形成强大的信息库资源。东方网利用这一优势，提供信息搜索、信息集成、咨询服务，实现信息再度开发利用。

东方网党委书记、董事长何继良认为，在当今传播格局变化的大背景下，媒体建设的基本思路是品牌的多渠道传播。而内容的产生与聚合，关键是“中央厨房”建设。中央厨房的信息处理已不再是简单的分配，而是基于互联网技术的高度聚合与快速传播。

在发布内容方面，东方网进一步提升网络权威资讯服务功能，充分利用东方网的公信力和影响力，打造服务基层、服务市民和网民的权威平台。进一步加强政务频道建设，通过政务发布、视频访谈、网络问答等方式权威解读各类政策、制度、规范，及时回应网民关注。强化网络服务平台建设，打通人大、政协、工商、税务、卫生、教育、文化、档案等各机构各单位网络平台，开放检索、查询、办事各类服务功能，最大程度上便民利民。

（二）全面启动智慧社区项目

2014年3月16日，东方网宣布，东方网互动社区中心成建制裁撤，相关业务并入智慧社区板块。这意味着东方网智慧社区建设的战略调整全面启动。此次调整，是东方网因应行业环境变化和互联网技术发展而进行的一次主动战略布局。

东方网2013年2月成立“智慧社区管理中心”，全面启动智慧社区建设，正是基于对自身使命和未来前景的战略性思考。东方网智慧社区建设的核心是以服务社区为方向，通过线上互联网平台和线下实体店相结合的方式为手段，为居民解决“最后一公里”的服务需求。在技术层面，以统一用户云和数据云为建设目标；在产品形态上，以PC端3.0线上社区，移动端LBS＋O2O平台，以及线下智慧社区示范性门店为建设目标；在服务拓展上，以全面开放的“N＋X”（标准服务＋定制服务）模式为建设目标。

其中，东方网新媒体民生服务综合平台即是东方网智慧社区建设的一记重拳。该平台融合新媒体内容发布传播平台与民生缴费支付综合平台，以终端设备、无线应用为传播载体，将便民服务与权威信息发布完美结合，通过实体渠道落地，以智慧民生便民服务取得刚需应用，拓展媒体发布的高流量入口和高转换率，新媒体传播与民生服务的最后一公里传播。

东方网新媒体民生服务综合平台以终端和智慧屋为核心呈现方式（目前已在全上海铺设点位1000多台，智慧屋11家），依托大数据分析和云计算平台为基础搭建中央管理平台，通过智能化的便民服务终端网络强化智慧城市建设的物理基础，通过成熟的信息发布后台管理提高先进文化传播和舆论引导的针对性、有效性及完成用户黏性。真正实现“天下事触手可及、身边事一点就通”的新媒体智慧城市建设效果。

东方网新媒体民生服务综合平台以“智橙生活”为品牌，搭建民生支付综合平台、广告销售品牌与服务购买等多种营销推广平台。本平台产品运营一年

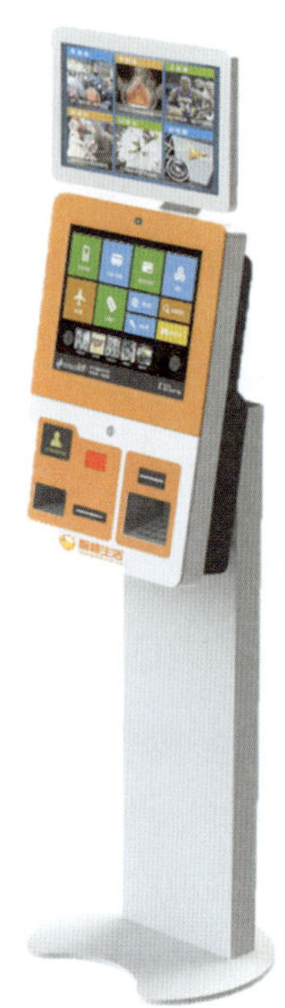

图 8－7 东方网新媒体民生服务综合平台智能终端

半，效果显著，整个项目完全实现盈利，为可持续发展打下坚实基础。目前除上海外，本产品已逐步在内蒙古自治区、山西太原市、安徽宣城市、四川广安市逐步推广。

（三）以文化传播中心拓展海外影响力

2014 年 5 月 28 日，东方网正式启动“北美网络文化传播中心”项目。未来，传播中心将以美国和加拿大为重点区域，以舆论宣传为核心，同时开展商贸服务、文化服务、并购业务等三项服务，从而形成“1＋3”的战略布局和工作部署。

作为地方重点新闻网站，东方网近几年在外宣工作方面不断进行探索和实践，确立了战略上主动出击、积极作为，战术上创新方式、顺势而为的总体工作思路。此次东方网北美网络文化传播中心的建设，正是在贯彻落实“大外宣”战略过程中，结合东方网自身定位和特点进行的探索和尝试。

2014 年 2 月，东方网确定以加拿大大华商报（大华传媒集团）为战略合作方，并通过商务合作形式，有效向内容延伸，现在通过合作协商，已接手建设加拿大大华网的发布系统。改造完成后的网站内容由双方共同维护。同时，东方网还与美国华人工商公司共建双方所属的两个网站。双方通过商务文化的合作，已逐步延伸到网站内容的合作。此外，东方网还于 2014 年初在 Twitter、Facebook、Linkedin、Tumblr 等社交平台注册法人账号，并已组织东方网和当地合作的专业内容团队进行维护，通过信息、互动、活动等方式有效影响北美网民。

与此同时，东方网北美网络文化传播中心还将借助自贸区东风，探索“以商促宣”新模式。随着上海自贸区建设日趋成熟，中外商贸往来必将逐步进入新的高峰期。自贸区的相关制度、政策需要更有效地向海外宣传推介，海外商户也迫切希望寻找到自贸区建立后对华贸易的新商机。据介绍，东方网旗下的自贸区公司的跨境业务目前已有相当规模。未来，东方网将着力以跨境贸易的信息服务和咨询服务来带动外宣工作，实现外宣工作在海外的软着陆、润无声。

在文化服务方面，东方网将依托北美网络文化传播中心这一平台，以东方网旗下文化产业公司为主体，继续不遗余力地推广中华优秀文化作品走出去。如组织优秀文化艺术作品海外巡展、线上主题展等。同时，也将根据海外华人的兴趣爱好、收藏需求，多次组织相关现当代艺术品专场拍卖。

在并购业务方面，东方网也正在北美地区积极寻找优势文化和媒体公司，力求在外宣和商贸服务方面无缝落地、贴近受众。此前，东方网已借道自贸区公司，实现了对香港文广广告公司的并购。同时积极利用海外资金做大做强东方网智慧社区、25H 连锁公司（网吧混业经营改造）、自贸区公司特色贸易、文化艺术品交易融通平台、一卡通中国（预付费卡联通平台）等重点项目。

（四）完善管理体制 实现跨越发展

按中央要求，2012 年，东方网顺利完成东方网和下属城市导报社转企改制任务。转企改制后，东方网按照现代企业制度要求，创新体制机制，有力保证了包括媒体业务在内的各项主营业务拓展。东方网以公司为运作主体，遵循以法人治理结构与党委领导相结合、同步走的思路，在股东大会下并设监事会、党委会、纪律检查委员会。在组织架构上，同时兼顾政治导向和客户导向，兼容职能线与产品线。在部门设置上，以“产品链”来梳理和统筹公司的业务流。在管理上实行集权与分权模式。设立专门的职能部门经济运行管理部对上海东方网股份有限公司下属的控股公司进行垂直管理，业务运作通过设立诸个彼此相对独立的子公司来进行。总部通过财务、法务、人事等各职能部门进行集团化管理，强化公司母体的垂直管理职能。

“转企改制，只是东方网改革发展迈出的第一步。”东方网总裁、总编辑徐世平说，东方网正着力形成发展网络文化产业的新优势，逐步完善管理体制、运营机制和商业模式，按照公司发展的战略规划和产业发展架构，依托网络积极拓展产业发展的新领域、新项目、新产品，形成新的经济增长点，运用资本的杠杆作用，有序推进上市融资工作，实现东方网跨越式发展。

八、百视通：“内容＋平台与渠道＋服务”的媒体生态

提要：2014 年，百视通通过资本运作手段，完成了一系列的重组，重组完成后百视通定位为新型互联网媒体集团，将原有业务与集团下属相关业务进行重构整合，打通产业链各环节，形成“内容＋平台与渠道＋服务”的互联网媒体生态系统，发挥用户规模效应和渠道协同效应。以强大的媒体业务为根基，以互联网电视业务为切入点，百视通实现了受众向用户转变以及流量变现。

(一)构建“内容+平台与渠道+服务”互联网媒体生态

2014年，百视通将原有业务与集团下属相关业务进行重构整合，打通产业链各环节，形成“内容+平台与渠道+服务”的互联网媒体生态系统和产业布局，发挥用户规模效应和渠道协同效应。随着百视通产业生态各环节不断完善和充实，将有能力为用户提供更加细致和广泛的服务，用户黏性不断加强，为平台流量变现创造更有利环境。

1. 内容板块

坚持“内容为王”经营理念，具有内容模式研发、内容生产制作和内容版权分发的完整“内容产业链”能力，依托多元优质内容资源聚拢海量用户，为百视通互联网媒体生态系统夯实用户及流量基础。2014年11月百视通和东方明珠宣布合并。东方明珠旗下有“尚世影业”，前身为上海电视传媒公司，成立于2007年，是国有广电集团最早进行转企改制的影视企业，近年来有多部商业上颇为成功的电影电视剧产出，截至目前，SMG尚世影业参与宣发的影片票房已经累计超过20亿元，是一个三年复合增长超过60%、去年营收6亿利润8000万的国有影视企业。双方的合并，为百视通在内容板块的拓展注入了一剂强心针。

2. 平台与渠道板块

将整合百视通旗下IPTV、有线电视、互联网电视及网络视频等渠道业务，实现各渠道互联互通、协同发展，培养具有规模优势的互联网电视活跃用户群体，完成用户获取、转化及流量的初次变现。文广互动拥有3800万数字付费电视用户，百视通IPTV拥有2200万用户+200万户互联网电视用户+约3300万智能电视一体机用户，风行网拥有PC端和移动端日活跃用户近3000万+每日观看次数达到1.48亿次，东方希杰拥有688万购物电视注册客户。

3. **服务板块**

向该用户群体提供包括优势视频内容、游戏娱乐、网络购物、文化旅游、在线教育、社交应用等全方位的内容和线上线下服务资源，以付费点播、广告、游戏运营、应用分成、购物等多种丰富的盈利模式实现用户多次开发和流量多次变现。

（二）国际化战略，搭建多元合作平台

2014 年，百视通积极进行国际化和外延布局，国际化将首先分别与好莱坞和硅谷在内容和互联网方面展开重点合作；外延方面将围绕内容、平台与渠道、服务板块积极探索并购、合资、合作、引进、培育等多种产业及资本合作方式，搭建多元化合作平台。

国际化内容合作方面：百视通计划与迪士尼合作拍摄具有国际水准的影视作品；与好莱坞大型电影工作室成立合资公司，从事在华电影协拍和电影联合出品业务；将与全球最大的节目模式生产公司进行战略合作形成节目生产创造的能力；并通过与 HBO、Comcast、Netflix、Youtube 等国际媒体公司合作，提升内容制作水平。目前百视通正携手国际知名传媒公司、知名文化产业基金共同发起设立跨国文化创意投资基金，以促进中国文化创意企业更广泛、深入和有效地参与国际市场运作。百视通控股股东文广集团 SMG 与迪士尼于 2014 年 11 月拓展战略合作，合作领域覆盖电视创意开发、电影联合制作、内容发行和营销合作，包括与尚世影业共同拓展电影合作，与百视通探索新媒体、家庭娱乐合作等。

国际化互联网合作方面：百视通将在硅谷发布一只基金，在硅谷设立基地进行投资、孵化，将最新的互联网和移动互联网技术带入中国、带入上市公司。

（三）拓展互联网业务，创新业绩增长点

百视通从传统媒体向互联网业务转变，在数字营销、家庭娱乐市场、电商业务、LBE 线下娱乐生活服务 4 个领域成为业绩的主要增长点。

图 8—8 百视通互联网业务布局

1. 数字营销

收购艾德思奇作为数字营销平台，转变传统广告模式，通过广告实时交易和大数据精准营销实现广告经营快速增长。上市公司将借助艾德思奇数字营销平台和技术，依托艾德思奇、IPTV、风行网、互联网电视、手机电视、户外移动新媒体等多平台、多渠道开展新媒体广告运营，实现新媒体广告与数字营销整合协同经营。同时将整合百视通、风行网、艾德思奇在新媒体广告与数字

营销技术、广告平台与渠道、海量用户（覆盖数亿级的海量用户）和广告主（服务数百家品牌广告主和2000多家效果广告主）资源等多方面综合优势，率先在国内打造跨屏精准程序化广告投放平台，实现广告经营快速增长。

2. 家庭娱乐

依托XBOX、PS两大游戏主机平台开展游戏开发和运营业务，领跑中国主机游戏市场，实现家庭娱乐快速增长。新上市公司与全球两大家用游戏主机厂商微软和索尼均有合作，成为其全球最大的合作伙伴，联合进军“家庭游戏娱乐”产业。根据两大游戏主机平台不同的技术特点、运营及服务模式，进行独立运作。百视通与微软已经合作打造的“新一代家庭娱乐游戏机”（Xbox One汉化国行版），于2014年9月29日在全国范围内上市销售，首发销量突破10万台。百视通与微软同时已经启动建设国内“家庭游戏产业创新中心”和“家庭游戏产业孵化基地”，扶持本土游戏产业发展和人才队伍建设。同时2014年百视通联合完美世界、巨人网络、久游、联众、第九城市等10多家国内外知名游戏企业成立了国内首个“家庭游戏产业联盟”，抢先布局国内家庭游戏产业大生态圈。东方明珠：本次重组整合注入了原东方明珠与索尼集团设立的合资公司，进行索尼PS4游戏主机平台在国内的软硬件销售、服务及运营。

3. 拓展电商

借助电视购物优势，实现电视购物向电商、移动购物转型。借助东方希杰电视购物平台，利用上市公司新媒体渠道重点开拓移动端市场，拓展体验式购物模式，并进行全国化区域拓展，实现电视购物向电商转型。

4. 拓展LBE线下娱乐生活服务

依托东方明珠和奔驰文化中心等著名文化旅游资源实现O2O服务，提供线上线下交流、现在流行的 LBE，基于定位娱乐和体验的生活服务模式。

（四）调整组织架构，解放体制生产力

前一轮上海文化传媒业改革与发展取得了不小的成果，但是在当前的情况下，上一轮改革形成的上海文广系统事业单位“叠床架屋”的管理层级，已经成为进一步发展的禁锢，加之上海文广系统本身涉及面广、触及利益多，牵一发而动全身，如果不进行彻底、全面的整合和改革，就难以取得实效。

2014 年，百视通启动股权激励改革。此前，百视通发布公告宣称，公司拟对中高级管理人员以及核心人才实施股权期权与股票增值权计划，行权价为 44.33 元/股，和公司停牌前股价相同。百视通根据实施对象国籍的不同，其激励形式分为股票期权激励计划与股票增值权激励计划两种。该计划授予股票期权的行权限制期为两年，限制期满后，在公司满足相关业绩条件的前提下，股票将分三批匀速生效。

在具体改革措施方面，启动小范围试点式改革。主要思路是通过改变原有的矩阵式垂直管理形态，使选人用人、生产制作等进一步“扁平化”，形成各尽其长的施展平台，最终构成以人为核心的闭合式“圆环”，进一步提高生产效率和创新能力。具体措施有：一是在组织架构上将五个频道部门的资源整合成一个东方卫视中心；二是通过公开竞聘，上海广播电视台、上海文化广播影视集团有限公司业已形成近 20 支独立制作人团队，并采取切实措施，使得制作人团队“责权利相对等”。一方面，制作人团队直接对产品负责、对观众负责，同时也对团队自身负责。另一方面，通过“简政放权”，管理岗位人员缩减，而制作人及其团队拥有创意自主权、项目竞标权、团队组建权、经费支配权、收益奖励权、资源使用权，相关的行政、财务、法务结构也进一步理顺、形成内部激励体系，专门服务于满足观众需求的内容产品创新和研发。

九、无线苏州：手掌上的服务大厅

提要：无线苏州主打口号是“城市在手中”，旨在打造一个苏州本地全方位的城市公共服务平台。基于 iPhone、iPad 和 Android 移动平台而开发的移动客户端，无线苏州实现了互联网、物联网、通讯网、广电网“四网融合”，以及电视屏、电脑屏和手机屏“三屏互动”。2014 年这一传统媒体由内容服务走向产品服务的成功模式在贵州、石家庄、南通等全国多个城市落地开花，实践着媒体融合转型之路。

在“2014 年中国视听传媒发展论坛”上，无线苏州荣获“2014 广电媒体融合发展创新榜——最具创新价值移动综合运营平台”殊荣，被誉为移动互联网环境下，中国广电媒体融合发展的典范。

（一）上线三年，用户突破 180 万

2011 年 10 月，为加快发展文化产业和新媒体产业，苏州广电传媒集团正式启动“城市信息云平台”（CICI）项目建设。无线苏州移动客户端成为推进城市信息云平台的蓝本项目。

利用移动互联网、物联网、云计算等信息技术手段，无线苏州建立了广泛覆盖和深度互联的城市信息网络，对城市资源、环境、基础设施、产业等多个方面进行全面感知，整合构建协同共享的城市信息平台，为政府社会管理和公共服务提供智能决策依据，为企业和市民提供智能信息资源及开放式信息应用服务。

根据无线苏州 CEO 石小建提供的数据：截至 2015 年 1 月上旬，无线苏州用户数突破 180 万（苏州总人口约 1000 万），日活接近 30%。用户群体的年龄覆盖较广从 20—50 岁，其中：21—25 岁占 14.49%，26—30 岁占 37.21%，31—50 岁之间占 43.95%。高占比的本地用户集群，高质量的用户数据指标，

将引导无线苏州未来的商业发展模式。

（二）打造城市的公共服务平台

传统媒体做互联网产品的思路常是把现有的内容平移到手机端上。这也不难理解，媒体的特长就是做内容，因此自然而然地会想到用“优势平移”的思路来做。而当苏州广电嗅到移动互联网的热潮时，他们的思路是抢占时机和城市入口，做转型而不做附属品，因此就有了无线苏州这个产品，它比传统媒体更接“地气”，可以和老百姓日常生活无缝对接。

从定位来看，无线苏州十分明确并注重新闻资讯（内容）与生活信息（服务）的建设方向，已形成四大类别、十六大功能的“云平台架构”，从市民生活、公共服务、文化产业等多个方面提供保姆式的服务。

1. 新闻资讯整合传播平台：

在移动互联网终端，通过视频、音频、图文等多媒体传播方式，同步直播本地广播电视节目，打造社交互动电视媒体；为了适应移动端用户的阅读习惯，无线苏州在内容融合上下功夫，不断进行栏目创新，打造了一批类型多样的原创节目，如《听说》《太囧》《一路随行》等，并借助微博、微信平台，为用户提供可读性强、观点性强的独特内容。

2. 公共文化信息发布平台：

借助城市信息化平台，打造智慧城市文化系列，包括博物馆、昆曲文化、演出、电影、文化产业等。

3. 市民生活信息服务平台：

为市民生活提供信息服务，包括天气、物价、文化、社保、地理位置、实时路况、停车诱导，实现城市综合生活信息的智能感知、采集、应用；同时在信息服务节目形式上创新，2013 年，无线苏州首次尝试与苏州广电 965 生活广播展开合作，借助于相声广播的模式，创新原创节目的呈现方式，获得用户的一致好评。

4. **移动电子商务运营平台：**

全面推进移动互联网电子商务，通过 O2O 电子商务模式启动城市旅游、汽车、电影等垂直行业电子交易平台。

除了发挥传统媒体的内容优势：将电视、电台、报纸、杂志的资讯做“轻”后放上平台，实现电视电台的同步直播外，无线苏州也尝试利用资源优势解决一些城市公共服务上的“痛点”，将政府的数据价值充分发挥。

为了增加更多用户使用场景，无线苏州正在开放平台引入第三方 APP，通过导流从中收取一定比例佣金，不过合作前提是支付接口须使用无线苏州的账号。无线苏州的模式也开始向全国其他城市进行复制，截至 2014 年底团队与全国 28 家城市传媒正式达成合作，陆续有了智慧贵州、无线石家庄、无线南通等 15 个城市产品。

图 8—9“无线苏州”客户端界面

接下来，无线苏州将进一步依托苏州广电强大的媒体影响力和市场号召力，利用移动客户端突出的应用功能，进一步整合市场资源，围绕用户的衣食住行等日常需求，大力发展城市特色 O2O 移动电子商务业务。在满足用户生活便利的同时，使无线苏州客户端变成工具型、应用型、商用型的平台，成为百姓衣食住行日常生活的好帮手，探寻广电新型商业模式。

5. **个性化生活服务提供平台**

地域性广电媒体要想在移动端媒体竞争中突出重围，就必须走差异化的道路。以“接地气”资讯和服务，争取当地的用户。苏州广电并不是仅仅将广电节目的内容移植到了手机终端，而是更注重用户的需求和体验。在定位客户端产品和架构时，以个性化的生活服务为卖点，增强客户端对用户的实用价值。在实践探索中，苏州广电顺应苏州“智慧城市”加快发展步伐，在短时间内，就整合了苏州交警、公交、客运、电力等部门的城市信息资源，从用户的需求出发，在无线苏州客户端上推出“违章查询”“实时公交”“打的”“汽车票”等多个贴近市民生活的应用，受到了用户的高度认可。2013 年“违章查询”应用上线，在全国范围率先实现了违章图片查询功能，上线一周下载量突破 3 万。目前，“汽车票”“电影票”均已实现在线购买支付。无线苏州强大的个人用户中心，让手机用户对自己的消费情况一目了然。①

（三）广电系联盟运作，拓展全国模式

2013 年初，苏州广电确定了“无线城市”联盟的战略合作模式。无线苏州作为平台建设蓝本，以丰富的地域性资源和本地化运营模式，引起了全国各省市传媒和运营商的关注。近百家企事业单位（包括广电系、报业系和运营商

① 邓本奇、蒋帷方、石小建．拥抱移动互联网 打造广电融合新媒体［J］．传媒，2015 年 3 月

系）前来无线苏州考察交流。

2013年9月，苏州广电率先在江苏省内选择城市台作为首批联盟成员，开展模式复制，并逐渐在全国范围推广。目前，已与国内7个城市的主流媒体达成了战略合作。城市信息云平台——无线城市联盟的雏形正逐渐形成。

在无线苏州的团队中，有一句话常被提起："不要因为走得太远，而忘记为什么出发。"无线苏州作为地方城市广电开发运营的移动新媒体，突破了单一的新闻传播平台，聚合了公共信息和生活服务平台。随着移动互联网业务的发展，无线苏州将不仅仅局限于单一客户端的运营，更要向城市信息应用平台和商业服务平台的整合方向拓展，打造城市信息云平台。

与此同时，苏州广电新媒体正在规划构建集新闻资讯、生活应用、商业运营、娱乐互动等综合性功能于一体的中国城市信息应用云平台。苏州广电希望将无线苏州的技术、产品和管理经验推广到全国的地方媒体单位，实现区域媒体间的融合，搭建技术平台，实现数据共享、用户共享、模式共享、资源共享。截止到2015年3月，无线苏州已与哈尔滨、长春、大庆、石家庄、兰州、合肥、阳泉、南通等地签订合作协议，与山东、湖北、安徽等省份签约，与贵州广电集团商定共同成立贵州城市数据股份公司。此外，还与新华社江苏分社签订战略合作协议。通过携手全国地域媒体合作，加速推进区域媒体的融合步伐，力争到2017年底，合作城市达到50个以上，用户规模达到1000万。

无线苏州在跨屏互动探索方面，也有创新性尝试。2014年11月，苏州新闻综合频道、社会经济频道相继推出"看电视，摇金币"活动，3天共有12000多人通过"摇摇乐"应用平台参与互动，活跃率高达90%，吸引了部分用户和年轻人向电视媒体回流。苏州广电电视屏和手机屏的结合互动，创造了社交电视的新概念[①]。此外，无线苏州为苏州广电总台众多频道、频率节目提

① 邓本奇、蒋帷方、石小建．拥抱移动互联网 打造广电融合新媒体［J］．传媒，2015年3月

供话题调查讨论、民意投票征集等互动服务支持，通过收集调查的数据和分析用户评论的内容，能更好地了解受众的需求和想法，满足大众参与表达的意愿，使广播电视节目更加贴近受众。

十、浙报集团:“新闻+服务”建构用户平台

提要：2014年，浙报集团把顺应用户需求变化作为中心环节，重塑传播逻辑，转变发展方式，从提供单一新闻资讯向以新闻资讯为核心的综合文化服务转变，全力构建“新闻+服务”的融合发展模式。大力推进边锋网络平台媒体化改造，设立边锋新闻专区，探索开展主流新闻传播，日访问量超过国内一半以上省级新闻网站。围绕建设具有“党报特质、浙江特点、原创特色、开放特征”的主流网络媒体平台，全力打造“三圈环流”的新媒体产品矩阵，构建以浙江在线新闻网站、“浙江新闻”移动客户端、浙江手机报及浙江视界移动视频客户端“四位一体”的网上党报，加快做大做强主流媒体舆论阵地。

近年来，浙报集团认真贯彻中央和省委决策部署，致力于推动传统媒体和新兴媒体融合发展，搞活传统媒体、做大新兴媒体，加快全面改革、全面融合、全员融合。从2010年开始，浙报集团先后通过推动媒体经营性资产整体上市，成立浙报传媒梦工场，并购边锋浩方网络平台，成功打造了融合发展的资本平台、技术平台、用户平台，赢得了在互联网领域整合资源的主动权，2013年，被确定为全国首批“数字出版转型示范单位”。截止至2014年11月，浙江新闻客户端用户已达到200万。在苹果APP Store新闻类别选项里，“浙江新闻”客户端位列新闻类别免费排行榜第三，是行榜前五位中，唯一一个由党报集团出品的新闻客户端。

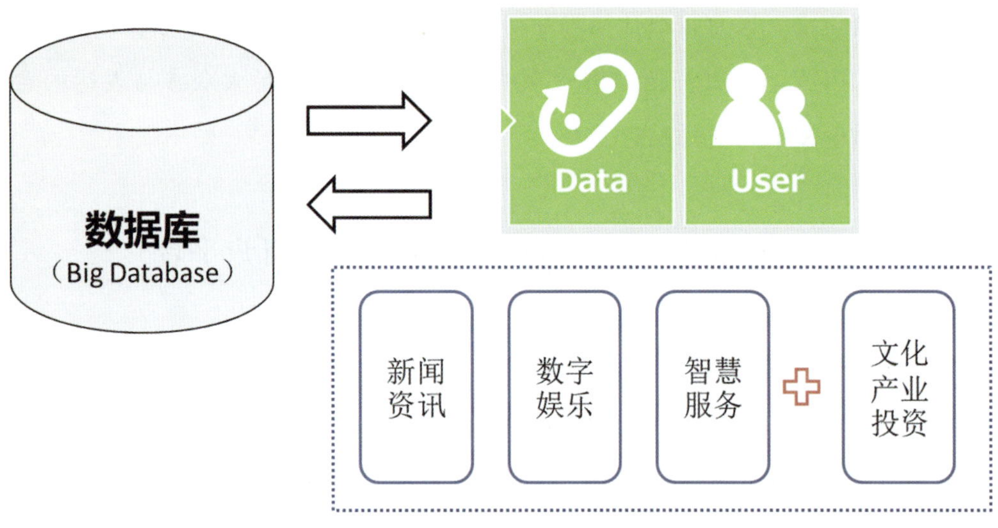

图 8—10 浙江日报报业集团互联网枢纽型媒体集团业务发展架构

图 8—11“浙江新闻”客户端

（一）浙报集团融媒体传播服务系统规划

浙报集团近几年从浙报传媒上市打造资本平台、建立传媒梦工场这一新媒体研究和人才培养基地，到收购边锋、建立“三圈环流”的新媒体传播体系和集团新媒体产品孵化体系，在新媒体的发展中已经积累了较多的互联网资源和产品开发经验。浙报集团在以上研究和评估的基础上，综合几年来的经验和资源，制订了“媒立方——融媒体传播服务平台”的规划。其中，融媒体传播服务平台分成三个子系统：内容数据仓库及其应用系统，解决“内容”要素的各方面问题；用户数据仓库及其应用系统，解决“用户”要素方面的问题；新媒体云服务平台，解决“连接”方面的问题。

图 8—12 浙报传媒三圈环流图

1. **内容数据仓库及其应用系统**

浙报集团的内容数据仓库及其应用系统颠覆了原有采编系统的概念，首先建立内容数据仓库，把采编作为内容数据仓库的一个应用。内容数据仓库本体重点包含三部分：一是一个内容采集系统，除了获取传统的新闻通讯社和中央、各省和国际重要新闻单位的新闻，还采集各社交媒体和论坛的舆情信息。二是一个内容数据检索、挖掘和分析引擎，能够对PB级别的内容数据进行检索挖掘，进而为上层新闻内容应用提供支撑。三是能支撑以上数据存储和挖掘的分布式大数据底层平台。

内容数据仓库的上层应用目前主要考虑包括这几部分：一是一个新闻和舆情热点自动化分析系统，挖掘展现新近周边新闻和舆情热点及热点预警、新闻事件提示，为记者选题、编前会等工作提供支持。二是一个适应于新媒体的采编系统。在采访部分，强化对记者的移动写稿支持，提供内容数据挖掘为基础的采访背景知识库支撑，支撑半自动化的计算机辅助写稿。三是一个稿件的影响力评估系统，充分利用集团这几年在社会化传播形势下舆论影响力的研究成果，构建新媒体影响力评估模型，对稿件的影响力和传播质量、针对特定新闻事件的社会化舆情反馈及舆论引导效果作为客观数据的研判，以便在新媒体形势下形成新闻传播方面的闭环。

同时新闻采编在流程部分，计划支撑以新闻事件为核心的采访协同指挥体系以及和通讯员的社交化协作体系，在采编流程上强化一个“中央厨房”体系；在内容编辑和生产方面，提供一稿多发、一稿多编功能，支持所见即所得的编辑，以及对数据图表的生成和视频、交互式程序的流转。从而不仅可以适应新媒体时代的新媒体发展需求，也可以提升传统纸媒与新兴媒体之间的互动和融合。

2. 用户数据仓库及其应用系统

浙报集团在同行媒体中第一个真正建设起了互联网式的用户数据仓库。这得益于浙报集团并购了边锋网络这个用户平台，同时还获得了“边锋通行证”这一成熟技术系统，可将其改造为“浙报通行证”统一的用户认证系统，作为整合利用用户资源的基础。用户数据仓库系统的重点在于用户行为数据及其分析挖掘获得的用户偏好属性。用户数据仓库本体包括用户行为数据采集、针对用户行为数据的数据挖掘分析引擎以及底层的大数据架构。

用户数据仓库的上层应用，宏观的包括基于用户行为数据的经营分析系统，通过对用户交互行为的宏观分析找到业务发展的轨迹，客观反映各种业务问题，并辅助找到解决问题的方法。微观的包括针对用户偏好挖掘结果的精确营销系统，提供营销战役中较为精准的目标用户，进行被动或主动式的营销；或者提供产品交叉推荐等。深度的用户挖掘研究还可以探索新的业务思路和产品需求，辅助集团在新媒体领域的转型升级。基于丰富的数据资源，浙报集团有着丰富的活动资源。例如，针对驴友推出自驾游活动；针对“好摄之友”推出摄影比赛，让用户因为要传播自己的作品而成为媒体的推广员；针对“地球上最伟大的种族：吃货”，浙报集团与知名微信大号“杭州吃货”合作，多次推出免费吃、优惠吃活动。

3. 新媒体云服务平台

浙报集团规划的新媒体云服务平台是一个 SAAS 平台，顺应移动互联网的发展趋势，直接以移动端战略为核心，力争助推集团在 PC 互联网切换到移动互联网的时代能实现弯道超车。整体平台分为开放平台和产品插件应用两个部分。开放平台提供基础的面向微信公众号、百度直达号、新浪微博等互联网大开放平台以及 APP、网站的自适配发布能力，支持多账号媒体权限的管理、运维管理等功能，支撑用户社群功能和相关公共接口的接入。

产品应用插件部分将包括电商、活动等公用组件，针对各大开放平台的管理组件，以及每个产品的个性化组件，并提供产品组件分享功能，使之成为一个产品开发的生态系统。新媒体云服务平台和照排系统对应，成为融媒体时代媒体与用户之间的连接手段。

4. 新技术的引入和基础平台的演进

融媒体服务平台不仅是面向业务发展的平台，同样重要的是，它引入了大量互联网“新”技术对媒体现有的基础技术体系进行升级换代，如数据库方面的 Hadoop 和 Spark 架构，前端部分基于 H5 的设计，以及非结构化数据库的思想。这里之所以对“新”打引号，是因为对互联网来说，这些技术已经是成熟的技术，但是对媒体来说，是从未运用过的新技术。这些基础架构虽然在业务层面上看不到，但就像房子的地基，决定着整个信息技术系统在新媒体时代能走多远。以这些“重点项目为抓手”引入的技术架构升级，可以使媒体的后台技术架构和互联网企业站在同一代的水平上，有利于面向互联网的进一步融合发展。

三大平台均为开放平台，建成后，均在有序的运营规则下，在确保集团内各运营主体的权益基础上向整个集团范围开放。

（二）融媒体时代的技术人才队伍建设

与任何一种创新一样，媒体中的技术创新不仅仅是一种理念，也不仅仅是一个技术项目的建设，更是一种系统化的行动。因应技术驱动的互联网产业革命，在内容为核心的媒体中注入和强化技术基因，需要从产品理念、技术平台架构、新技术应用和人才队伍建设、组织架构规划、激励考核制度方面，进行全方位的创新。浙报集团从集聚资本和互联网资源开始，完成一套互联网化的技术演进规划，并以此重点项目为抓手切入，完成技术知识结构升级、组织架构和人才队伍、考核激励制度的优化。

1. 全员培训创造活力

为适应以上新的互联网平台建设和运营，浙报集团在集团和上市公司本部建立了三支平台级的技术团队。集团信息技术中心作为内容采编的主要技术支撑部门，主抓内容数据仓库及其应用系统的规划和建设；上市公司数据库业务部作为经营方面的主要技术支撑部门，主抓用户数据仓库及其应用系统的规划和建设；集团新媒体中心作为新媒体产品的开发支撑部门，主抓新媒体云服务平台的规划和建设。另外集团信息技术中心和上市公司数据库业务部分别负责集团和上市公司的硬件基础设施建设，集团新媒体中心负责为集团相关平台建设提供产品和传播服务方面的模型和理论研究支持。

除此之外，边锋团队和浙报集团进行有机融合后，除了原有的游戏开发团队之外，还提供给集团一支数字阅读技术团队，承担了浙报集团“三圈环流”主力舰——浙江新闻客户端的研发工作。这和浙报集团“三圈环流”核心圈另外两大主力产品“浙江在线”和“浙江手机报”的技术支撑团队——浙江在线技术团队一起，构成了两个重点核心产品的研发团队。

2. 重点引进新媒体专业技术人才

围绕加强新媒体人才队伍建设，浙报集团近年先后从阿里、华为等互联网公司引进了 70 多名数据库、移动互联方面的优秀人才。组建新媒体中心、数据库业务部、数字采编中心等部门，同时也充实了原有的信息技术中心。目前，集团互联网专业研发人员近 700 名，新媒体岗位从业人员 1700 多名（传统采编从业还有 1200 人）。随着融合发展的不断深入，集团目标是：新媒体专业人才在 3 年内达到集团人才总量的 1/3。集团还积极探索互联网人才管理机制创新，借助互联网公司成熟的人力资源管理办法，在集团内部设置 P 系列和 M 系列，用事业选对人，用机制留住人。

3. **新媒体创新大赛营造内部创新氛围**

组织开展内部职工参加的集团新媒体创新大赛，50 多个项目到台上 PK，有 200 多名采编人员参与，有些甚至是跨部门的团队。大赛选出 20 多个优秀项目，投入 2000 多万元进行孵化扶持，平均每个产品 70 多万元，最高 200 万元。

未来，浙报集团将围绕建设互联网枢纽型传媒集团，大力弘扬“特别守纪律、特别有担当、特别善拼搏、特别能奉献、特别会学习、特别重创新”的浙报优良传统，加大改革创新力度、加快融合发展步伐，努力走在前列、争创一流，把浙报集团打造成为拥有强大实力和传播力、公信力、影响力的新型媒体集团。

十一、温州都市报：用“三大再造”启动媒体融合

提要：2014 年温州都市报的融合发展，概括起来就是“三大再造”，以技术为支撑、内容为手段，通过理念再造（互联网思维）、渠道再造（新媒体建设）、流程再造（媒体融合），提升温都的品牌影响力，把温州都市报从原来单一的传统纸媒转型升级为基本涵盖所有传播形态的全媒体，实现是温都全媒体的战略目标——“温都就在你身边”，也就是实现“用户在哪里，我们就覆盖到哪里”。同时，温州都市报特别重视用户量的积累和影响力的提升，以“影响力模式”实现传播和营销的创新和转型。

（一）以“三大再造”启动媒体融合

2014 年，温州都市报巩固原发优势，抢占新发优势，通过充分发挥传统媒体的公信力，结合新兴媒体的传播力，进一步深化内容互动、传播融合，以“三大再造”推进媒体融合，全面提升温都的新闻传播力、竞争力、影响力，

以及新形势下的舆论引导能力。经过一年多的实践和探索，温州都市报实现了传统媒体和新兴媒体在内容、渠道、平台、经营、管理等方面的初步融合，基本上向拥有传播力、公信力、影响力的新型主流媒体转型。

1. 理念再造：强化互联网思维

万事求变，理念先行。而对于传统媒体来说，互联网思维缺失是其薄弱一环。温州都市报的理念再造就是习近平总书记提出的“强化互联网思维”。

首先，温都举行了《都市报的全媒体转型》、《南都全媒体集群方略》、《重大灾难性事件报道，如何彰显纸媒的作为及办报理念》、《全媒体经营策略》等多场全媒体讲座和报告会，由温都领导班子成员或邀请南方报业集团、深圳报业集团有关专家主讲，统一员工思想，实施理念再造。

2014 年 1 月，报社在实践的基础上，邀请专家并结合温都实际，数易其稿，制订了《温都全媒体融合发展三年规划及 2014 年发展目标》，梳理明确了未来三年融合发展的路线图。并以一号文件的形式，正式公布实施《三年规划》，组织全体员工学习、考试，进一步统一思想，强化理念。9 月，温都邀请中国政法大学教授、博士生导师、媒介研究专家宋建武作《媒体融合：国内外的实践与前瞻》讲座；11 月，邀请国家行政学院社会和文化教研部高级经济师、《传媒大转型》的作者郭全中博士作《互联网时代下传媒发展新趋势》主题报告，继续强推理念再造。

2. 渠道再造：打造七大内容平台

传统媒体相对于新兴媒体，在内容、公信力等方面优势明显，但劣势也显而易见。传统媒体传播渠道单一、互动性差，且时效性不强、出版周期长，而基于先进技术的新兴媒体在这一方面有着天然的优势——时效强、速度快、互动活跃等。由此见，实现传统媒体和新媒体融合发展，实现传播和营销转型，渠道再造势在必行。渠道再造，最重要的就是，在做强做优传统纸媒的同时，以先进技术为支撑，加强新媒体建设。

温都充分利用新媒体技术，着力打造“七大内容平台”。各平台紧紧依托“温都”这一品牌，又合力打响“温都”这一品牌，形成聚合效应，立体化提升“温都”的传播影响力，全方位拓展营销渠道。

七大内容平台分别为：《温州都市报》、《温都周刊》、温都网、掌上温州、温州都市报官方微博、温州都市报公众微信、温都视频。

3. 流程再造：构筑互通桥梁，推进深度融合

打造新媒体平台后，要是只是简单地将纸媒和新媒体技术嫁接，两者仍是各自为战，无法形成合力。要使得传统媒体和新媒体平台优势互补、一体化发展，还有很重要的一环便是流程再造。通过流程再造，将两者有机地串联起来，推动其在内容、渠道、平台、管理等方面的深度融合。

流程再造的核心思想是要打破按职能设置部门的管理方式，代之以业务流程为中心，重新设计信息传播管理过程，甚至是颠覆性的再思考和设计，从整体上优化流程，追求全局最优，而不是个别最优。

针对理念再造过程中部分员工的畏难情绪，流程再造也起到了倒逼理念再造的作用，最具典型意义的是中控室的建立。同时，温都坚持以新媒体技术为支撑，在通过多番考察和结合自身实际的情况下，先后购置多项全媒体技术系统，使传统采编系统和新媒体发布系统深度融合。

（1）全媒体中央控制室再造采编、发布流程

在融合发展过程中，要推动传统媒体和新兴媒体深度融合，就必须加强新兴媒体的力量，改变传统媒体和新兴媒体分立单干的状况，还要重构新闻采编生产流程，升级采编系统，建立统一指挥调度的多媒体采编平台，实现新闻信息一次采集、多种生成、多元传播。

基于此，温都率全省之先建立全媒体中央控制室，对新闻发布流程进行再

造。通过全媒体中控室来打通传统媒体和新媒体的通道，使其成为温都全媒体各大平台信息整合与分配传播的中转站，追求第一时间、有效发布、传播渠道全覆盖，使媒体传播更加快捷、覆盖更加广泛，做到“用户在哪里，我们就覆盖到哪里”，真正实现“温都就在你身边”的目标。

图 8—13 中央控制室全景图

（2）全媒体技术构建互通系统

传统媒体和新兴媒体融合发展，互联网技术是基础，没有以互联网为基础的技术保障体系，融合发展则无从谈起。温都在推进融合发展过程中，始终坚持以先进技术为支撑来打造新媒体平台，在自主研发同时，通过多种形式，充分利用别人成熟的技术、平台、渠道、手段等借力推进，实现更好更快发展。先进技术与传统媒体的内容优势互为支撑、相互融合，形成一体之两翼、驱动之双轮之势，共同构成核心竞争力。

《温都全媒体融合发展三年规划》就明确规定，温都对全媒体建设的资金投入，每年不少于总利润的5%。2013年底，温都在通过多番考察和结合自身实际的情况下，先后购置CmsTop（思拓网站管理平台）和方正全媒体生产系统，构筑全媒体互通系统。CmsTop的接入，大大提高了网站信息发布的快捷和灵活。通过方正全媒体生产系统客户端，记者可以通过手机直接在现场发布文图视频信息到后台指挥中心，后台指挥中心及时通过稿件的分练，将稿件发到新媒体后台和纸媒后台。同时，温都二次开发掌上温州，优化提升APP的功能和用户使用体验，并实现与温都网的数据互通。

为配合“三大再造”推进媒体融合，温都全媒体的实践中，通过加强队伍建设和机制创新，为融合发展提供重要保障。在报社内举行全员双向选择、在内部开展七大全媒体经营平台负责人竞聘上岗，最大限度调动员工积极性和主动性，优化人才结构，实现人尽其才；调整绩效考核制度，强化新媒体平台的必中，并做到绩效往一线倾斜，制订《温州都市报新媒体平台考核办法（试行）》，对新媒体各平台的考核做了量化和细化；公布实施《温州都市报关于网络舆情和微剧等组稿费的提取办法》，鼓励员工项目创新、经营创新。

（二）两大新产品助推媒体融合和经营创收

影响力就是效益，抓用户是硬道理。2014年，温州都市报特别重视用户量的积累和影响力的提升，并不断尝试把用户转化为客户，把影响力转化为经济效益，用全媒体进行营销。同时采取了许多具体举措来助推经营。影响力带来的增值效益、用户转化为客户过程中产生的效益和新媒体经营的增量，对传统版面经济下滑起到了很好的止损作用，使得温都在2014年这样的不利形势下仍然保持着较大的市场占有率，占了温报集团广告总收入份额的58%。特别是将全媒体用户转化为客户的终端产品——“掌上温州”和“温都猫”。

1. “掌上温州”手机客户端

手机客户端是访问移动互联网主要入口，是传统媒体融合发展的一个重要平台，目前技术已比较成熟。顺应互联网移动化的趋势，温州打造这一平台，向互动互联网布局。“掌上温州”致力于提供最新、最全的本地资讯服务。在内容方面，每天除了采集当日温州都市报及同城媒体的新闻看点外，还采集国内与温州相关的重要信息。此外，每天第一时间发布温都记者现场采集的新闻，进行实时播报，从而做到报纸和移动客户端的内容融合。

为了让用户有更好的体验，温都对原先基于其他第三方平台的掌上温州进行更新升级，打通了温都网与客户端的用户通行证，使两者实现无缝连接。

更新后的掌上温州，适用于 iOS 和 Android 两大主流的智能手机（平板）系统，可实现报料的文图视上传功能；可实现新闻资讯频道的自定义订阅功能；丰富的内容展现形式，支持新闻、组图、视频、专题等多种内容类型。扁平化设计界面，完美地支持触屏手势操作，操作更加简便。

2. “温都猫”电商平台

“温都猫”汇集温都全媒体七大内容平台超百万的用户资源，以温州本土特色产品和国内外优质生鲜、农副产品、粮油、日用品等商品为主打，以“好东西、好实惠、好方便”为宗旨，致力打造温州本土最大型电商平台，并在国内电商行业里率先推出“零仓储”运行、“市区上午 11 时前下单、当天送达”等特色经营和服务模式。得益于温都全媒体战略的实施、传统媒体与新兴媒体融合发展所形成的品牌影响力和累积的大量用户数，截至 2014 年底，温都猫已实现 1200 万元的经营额。

图 8—14“温都猫”电商平台

十二、瑞安日报：“互联网＋政务平台”的融合实践

提要：瑞安日报是浙江日报报业集团旗下的县级报纸，作为我国报业全方位转型的县级样本，在转型过程收效不俗。瑞安日报开辟了三大入口：即以本土新闻和综合资讯为核心的城市信息主入口；以网络问政和智慧行政为核心的城市政务主入口；以电子商务和智慧社区为核心的城市生活主入口。同时，坚持“瑞安网”＋“无线瑞安”并行发展的服务门户理念。按照这一路径，将原来单一的信息提供平台，转型为瑞安政务平台、综合性文化服务平台，将读者转变为用户，为其提供多样的服务，借以增加传媒组织本身的价值。

在互联网信息传播环境下，智能化政务建设已成为服务型政府建设的重要环节，地方政务服务面临着转型升级的任务。作为传统纸媒的瑞安日报社，根据浙报集团提出的“新闻＋服务”构建新型用户平台的媒体融合发展战略，正在积极谋划和实践从传统的新闻制作发布媒体，向地方综合性服务平台转型。

具体途径之一就是通过打造智慧行政服务平台，主动融入政府，发掘资源，通过占领政务服务市场的入口、成为政府部门网上管家的同时，促进自身转型发展、融合发展。

在这一过程中，瑞安日报社从地方政府在社会管理创新中较强的刚性需求出发，依托地方城市主流媒体的影响力，以新媒体技术研发和内容维护为抓手，针对互联网信息传播环境下政府管理创新的实际需要，积极探索互联网+政务的路径和方法，助力地方政府构筑互联网+智慧政务服务体系，助力服务型政府建设，与地方政府一起，实现了更好地服务百姓的目标，自身也获得了大量的用户数据，建立了聚集大规模用户的平台。双方优势互补，各有所得。

（一）着眼媒体转型，参与智慧政务建设

政务服务平台建设这一领域，原来是媒体未曾深入涉及的。瑞安日报社虽然有着天然优势，但跨界经营并不是件容易的事。为进入这一领域，瑞安日报社在充分利用行政资源的同时，也从自身发展战略、组织架构、制度建设、产业布局等各方面着手转变，确立了从单一的地方资讯供应商向集资讯发布、技术研发、综合服务为一体的地方性媒体平台转型的发展战略，为积极参与当地智慧政务建设做好思想准备。

瑞安日报社在调研分析基础上发现，政务服务可以分三部分：政务信息服务、包含网络问政和网络行政的政务智能服务、满足便民需求的社区生活服务。为此，瑞安日报社着力于搭建三个政务服务平台。

1. 搭建“六位一体”的网络问政平台

由瑞安日报社承办的《瑞网议事厅》网络问政平台集传统纸媒、在线视频、网站、微博、微信、手机 APP 为一身。

瑞安日报社技术团队通过自主技术创新，构建数据无缝对接，融合 PC 网页、手机移动客户端、微博、微信的“一平台四通道”网络问政综合体，并将

后台数据全部打通，后台数据共享、前台同步显示。也就是说，瑞安市民可以通过微博、微信、APP手机客户端和PC网站4个方式进入“瑞网议事厅”平台。并且一个账号就可以实现在各个渠道间登陆、提问、回复、浏览，所有渠道的网民提问和部门的受理回复情况在这几个通道的页面都会同步显示。网民可以根据自己的需求和使用习惯，选择其中一种通道登录平台，向职能部门提问、咨询、给予意见或建议，入驻的职能部门也可以选择其中一种方式进行受理与回复。

问政平台建立了分工明确责任明晰的工作流程机制，从网民诉求的采集、受理、交办，到部门单位回复反馈，再到纪检部门督办和媒体监督，办结后网友的评价，一环紧扣一环，让问政落到实处。

管理后台还定期对舆情进行梳理分类，及时发现网民最为关心的热点难点问题，重点舆情经筛选分析研判后，通过《舆情周报》报市主要领导及相关职能部门作为决策参考。

2. 搭建“无线瑞安”移动门户

政务服务的转型升级需要加速拥抱移动互联网，实现实时在线服务和移动办公，构筑城市公用信息查询和生活服务平台，满足公众对政务信息、办事的需求。

瑞安日报社自主研发的“无线瑞安”APP里的生活助手、智慧交通等便民板块，可以进行天气、火车票、机票查询、当地医院挂号预约；推出交通违规、网上车管所、交通违法自助处理、城市路况等城市公共服务应用。同时接入“瑞安淘”农产品电商平台、志哥搜店等本土特色美食推荐。

“无线瑞安”APP已逐步成为整合新闻资讯、政府公共信息查询和市民生活服务的掌上门户型综合服务平台。

3. 构建瑞安政务微信公号矩阵

2014年9月，国家网信办下文要求县级以上政府及职能部门要建设“政务微信”。瑞安日报社抓住机遇，针对不同政府职能部门的特点，为各部门进行微信公号定制化开发及内容代维服务，在用户群体最多的微信上，实现各政府职能部门的即时服务功能。如集自助移车、自助交规学习、自助轻微事故处理的瑞安交警公号；为瑞安市“治堵办”开发的“畅行瑞安”微信公号植入了公交和公共自行车即时查询系统。

目前，瑞安市已有各政务微信30余个，涉及公安、消防、环保、卫生、旅游等与民生密切相关的各方面，积极发挥“沟通”、“便民”、“施政”的作用。

4. 积极整合本土行政资源

以媒体的身份去跨界推动智慧政务建设，建设新型用户平台，必须要整合地方的各方面资源，特别是行政资源。从瑞安日报社的实践看，其重要经验之一就是依托与当地宣传部门的紧密关系，努力争取市委、市政府的重视和支持，稳步推开。2014年9月，当地宣传部专门下发了《关于开展推进智慧政务建设系列活动的通知》，报社和网信办联合举办了智慧政务建设系列培训会、瑞安新媒体智慧政务大赛、智慧政务建设互学互访，并策划组织媒体融合与智慧政务建设高峰论坛等活动。通过培训活动，邀请新媒体专家给当地政府部门的一把手“头脑风暴”，培养他们的互联网意识；通过用智慧会议系统签到、查阅资料等培养部门工作人员的行为习惯；通过互学、大赛、论坛等，在当地形成争建智慧政务的热烈氛围。

（二）通过运营服务，建构新型媒体平台

1. 提供政务服务平台运营维护服务

政务服务平台需要有专人日常打理，而很多部门缺乏专业人员，无力打理每天的政务微信公众号日常的消息发布、后台管理等。瑞安日报社推出政务微信公众号、政务微博、政务网站等内容代维、代运营的服务，一方面培育智慧政务的市场，一方面掌控用户资源。

瑞安日报社将一部分传统媒体记者转换为新媒体记者，又招聘了网络编辑组成团队，专门为政府部门提供新媒体内容代维服务。目前，瑞安日报社已承接了当地市委主办的“瑞安网”、“瑞网议事厅”等网站、微信、APP端的日常管理。同时，还承接了组织部、纪委、宣传部、政法委、公安局、旅游局等多个单位的政务微信公众号内容代维。

通过瑞安日报社专业人员的代维运营，瑞安不少部门的政务微信公众号在当地均是家喻户晓，其中“瑞安发布”获浙江政务微信活力奖；“瑞安旅游”在浙江省旅游板块位于前茅；这些成绩的取得，给当地政府部门“脸上增光”，也给当地百姓提供了便利。

2. 提供线上线下活动策划服务

地方政府及其各个部门每年都会组织各类宣传活动，而在传统媒体时代，纸媒最多是以版面广告的形式参与，鲜少直接介入活动中去。尤其是近几年随着纸媒影响力的日渐衰落，一些政府部门已不愿意过多投入活动广告宣传。瑞安日报社转变思路，通过政务服务平台，主动为政府部门提供活动前期策划、现场组织、会场布置等线下一条龙服务。2014年1月成功承办了全媒体网络问政高峰论坛，2015年1月策划的媒体融合与智慧政务建设高峰论坛又引起业内高度关注。

瑞安日报社还利用新媒体渠道开展线上活动，以手机端有奖知识竞答、无线投票系统、大转盘等技术应用，启动线上线下活动同步推开。为政法委、宣传部、政法委、司法局、旅游局、农商银行等单位，针对不同的内容在微信上组织“庆祝新中国成立65周年知识问答”、“党的十八届四中全会知识竞赛”、“瑞安十大智慧微信评选”、“交通安全知识问答”、“萌宝评选”等线上活动，还组织了宣传部记者节、网评员培训等线下共20余个活动。这种用新媒体手段外包活动服务的形式，取得了较好的效果，每次活动都有近五万人次参与，这是传统纸媒根本无法达到的效果。

3. 借助政务入口，重掌“话语权”

瑞安日报社在政务矩阵的基础上，利用与当地政府的密切关系，以及实际操作运行的便利，规划创建3个瑞安智慧政务入口：以“瑞安网”为PC网站端政务服务总入口；以“无线瑞安”为手机APP端政务服务总入口；以“瑞安发布”为微信端政务服务总入口。这些入口将囊括瑞安政府部门新媒体端口，方便统一发布信息，引导舆论的同时，还能更方便百姓从各渠道都能即时、分类查询交通、教育、社保、医疗等百姓生活服务类信息。布局成熟之后，这三个入口将成为政府部门智慧政务的“管家”，更是市民与政府部门联系，实现网上预约、查询、办事、监督、投诉等需要的主要平台。

媒体机构要在政务市场上真正站住脚，仅仅靠占领入口还是不够的，必须集聚发展大量用户，将当地百姓牢牢吸引为忠实的用户。如此才能让地方政府在建设智慧政务时，必须要与地方主流媒体捆绑在一个战车上。地方媒体也能借此重新掌控一座城市的“话筒”，发出最响最强声音，重塑媒体的公信力和权威性，真正推进媒体融合发展。从这个视角看，这些政务平台同时也是新型的媒体用户平台。

目前，瑞安日报社根据三个政务服务入口的规划和各终端的渠道特点，已经部署网络矩阵，融合报纸、网络、手机、户外等多种发布终端，初步建成瑞安新闻网、户外新闻联播网、多媒体数字报、手机报、系列微博微信、手机客户端等网络矩阵，多产品、多渠道吸纳用户资源，集聚用户。通过矩阵的综合作用，将传统纸媒和新兴媒体各项目原本的条状体系变成互相交叉融合的网状体系。目前，三个入口的用户人数达到40万，已大大超过《瑞安日报》传统报纸的发行量，每天阅读量总和都达七八万人次，而且还在快速增长，起到了舆论引导的作用，为传统媒体重掌“话语权”奠定了坚实的基础。

未来瑞安日报社通过对海量网民访问数据的深度挖掘与多维剖析，一方面可以使政府网上公共服务供给更加准确、便捷，更加贴近公众需求，从而使政务处理效率更高，政府服务能力更强，实现智慧行政的长远目标；另一方面也可以通过信息的流通和汇总，用数据创造更大的社会价值和商业价值。

十三、垄上传媒模式：“频道＋渠道”

提要：湖北长江垄上传媒集团是全国首个以服务“三农”为主题的现代传媒企业集团。在发展理念上，该集团围绕大湖北地区26000个行政村、1088万户、4092万农村人口，摒弃“三农”媒体的传统思维方式，强调“强渠道、立渠道、占高地、成平台”的战略思想，从节目走向服务，从频道走向渠道，从线上走向线下。垄上传媒正致力于走出湖北，成为全国性“传媒＋农业”复合性产业平台。

湖北长江垄上传媒集团有限公司是湖北广播电视台和荆州市人民政府于2012年5月合作组建的全国首个以服务“三农”为主题的现代文化传媒企业集团，注册资本5000万元。集团采用“频道＋公司”模式，线上线下一体化运作，开发传媒与农业融合的多种新业态。“线上”通过内容播出，打造节目品牌链；“线下”通过农资（农药、化肥、种子）销售、绿色农产品销售、农村信息化服务、农村保险等多项业务，打造传媒农业产业链。随着农民工群体归乡潮的发展，一些原来在外地打工的农民会重新进入当地的农村产业链。垄上传媒的媒体融合实践顺应了这一趋势，体现了鲜明的三农特色。

目前，垄上传媒下辖“一个频道、三家公司”，拥有一个对农传播与服务品牌——《垄上行》，一个对农专业频道——湖北垄上频道，以及下属三家服务“三农”企业，一个全方位的“三农”服务一体化平台正在形成。

（一）垄上模式

垄上模式，是垄上传媒集团制订的全新的产业链模式，即“频道＋渠道”、“线上＋线下”一起运作的全新发展模式。简单地说就是，“线上”通过内容播出，打造节目品牌链；“线下”通过农资（农药、化肥、种子）销售、绿色农产品销售、农村信息咨询服务、农村保险等多项业务，同时发展O2O农村电商，打造传媒农业产业链。

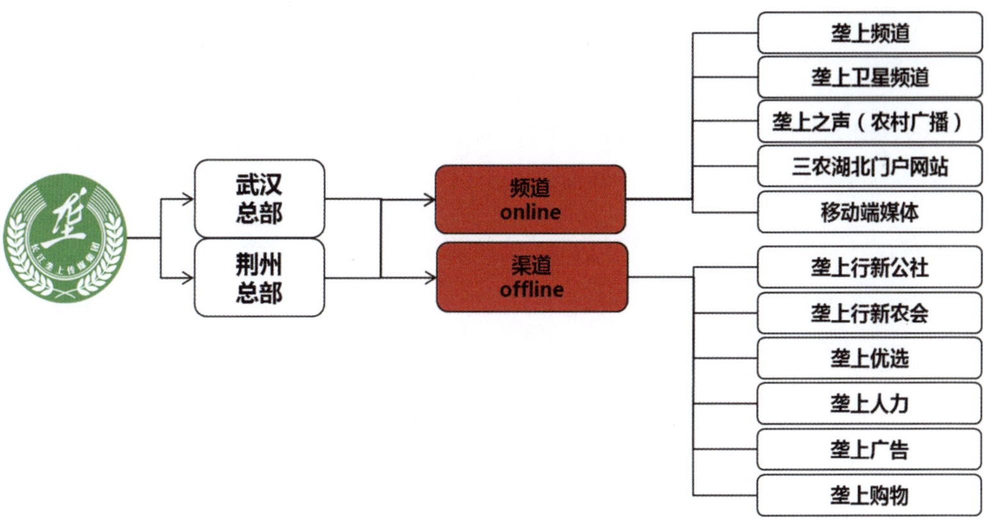

图8—15 垄上传媒的“频道＋渠道”2C（two channels）模式

1. **频道＋渠道**

垄上集团通过频道与渠道的宣传，利用无线与有线混合传播开辟农村市场，摒弃电视媒体的传统思维方式，强调“强渠道、立渠道、占高地、成平台”的战略思想。垄上传媒的频道资源分为五类，分别是垄上频道、垄上卫星频道、垄上之星（农村广播）、三农湖北门户网站和移动端媒体。渠道资源划分为，垄上行新公社、垄上行新农会、垄上优选、垄上人力、垄上广告、垄上购物。在利用手中的频道和渠道的资源优势，战略布局上，垄上传媒进行了以下几个方面的探索与发展：

首先，垄上传媒成立了新农会信息科技公司，成为了江汉平原农资经销引领者。该公司整合了湖北省的农业生产和生活资源，建立了大型农产品超市。并且与省市联姻，进行线上和线下的垂直整合与销售。设立农村代理人，将农资商城和农民群体联系起来。并且依托村头店，面向全省4000万的农民开设热线电话窗口，为农民群体进行双向的信息传递和交流。

其次，于2009年3月成立湖北垄上行新公社三农服务有限公司是长江垄上传媒集团控股80％的子公司，开启中国社会主义新农村产业营销革命的新探索。历经五年探索，垄上行新公社成长为大江汉平原农资经销引领者，中国优秀农技农资平台服务商。垄上行新公社不断强化渠道的流通能力，充分汲取和放大“垄上行”品牌影响力目前大江汉平原17个县市区200多个乡镇拥有优质渠道网点600多个，渠道运营能力在区域市场首屈一指2015年将实施全省拓展，渠道网点数量达到1000家左右随着垄上频道上星，业务范围将扩展到长江流域和两广地区。垄上行新公社卓越的流通平台吸引了国内优质的农资生产企业侧目，目前在全国拥有丰乐种业、荃银高科种业、隆平高科种业、中种集团、中农立华、先正达等50多家供应合作伙伴。与《垄上行》栏目联动共同举办垄上科技大讲堂、家门口的农技会、垄上观摩团、带领乡亲看农博等活动不断探索农技服务实际有用的新方法。

其三，垄上传媒还创建了针对农产品销售的垄上优选绿色农业发展有限公司，目标是造地标农副产品，投融资孵化平台。并与各方面的基金合作，打造区域型现代化农业服务。

其四，垄上传媒还创建了垄上人力资源服务有限公司。面向湖北省发布用工信息，让打工者在这个平台上找到工作，让用人工厂通过这个平台找到工人。湖北垄上传媒集团，面向湖北省 4000 万的农民用户，进行精准营销，着力打造大型的农业媒体平台，将来力争发展成为全国性的三农媒体平台。垄上传媒的口号是全心全意为乡亲们服务，真正做到围绕用户需求，开拓用户市场，进而推动生产方式的变革。

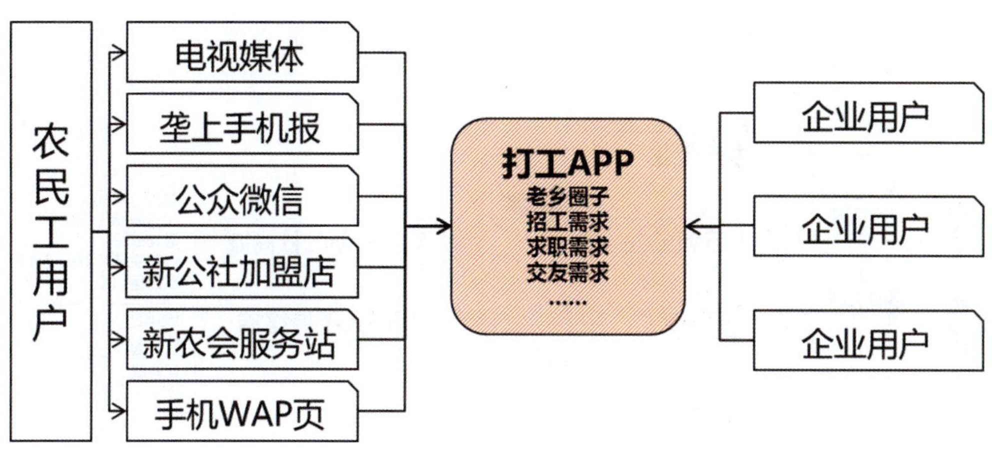

图 8—16 垄上传媒探索的移动互联网平台式服务模式

借助这些频道和渠道，垄上传媒面向湖北省 4000 万的农民用户，进行精准营销，着力打造大型的农业媒体平台，将来力争发展成为全国性的三农媒体平台。2013 年，垄上传媒集团线上广告经营收入 6500 万元，较 2012 年增长 400%，线下产业经营超过 4 亿元，其中 20%源自广告，80%源自线下产品。

2. 线上+线下

线上的垄上频道，意在打造超强的“三农”综合频道。《垄上行》以“村村垄上行、处处为乡亲”为服务理念，每晚直播90分钟，每天直播时段电话进线量超过2000个。《村委会值班室》栏目，主持人扮“村主任、大学生村官、妇女主任”等角色，“一对一”为农民解决实际问题，每天中午50分钟的直播，电话进线量超过1200个。《打工服务社》以农民工兄弟为精准服务对象，内容包括求职招聘、技能培训、讨薪维权、情感关怀等方面。去年垄上传媒做了一场活动，现场去了12万人，这是很多省级卫视，包括新媒体都难以比拟的。线上制作优质内容，提高传媒组织的影响力，才能为有效开展服务夯实基础。

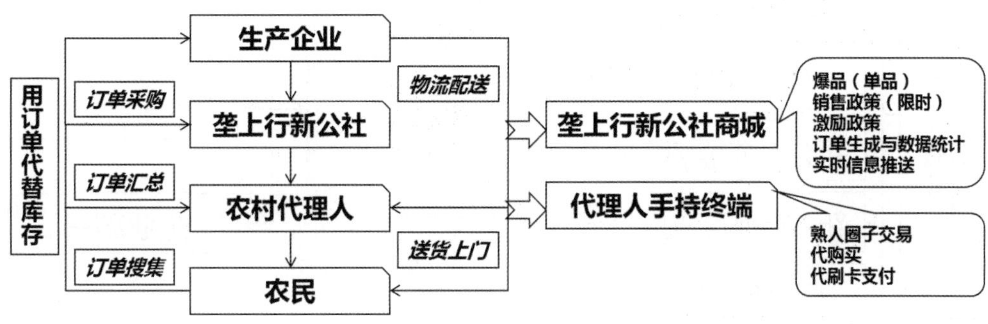

图8—17 垄上行新公社基于O2O模式的C2B电商模式

垄上传媒集团的线下战略主要是：开拓线下渠道，做新三农一体化服务平台运营商。垄上传媒集团的渠道建设主要打造的是以“垄上行”品牌为核心的全产业链条。线下的垄上渠道注重布局，包括新公社、新农会、绿色农业等。新公社目前有直营店72家，加盟店600家，主要做农资。新公社的农资直营超市，宽敞明亮、货源齐备、质量有保证、价格还公道，是传统农资小店、夫妻店完全没法比的。核心竞争力在“六统一”的服务模式，统一测土、统一配肥、统一供种、统一农药防治、统一栽培管理、统一组织收购。垄上传媒拥有一个覆盖湖北省的数据库，细化到每一个村庄的土壤结构和养料结构。在数据库中只要报出名字和身份证号码，马上就能看到用户的土地的面积、酸碱性等，然后定点配送适合种植的种子，定量配送土壤的养分。并且只要用户只要享受过前面五个统一里任何一个，集团就会统一收购，从而解决了作物上市销售的问题。垄上传媒计划通过3到5年的数据库建设，把整个湖北28000个自然村落的每一个家庭的人口情况、家庭消费情况、家庭购买力情况都放在数据库里面，深挖数据库中的信息价值，拓展产业链，将传统媒体线上的影响力，转移到线下，利用线下渠道实现盈利。

（二）以产品经理思维推动跨界发展

垄上传媒面向4000万精准用户，以垄上传媒的品牌影响力为依托，建设了一个区域性垂直类媒体平台。随着垄上频道上星，还将成为全国性三农媒体平台。建设新型媒体集团，首先要好顶层规划设计，结合自身优势合理规划传媒产业链。湖北长江垄上传媒集团频道运营中心主任陈接峰认为产业链的构建有三个层次：第一个层次是把传统的电视台转换成商务网站和呼叫中心，第二个层次是把传统观众转化为会员和消费者，第三个层次，是在前两者的基础上，跟供应商、渠道商、物流商合作。垄上传媒作为一个地面频道，希望用3到5年的时间，搭建平台，让所在城市80％的人口的日常生活与平台发生直接关系，布局产业链。陈接峰主任总结了电视媒体产业发展的基本规律认为：第一，基本思路上，把观众变成粉丝，把粉丝变成观众。先把散落的观众变成有数据化的可控的粉丝。再把散落在新媒体上的粉丝变成观众，这样传统媒体产业链才能建起来。第二，基本路径上，媒体的产业一定是基于数据库的产业，离开数据库的产业都是不可持续的，也形成不了链条。第三，发展趋势上，三流的媒体卖广告，二流媒体卖影响力，一流媒体卖平台。

湖北垄上传媒转变思维，推进生产方式的真正变革。在实践中“去制片人”代之以产品经理或项目经理；去收视率考核代之以有效的综合考评体系；去大锅饭代之以全成本核算和全绩效分配，建立科学的考核体系，装备用户思维建设新型电视频道。总体来说，垄上模式的跨界发展是以垄上传媒的品牌影响力背书的。传统媒体的发展要以媒体作为产业的 DNA 来获得核心竞争力。垄上传媒的各项举措就是对媒体融合的大胆探索，利用新的传播技术搭建新的媒体平台，顺应农民的新需要，发展新的商业模式。随着农民工群体回归乡村趋势的发展，一些原来在外地打工的农民会重新进入当地的农村产业链，形成新的农村社会结构、新的用户市场。垄上传媒看到了新的农民用户的市场潜力，致力于扩大农民用户的规模，将农民群体的信息变为数据资源，进行精准营销，并利用优质的产品增强用户的黏性。

十四、芒果 TV：广电转型全媒体的生态式变革

提要： 芒果 TV 作为首个具有广电背景的视频网站，已成为互联网视频新杀入的“搅局者”，形成了独有的“芒果 TV 生态”。作为湖南卫视的官方视频平台，芒果 TV 通过“软硬结合”的方式，在内容上，依托于湖南广电的独家优质资源，以“独播”试水并成功实现广电传统媒体与网络视频新媒体融合；在硬件上，实施“芒果 TV inside 战略”，整合了 PC、TV、Phone、Pad 四个端口，与多家硬件厂商展开合作，建立汇集大量用户的互联网电视应用平台；在电商模式上，推出“芒果铺子”，将视线由传统电视和网络用户转向了互联网电视用户。

（一）内容运营策略：独播＋自制＋采购

在中央审议通过推动新旧媒体融合意见，筑就新型传媒王国的政策背景下，芒果 TV 稳抓时机，积极运用互联网思维，运营可持续飞跃式发展。短短时间内，开创了“芒果 TV”网络视频格局，承载包括视频网站、互联网电

视、手机电视、湖南 IPTV 等多样形态，是传统媒体与新媒体融合发展的先锋之一。

1. “芒果独播战略”创新台网互动

2014 年 4 月，湖南广电宣布今后湖南卫视拥有完整知识产权的自制节目，将由芒果 TV 独播，“芒果独播战略”已经成为广电系统具有风向标意义的案例。2015 年，芒果 TV 将全面启动独播战略，全网独播湖南卫视所有最强 IP 内容，市场价值超 10 亿的独播资源落定芒果 TV。

2. 启动芒果 TV 自制——“马栏山制造”

在全面独播湖南广电优质版权内容的同时，芒果 TV 全面启动网络自制，已制作完成《金牌红娘》、《花样江湖》、《搭讪大师》等自制剧，上线自制综艺访谈《偶像万万碎》等，芒果 TV 在推动全面独播的同时亦正式开启自制布局。凭借湖南光电强大的制作团队背景，芒果 TV 在自制专业程度、水准及创新能力等各方面都拥有独一无二的优势，本身也坚持摒弃粗制滥造的网络自制，以“马栏山制造”为自制品牌输出优质内容，建立网络自制全新标准，促进市场良性发展。

3. 携手湖南卫视打造“共同出品”剧

湖南广电全面拥抱互联网，促进新媒体融合发展，宣布湖南卫视所有节目内容将由湖南卫视、芒果 TV 共同出品，双方更将斥资 10 亿打造双独播剧场。芒果 TV 从播出方摇身成为制作方，无疑给行业又带来一个重磅炸弹：拥有中国最强电视娱乐媒体和制作力量，芒果 TV 未来将可以把平台运营渗透到“芒果制造”的每个环节，实现多屏综合发展。

4. 与内容生产商合作引进外部资源

不局限于湖南卫视自有内容，芒果 TV 还引进符合平台的外部节目和影视剧，目前已与华谊兄弟、TVB，以及韩国 MBC 等内容生产商达成合作。例如，与“华谊兄弟”合作互换资源，建立华谊内容专区，不少于 3 部院线电影的首发合作；与“乐视 TV”版权互换：《小时代 3》《敢死队 3》等数百部电影、电视剧；与 TVB 合作 2014、2015 年新剧；与韩国 MBC、华娱卫视等在电影、电视剧、综艺内容进行合作。

5. 通过技术融合首次实现“电视弹幕”

芒果 TV 利用移动互联网的平台优势，创新网络直播方式，率先试水并于第十届金鹰节晚会直播中引入“电视弹幕”，这是电视与互联网技术融合的首创。芒果 TV 将移动互联元素“弹幕”搬到直播现场，用户在芒果 TV（PC、Phone、Pad 端）观看晚会直播的同时，通过各端口参与互动留言，留言就有可能以“弹幕”的形式出现在芒果 TV 的直播画面中，“电视弹幕”引入首次实现电视与互联网技术的融合，不断践行传统媒体与新媒体融合发展的创新理念。

6. 创造明星演唱会网络直播互动模式

芒果 TV 携手华晨宇的首场个人演唱会——北京火星演唱会，在聚合湖南广电以及芒果 TV 全平台产品优势的基础上，打通 PC 端、互联网电视端和湖南 IPTV 同步高清直播此次演唱会。与此同时，芒果 TV 实时连线四大城市“火星人”粉丝，与演唱会现场零时空互动，将此次演唱会打造成拥有最多粉丝在线视频共享的超级演唱会，开创明星演唱会 O2O 多屏直播模式的新纪元。

7. 情景剧《懂小姐》创新网络播映模式

湖南卫视的自制情景栏目周播喜剧《懂小姐》网络版于芒果 TV 网络独播，作为湖南卫视的官方网络播出平台，芒果 TV 区别于电视版播出模式，实现从“爆笑内容”到“播放模式”的颠覆创新。芒果 TV 在获取到《懂小姐》的独家互联网版权之后，大胆创新，将电视版 180 分钟的内容进行分拆，外加精彩花絮内容等，分 20 集于芒果 TV 多平台播出，这种播出形式更符合网络受众的观看习惯，体现台网融合的发展。

（二）从官方网站到视频平台转型

2014 年 4 月，湖南广电整合旗下新媒体金鹰网和芒果 TV 推出的“芒果 TV”视频平台（hunantv. com），对传统广电无疑具有里程碑式的意义，其打破了此前商业视频单方面向电视业渗透的局面，电视业第一次反过来接入到商业视频的腹地。

“芒果 TV”以湖南广播电视台优质电视内容为基础，开展湖南卫视优质电视内容的独家播出、节目自制，以及整合第三方专业机构生产的内容，面向电脑、手机、电视等多终端用户，提供内容丰富、体验多样、多屏合一的试听服务。其率先试水内容提供商投身网络视频领域，实施“独播战略”，逐步收缩独家拥有的湖南卫视全部电视节目内容版权分销，在视频网站业内引发震撼。

湖南广电的节目内容一直都是强势品牌，多档节目常年稳居全国收视率前三位置，这也是湖南广电有底气和背靠 BAT 等互联网巨头的视频网站竞争、宣布独播的原因之一。从另一个角度来看，湖南卫视多年积累培养的观众群体（俗称“芒果粉”）也有足够能力支撑芒果 TV 的成长壮大。据了解，从 2014 年 4 月起步开始，芒果 TV 优质视频点击量从百万级飞升至千万级，尽管在流量上与一线梯队视频网站无法相比，但也已处于一个数量级，从官网视频网站转型为视频平台已经有所收效。

（三）“一云多屏”的超电视视频终端

芒果TV已坐拥湖南卫视内容及渠道资源，同时建立了视频网站、移动客户端、互联网电视、湖南IPTV等多屏产业。芒果TV正在全面打通多平台之间的用户，让芒果TV不仅仅是一个视频网站，还是一个拥有多屏多终端资源的媒体体系，一个整体意义上“一云多景、多屏合一”的视频媒体全平台，真正全面实现台网跨屏融合。

芒果TV拥有国家一类新闻网站、全国可供网站转载新闻的新闻单位、信息网络传播视听节目许可证、互联网电视内容服务牌照、互联网电视集成播控牌照等多项专业许可证明，随着广电总局对互联网电视服务的扩大，硬件厂商与牌照方合作的意愿加强，芒果TV有机会与更多的硬件厂商展开合作。目前，芒果TV除联合国内彩电企业TCL推出了“TCL芒果TV+”互联网电视外，还与长虹、海美迪、清华同方、火乐科技等三十余家硬件厂商合作，形成了庞大的“芒果TV inside”家族产品，打造丰富多样的终端产品，为用户提供多元化的终端选择。

芒果TV根据不同的终端厂商的需求，提供了差异化的定制内容。比如与三星合作的电视一体机，就提供了韩剧产品专区，以及一些与韩国相关的旅游、美食等特色内容。湖南广电在对快乐阳光OTT TV新媒体内容版权购买方面还给予了大力的支持。在电视台频道买版权的时候，芒果TV也可以同步购买新媒体版权，频道和新媒体的两种类型的版权已经打通。

自2014年4月，芒果TV全平台打通后，其整合了PC、TV、Phone、Pad四个端口，背靠湖南广电优质节目内容资源的优势不断放大。随着湖南广电对芒果TV全平台发展战略的积极支持，不仅湖南卫视自制综艺栏目独播，湖南卫视播出的多个S级电视剧也将通过湖南卫视和芒果TV双平台独播。核心内容优势进一步被强化和放大，芒果TV的市场估值将被进一步拉高。

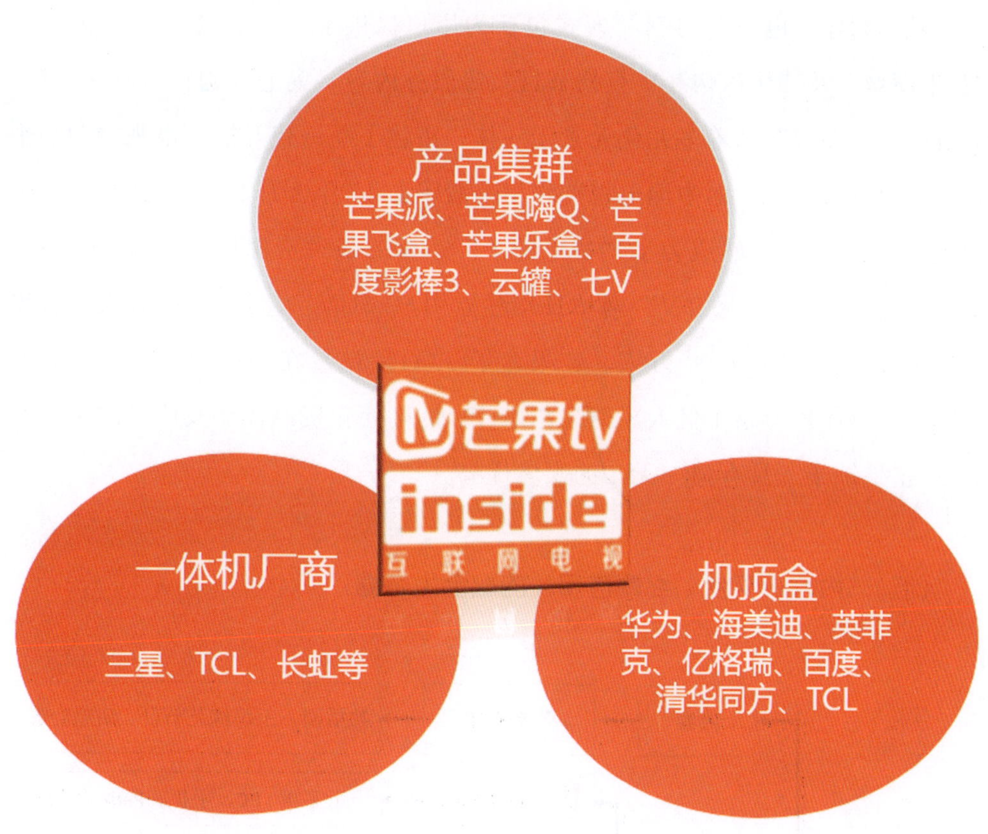

图 8—18 芒果 TV inside 战略

（四）芒果铺子：开辟互联网电视的电商时代

2015 年 1 月 22 日，芒果盒子（芒果 TV 的 OTT 端）的“芒果铺子”悄然上线。这是芒果系两大强将——“快乐购”与“芒果 TV”强强联手出击，欲在互联网大环境下，打破传统电商格局，重新构建独属于互联网电视的视频电商平台的战略举措。“芒果铺子”定位为提供“基于互联网电视的时尚生活方式及视频电子商务解决方案”，集媒体和电商基因。面对京东、阿里巴巴、当当为首的综合性电子商务平台的竞争压力，“芒果铺子”另辟蹊径，避免与电商寡头正面冲突，巧妙的从边缘市场进行突破，创造性地构思了多屏互动的“社交媒体＋电商解决方案”的新策略。

其“媒体＋电商”的创新模式包括为用户提供了“一块抢”、“达人圈”、“芒果商城”及“快乐购 TV 直播节目”等服务内容，集电视购物、潮流风尚、低价秒杀、多屏互动等多元化元素于一体，搭建了新一代互联网电视的购物平台和电商解决方案。而中国电视购物第一股于 2015 年 1 月 21 日在深交所上市的“快乐购”，则已然成为了“芒果铺子”运营的强大资源后台。据艾瑞咨询统计数据显示，“芒果 TV”网站日均独立用户（UV）超过 1100 万人，日均的流量（PV）超过 7000 万人。芒果盒子（OTT 端）在一年内普及至 500 万户家庭，整体用户超 1 亿人。倚靠芒果 TV 的多元化资源优势及巨量的用户基数，“芒果铺子”具有独一无二的媒体优势。

（五）“内容＋平台＋终端应用”的融合生态圈

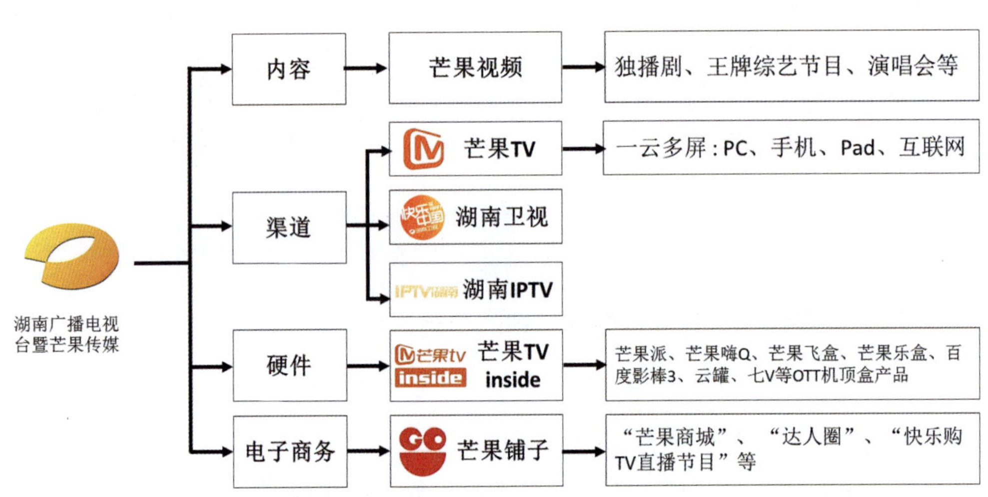

图 8—19 湖南广播电视台暨芒果传媒新型媒体集团业务发展架构

芒果 TV 作为融合互动创新的先行者，确定了“芒果 TV”以视频网站和互联网电视为两大核心主营的平台布局：在横向上，芒果 TV 包纳视频网站、互联网电视、手机电视、湖南 IPTV 等多平台、多终端业态模式；在纵向上，芒果 TV 建立“渠道＋内容＋终端＋应用＋用户”的立体生态体系，形成纵横结合的全方位多屏格局。

芒果 TV 未来还将从三个方面推进融合发展：1. 与广电媒体的资源聚合，换发价值；2. 与上下游的跨界合作，引进优质的内容资源，发展终端产品；3. 与牌照方的开放融合发展，培养市场。

十五、南方新媒体：IPTV 为基础多元演进

提要：作为广东新媒体领域的领头羊，南方新媒体致力于把握市场机会，逐渐形成以现有 IPTV 为基础的多元演进格局，从单一的视频业务进入到以家庭为主体的智能化服务领域，充分发挥电信运营商智能管道与本地传统电视台内容运营平台双向结合的优势，实现内部与外部渠道及资源的高度整合。

（一）立体化布局 加强统一管理

1. 集团内部业务调整

2010 年，原广东南方广播影视传媒集团通过整合旗下新媒体经营性资产和业务资源，成立了全面运营新媒体业务的专业公司——广东南方新媒体发展有限公司。目前已成为目前国内业务涵盖范围最广、跨越平台最多、牌照资源最全的领先企业，取得了骄人的业绩和巨大的社会影响力。公司成立后，对原集团内新媒体产业做了股权和业务方面的整合。公司借助广东广播电视台丰富的牌照资源支持及其主流媒体的有力支撑，具备其他非广电血统新媒体单位所不可比拟的资源优势，在发展中显示出了普通民营新媒体企业所缺乏的强大发展后劲。南方新媒体公司按照现代企业管理制度建立，本部划分为多个部门，包括 IPTV 事业部、媒体资源部、技术播出部、行政人力资源部、财务投资部等，公司旗下有多间合资公司，具备完善的企业管理流程制度。

2014 年，广东广播电视台挂牌成立，确立了将在 1—2 年内将南方新媒体

公司打造为上市公司的战略目标。广东广播电视台已成立上市工作领导小组，南方新媒体公司的上市准备工作已全面启动。

2. **融合平台建设**

南方新媒体投入巨资搭建相应的平台进行业务拓展，其中包括已经建设完成的IPTV平台、手机平台、OTT平台、网络电视平台、地铁电视平台、车载移动电视平台，以及即将建设完成的融合平台。融合平台将实现融合电视、电脑及手机等移动终端的全平台视频播出、并整合多个平台进行统一管理，实现资源复用和便捷管理。目前，南方新媒体在平台建设上使用国内外先进的设备，采用了成熟的软硬件技术架构，并建立了一套成熟的播出管理制度以及事故应急处理流程，以保证日常的安全播出。

3. **打通渠道 融会贯通**

南方新媒体充分发挥电信运营商智能管道与本地传统电视台内容运营平台双向结合的优势价值，实现内部与外部渠道及资源的高度整合。广东IPTV致力于把握市场机会，逐渐形成以现有IPTV为基础的多元演进，从单一的视频业务进入到以家庭为主体的智能化服务领域。将用户需求为重，体验至上的新媒体核心诉求与广电安全播出的基本思想完美结合，在平衡中探索出广东传统媒体与新媒体融合发展之路，实现传统媒体与新媒体传播渠道的融合。

珠三角地区民众对本地节目内容的依赖性与需求量相较于全国其他省市都大，国家也予以理解与支持。在“体验为王”的传媒时代，传统意义上“受众”在逐渐向“用户”转变，而广东IPTV作为新媒体，其创新的运用机制、全新的商业模式，是广东广播电视台在发展新媒体业务时做出的与时俱进的改变——在不违反国家播控安全的总体原则下，有责任与义务去最大限度满足用户尽可能多的体验需求。

（二）努力推进高清互联网电视

广东 IPTV 高清互动电视由广东广播电视台、中国电信广东分公司和央视国际网络股份有限公司三方共同推出的广东电信 IPTV 业务，于 2014 年 5 月 9 日起，正式在广东全省放号运营。IPTV 具备直播、点播、时移、回看功能，并设计了多个特色内容专区。用户只要拥有电信宽带网络，接上 e 家机顶盒，家里的普通电视机就立刻变身为拥有多种强大功能的互动型电视，体验前所未有的观看感受。手机电视业务已接入上海视频基地，可以向更多的客户提供专业个性化的内容服务。

1. 打造更加便捷的服务

广东 IPTV 提出“一次性满足你看电视所有的需求”，女神、直播、暖男、喜剧、科幻什么都有。超值组合套餐的推出更吸引广大用户，IPTV 正版合法、花费低、内容多、性价比高都是其优势。

广东电信 IPTV 平台拥有 100 多路标清直播和 15 路高清直播频道，具有全频道 2 小时时移和 3 天回看功能，提供影视、新闻、体育、娱乐、少儿、粤语本地内容等 14 大类别上十万小时的海量高清和标清点播内容，以及卡拉 OK、家庭购物、电视教育、旅游指南、订票预约、股票交易等电视增值业务，可以满足不同类型的用户需要。

2. 本土产品＋港澳直播

相较其他电视新媒体业务，广东电信 IPTV 业务更加凸显直播内容、高清内容、港澳内容、本地粤语内容等四大优势。全面网罗央视、各省和本地高清、标清直播频道，特别开设“粤资讯”、“粤精彩”及“港澳”板块，开辟地市专区，汇集广东各地热播电视节目，为广东用户特别推送粤语类的本地及港澳内容，后续将逐步增加港澳两地涉外直播频道，更加满足广东地区观众的收

图 8—20 广东电信 IPTV 用户界面

视需求。

3. IPTV 韶关专区正式上线

广东 IPTV 为了给广大用户提供更加优质、丰富、便捷的本地化内容与服务，2014 年 12 月 12 日，联合韶关广播电视台共同打造的广东 IPTV 韶关专区正式上线运营。韶关特色专区的建立，旨在服务韶关人，展韶关乡情。集合当地直播频道、多元点播内容为一体，为用户呈现资讯、娱乐、综艺、生活信息等全方位内容。同时支持线上线下互动融合，大型活动、生活资讯、人文公益为一体支撑，是全面展现韶关文化及人文风貌的互动平台。平台的打造给关注韶关发展人群及韶关当地人一个了解韶关的窗口，同时通过这一平台服务在外韶关人，搭建在外韶关人与韶关沟通桥梁。近年来，广东 IPTV 整合优质资源，致力打造本土特色与港澳特色内容等独家优势，已经或即将推出魅力潮汕专区、天下客家专区、广府文化专区、大港澳专区及其他地市专区等本土及港澳特色原创内容专区，进一步凸显在直播内容、高清内容、粤港内容、本地粤

图 8—21 广东电信 IPTV 针对不同收视群体的节目推荐

语内容等方面的领先优势。

广东 IPTV 的最大优势就是在于打通了一条良性循环产业链，随着用户规模的提升，IPTV 产业链上的产品、内容、终端、渠道等各个环节因利益的共荣，使得参与各方都能利益均沾，从而很好地维系了产业的运转。这一切主要是基于其具有创新价值融合发展的商业模式。

4. **动态码率自适应技术** HLS

广东 IPTV 从平台建设开始就重视技术和业务的创新，是目前全国唯一的提供 HLS 的高清直播和点播的 IPTV 业务，HLS 是目前比较先进的动态码率自适应技术。这一技术解决了播放终端对于网络带宽抖动的自适应，进一步提升用户体验，降低了开展高清 IPTV 业务的网络带宽门槛，广东 IPTV 用户在

图 8—22 广东电信 IPTV 的智能电视功能

4M 以上宽带网络即可享受高清视频业务。广东 IPTV 拥有 100 多路标清直播和 15 路高清直播频道，具有全频道 2 小时时移和 3 天回看功能，提供影视、新闻、体育、娱乐、少儿、粤语、本地内容等 14 大类别上十万小时的海量高清和标清点播内容，以及卡拉 OK、家庭购物、电视教育、旅游指南、订票预约等电视增值业务，可以满足不同类型的用户需求。

5. 新媒体营销推广

自 2014 年 5 月在广东全省上线运营以来，目前用户量已达 50 万户，每月仍然在以 30000 用户的速度快速增长，作为付费电视赢得广东市场民众的青睐，主要得益于其自身特色及市场化的宣传营销推广。

广东 IPTV 不仅依靠广东电信的自有销售渠道及相关的渠道代理，广东广播电视台整合旗下传统媒体资源优势，借助台里的精品栏目、优势频道、地面推广活动等线上线下联动发力，为广东 IPTV 提供一个融合的宣传推广渠道。短时间内，提升了广东市民对广东 IPTV 的品牌认知度。与此同时，广东 IPTV 借助其灵活的内容整合、渠道发放等优势，为广东广播电视台的精品内容的传播提供了有利的传播渠道。微信、微博营销推广，通过广东 IPTV 订阅号与服务号分别用于活动推介、内容推介及用户服务等，多维度地做用户精准营销服务。

十六、微信公众平台：搭建互联网生态系统

提要：截至 2015 年 4 月底，微信公众平台上开通的账户已经超过 900 万。传统媒体纷纷入驻，63 家中央级、省级、市级党报中有 59 家开通了微信公众平台，微信成为传统媒体的“标配”。微信公众平台的设计旨在搭建一个移动互联网生态系统，能够让第三方、用户在该系统内交流对话，帮助第三方提供有价值的服务、消除地理限制、消除中介、去中心化等，从而增强用户黏性，创造用户价值。

微信公众平台是腾讯公司在微信的基础上新增的功能模块，于 2012 年 8 月 23 日正式推出。通过这一平台，个人和企业都可以打造一个微信的公众号，并实现和特定群体的文字、图片、语音的全方位沟通、互动。微信公众平台分订阅号和服务号、企业号三类平台，订阅号可以每天发送 1 条信息，不提醒用户，会强制收拢到订阅号的文件夹里；服务号会在消息列表显示，提醒用户，但每月只有发送一条信息的权利；企业号为企业或组织提供移动应用入口，帮助企业建立与员工、上下游供应链及企业应用间的连接。

机构利用公众账号平台进行自媒体活动，简单来说就是进行一对多的媒体性行为活动，如商家通过申请公众微信服务号实现展示商家微官网、微社区、微会员、微推送、微支付、微活动，微报名，微分享、微名片等，还可以实现部分轻应用功能。微信公号已经形成了一种主流的线上线下微信互动营销方式。根据谷歌的一项调查显示，中国智能机用户平均装 19 个应用，商业客户端要挤进 1/19 实属不易。毫无疑问，微信公众平台的搭建为微信和第三方创造了巨大的价值。

（一）微信公众平台的生态设计与规划

腾讯公司高级副总裁张小龙曾表示，“微信可以为整个业界提供很好的一个通信开放平台，让所有的第三方都能够把他们有价值的应用通过微信公众平台来接触到更多的用户”。张小龙于 2014 年 12 月在一次公开演讲中较为完整的阐述了微信公众平台的生态设计与规划，即所谓微信公众平台的设计法则：

1. 鼓励有价值的服务

微信自始至终所坚持的理念是必须把用户放在第一位。前些年博客时代，博客一度非常火，但是好景不长，慢慢被用户抛弃，归其原因还是因为其不能为用户提供有价值的服务。微信公众平台自开通以后吸引了自媒体，以及以前的一些博客作者们重新投入了进来，并且在公众平台里面出现了越来越多好的原创文章。非常优秀的文章能够出现在公众平台里面是一种对用户非常有价值的服务，是留住用户的有效手段。此外，微信公众平台也会做甄别，采取一些比较严格的措施来控制部分内容的传播。譬如说，各种诱导类的，诱导用户去分享朋友圈的；一些有版权问题或者是 H5 游戏。总之微信公众平台鼓励为用户提供真正有价值的服务。

2. 帮助人们消除地理的限制

互联网其实带动人们的交流跨越了一种地理上的一种限制，特别是移动互联网迅速发展以来，所有的人都能够卷入到一个跨越时空的交流里面。

地理曾经是过去的一个商业上的一个重要因素。譬如说，一个商铺可能要找一个非常好的地段它才会有价值，但是移动互联网的人流其实不太依赖于一些地理位置的限制。譬如一个盲人的按摩师，他可能不需要去租一个铺面，只要他的手艺足够好，那么他就可以在一个不是很好的铺面里去提供他的按摩服务。微信公众平台希望能够给那些没有地理优势的商家带来一种非常好的顾客访问量。尤其是在移动互联网时代，微信认为这是很有可能的。

3. 微信公众平台的去中心化

消除中介可能是一个非常宏大的目标。因为所有的商业可能都依赖于非常非常多的中间环节。自从微信公众平台开通以后，致力于帮助商家通过公众平台直接提供一种服务。借助这种服务可以将商家和消费者联系起来。这种模式可能在以前是难以想象的，因为商家是很难直接和消费者对话的。公众平台提供了这样一种可能。微信非常鼓励商家和消费者能够在公众平台里面直接的对话交流。

微信不会提供一个中心化的流量入口来给所有的公众平台方、第三方。相反，鼓励第三方去中心化地组织自己的客户。之前在 PC 互联网时代，流量的入口在搜索框里面，但是在移动互联网时代，微信认为流量的入口可能在二维码里面。所以微信在很早以前就开始大力推动二维码在中国的普及。因为在线下的流量来说，人们需要有一种介质，能够让手机连接到某一种服务，那从线下来说微信认为二维码是一种很好的方式，所以到目前为止用户很难看到在微信里面有一种中心化的一种公众号的存在形式。一个新的用户装了微信以后，如果他没有关注任何公众号的话，可能看不到任何公众号的存在，看不到公众平台的存在。

但是每天有近千万的公众号，在微信里面很活跃，他们的活跃是他们通过自身的努力带来的。微信并没有一个中心入口来提供给他们 ，这是去中心化在微信里面的一种体现，同时微信也鼓励所有的商家或者第三方的服务商能够通过公众平台，自发地去组织各种资源。

4. 搭建一个动态的生态系统

微信希望能够搭建一个生态系统。更具象的说是希望建造一个森林，而不是要建造一个宫殿出来。微信希望整个森林是去培育它的一个环境，让所有的一些生物或者动植物能够在森林里面自由生长出来，而不是微信自己去把它建造出来。微信认为一个动态的系统是一个更加能够获得动态稳定的系统。同时微信跟第三方合作，一起共同建造一个系统，而不是微信自己做一个完整的系统。微信认为这个系统应该是一个动态自我完善的系统，而不是一个比较僵死的一个系统，甚至整个系统也是微信和第三方一起定义出来的。所以，微信会不断地变化，公众平台会不断的有些变化。微信的变化是让其系统能够获得一种动态的稳定。

5. 关于社交流量

微信很少会提供一个中性化的流量入口，但是并不妨碍很多需要流量的场景应用能够被活跃起来。譬如说微信里的微信红包、微信游戏，甚至包括一些硬件相关的譬如运动类的手环。微信会把手环的记步数据标准化，使得一个手环的用户可以和其他手环用户进行一个 PK，这就是一种典型的社交流量的一个场景。后期微信会不断地发掘这种流量场景并且把它提供给平台的用户。

6. 用户价值第一

微信自始至终所坚持的理念，是必须把用户价值放在第一位。否则，可能会损害到整个平台的健康。譬如朋友圈的管理，用户是需要在朋友圈里看到各式各样的内容，但是微信也会去治理它，把一些骚扰到用户或用户不愿意看到的内容清理出去。

（二）微信公众平台的媒体属性

同为社交平台，与微博相比，微信公众号有五个传播优势，分别是点对点的大众传播模式；噪音干扰较少；真实且实时接收的受众；受众筛选的准确性；强大的信息扩散能力；这五个优势，对于传统媒体而言具有极强吸引力。微信成功地实现了将受众的虚拟社交圈与实际社交圈交融，打破了微博弱关系链的传播模式，强大的功能在传播信息过程中发挥着重要的作用，使得传统媒体纷纷抢占微信市场。

据统计，微信公众平台从 2012 年 8 月开放至 2014 年 10 月，包括如央视新闻、人民日报等 63 家中央级、省级、市级党报中，有 59 家开通了微信公众平台，占总数的 93.6％。其中，4 家中央级党报都开通微信公众号；31 家省级党报中有 29 家开设了微信公众号；28 家市级党报中，有 26 家开设了微信公众号，可以说微信公众平台已成为传统媒体的标配。微信庞大的用户基础，吸引传统媒体纷纷借力微信，通过微信公众平台接触读者，在社交平台扩大传统媒体的影响力。

（三）微信公众平台的商业价值

1. 微信营销

微信营销是伴随着互联网和普及，以及微信的火热出现的一种新型网络营销方式，又因为其是基于微信的强关系网络进行的营销，所以又被称为“杀熟”营销。企业借助微信公众平台开展相关的互动活动，一方面有利益增强用户对于企业的关注度，加深用户对于企业的了解，利用公众平台，建立企业的

CRM 体系，为进一步把握用户的需求奠定基础；另一方面，企业可以快速、及时、有效地把传播品牌文化、产品信息和营销信息。

2. **沟通服务**

微信公众平台在直接增加企业的业绩方面可能收效甚微，但是它从利用自身的特有的属性，为企业与用户之间搭建沟通的桥梁。利用社交平台的优势，微信公众平台的重要价值在于其提供的是一种沟通服务，企业的服务意识在公众平台上得以体现。以招商银行为例，微信公众平台已经成为招商客服转型的重要途径，通过公众平台，招商银行搭建了一个互动沟通的招行卡中心，把线下的客服工作转移到了线上，极大地方便了用户，同时也提升了客服的质量和效率。

2014 年 7 月 7 日，腾讯微信正式开通公众平台推广功能，广告主和流量主（微信运营者）均可入驻。业界人士称腾讯此举意味着广告联盟战略的正式开启，借此机会腾讯有望通过微信广告联盟平台实现百亿级别的年收入。

十七、台湾《联合报》系：融合背景下的组织变革与劳资协商

提要：拜数字化与全球化所驱动的产业趋势，跨界、融合俨然成为当代企业积极介入并试图转型与再造的创新营运管理模式。传播媒体的跨界、融合经营，除了因集中垄断会对新闻内容及公共利益产生偏袒的疑虑外，组织变革及组织文化冲突同样值得被正视和讨论。台湾《联合报》着眼于跨界、融合下的转型领导与文化劳动者，采取了一系列措施来检视和应对媒体融合所引发的组织变革、跨界沟通与劳资协商及绩效管理等问题。

拜数字化与全球化所启动的产业趋势，跨界、融合俨然成为当代企业积极介入、努力转型与再造的创新营运策略。在一加一大于二的营运综效想象推动

下，跨业经营被视为企业发展的快捷方式。面对此跨界、融合的趋势，传统纸媒，有些选择放弃纸媒，改走数字网络，有些则通过组织重整，力图跨界转型。

台湾《联合报》系于2000年成立联合在线股份有限公司，旗下包含联合新闻网、联合知识库、网络城邦、数字阅读网、数字版权网等事业。2010年《联合报》报系的活动事业处，获准独立为《金传媒》，跨界于展演、营销活动，成功开创新的商业模式。2012年NCC通过《联合报》系申办“UDN新闻台”，涉足广电影音事业，并于2014年开始自制戏剧节目《征婚启事》。

另如与其他产业进行策略联盟，发展自身产品通路，展开非广电内容的商城式服务，如台湾《民视》黄金时段播出的戏剧，拍电视剧也兼卖猪脚、滴鸡津等，另创媒体通路品牌，发展不同的商业模式。

然跨界经营，并非皆能如意顺遂。美国经济学人与媒体观察家就指出，美国传媒并购失败率比美国离婚率还高。跨界、融合转型经营，是否能为集团带来收益？2002年到2005年间，美国的KPNX与Republic进行产销融合整合后，周间发行量，从496373下降到452016，并没有带来效益。其间转型领导成败与跨组织文化间能否调合皆是关键。

本案例关注跨界、融合下的转型领导与组织变革，企图就跨界、融合下的转型领导与文化劳动者，检视、讨论其引发的组织变革、跨界沟通与劳资协商及绩效管理推动等问题。

(一)《联合报》系近年来的转型举措

1951年创刊的《联合报》，迄2012年，报系发展已六十多年。从1999年开始，该报系出现经营危机，于2003年起，年年出现亏损，亏损累计近60多亿元新台币。为应对经营的危机及内外环境变化，报系经过多次组织改造、人事精简、推动数位融合，并积极跨界于会展、活动产业等。

在组织变革方面，1998年，联合报系开始筹备网络发展小组，1999年成立 UDN. COM 联合新闻网。2001 年总管理处成立“e 化小组”，逐步推动 e 化，包括编务组版改成计算机无纸化作业、印刷计算机化等。ERP（Enterprise Resources Planning，企业资源规划）从 2003 年陆续上线，成为报系处理财务的重要骨干。电子公文也全面 e 化，目前更推出手机版，可利用手机上传公文。人资系统也全面 e 化，至 2011 年同仁的考核也都 e 化。报系上上下下都通过 e 化系统进行纵向与横向联系。

然而该报系也自 1996 年起，推动多波的优退优离方案。报系更于 2005 年 6 月 1 日，将原本分属的五报合一，展开管理制度的调整与改革，并推动 KPI（Key Performance Indicator）制度。2006 年 11 月《民生报》停刊，迄今员工从早年五千余人，降至目前约两千人左右，且持续精简。

2011 年 1 月 1 日起，报系更打破过去按年资、经历的阶梯式薪酬策略，改为依各职务的薪幅规定，及同仁的绩效表现，进行薪资调整的“薪幅制”。实施“薪幅制”后，人力资源室订出“薪资管理办法”，将聘人的决策权交由单位主管负责、决定。另外，将报系单位分成“营利事业单位”及“后勤单位”两大类。营利事业单位以“利润中心”导向，讲求“奖功不奖劳”，依据个人绩效分配获利奖金；后勤单位以“成本中心”导向，分配获利奖金时，强调平等原则。

在生产组织方面，2009 年底，联合报系成立影音部，向整合网络、报纸、手机、电子书等多元载体的未来媒体集团前进。联合报系信息内容，除了给平面媒体、网络外，还要给电视、计算机、手机三种屏幕，让海内外阅听众，都可获得该报系提供的内容。整个内容储存、运用、下载，都运用云端科技来操作。

故报系定位由过去“内容提供商”（content provider）的角色，跨到“内容服务提供商”（content service provider），进而转变成“统合内容方案提供者”（total content solution provider），朝“平台”（platform）的角色前进。

而为顺应生产形态变化，联合报系记者需身兼平面文字记者、电视台文字记者、摄影记者、幕后剪辑、广播配音、工程技术人员，还得自己想办法克服影音新闻编辑与传输技术问题。报系更将2009年定位为“数位学习年”，首度将“影音内容生产和实时新闻供应”能力列入记者的绩效考核。这个改变，让许多同仁的工作形态跟着改变，引发不少同仁的反弹。

2010年，联合报系从台北忠东路搬迁至汐止，同年报系又开始有盈余。2011年4月底，联合报跨向电子商务，“UDN买东西购物中心”开站，以CRM（客户关系管理）系统、完整物流机制等优势，为台湾网购战场添新局。“UDN买东西购物中心”是综合性的购物网站，触角伸及台湾每个角落，汇集、搜罗全台各地特色和具有代表性的产品，让消费者购买。企图打破过去媒体与媒体间的距离，以数字融合的方式，整合读者与消费者。

跨界、融合的转型过程中，领导者企图从过去“家父长”式的管理模式，导向“公司治理”的方向，2005年推动储备干部训练课“U－Challenger”，企图落实组织间有共同的管理语言（speak the same language）；通过分享知识相互学习成长，让全体知识能力共同提升（share the same knowledge）；及清楚知道报系及部门愿景（share the same vision）。2011年又推出潜力人才激励计划（udn Prospect），选出十六位同仁参与，作为未来主管的接班者。[①]

组织的变革伴随而来的是人力、组织架构与人员生涯管理形态等的重大改变，对组织成员而言是一大冲击，因此，在组织成员个体内在的主观感受所激发出反应的刺激，是否会使得组织成员士气大受影响、工作负荷及压力骤增、工作效率低落、成员对组织的忠诚度是否也开始瓦解，甚至对单位的付出与认同产生影响等问题。

就该报系产销组织来说，大抵可分为：编辑采访（影音）、印务、发行、业务及行政管理部门等。发行、业务部门着重在于业绩等商业利益；编采部门

① 黄年，王丽美，李彦甫，梁玉芳，沈佩君，游其昌等（2011）。《联合报六十年：1951－2011》，台北：联合报社。

较着重于编采权的自主，行政管理部门则看重内部管理，结构位置不同，专业分工衍生出的价值取向也大不相同。[①]

2005 年 6 月 1 日，该报系进行五报合一规划，展开管理制度的调整与改革，并推动 KPI（Key Performance Indicator）制度，引发同仁情绪反弹，报系编辑部高层主管有："MBA 进不了编辑部"的说词。组织间面对管理变革，在"兼容性"（inclusive），及"排他性"（exclusive）间，所呈现的样态与反映的问题为何也是本研究企图了解之处。

（二）领导者的愿景勾勒与转型沟通

2003 年起《联合报》系推动改革，迈向"公司治理"，总管理处同时成立"策略研发小组"，拟订未来的发展策略。该策略于 2008 年获得董事会通过，报系发展策略："永续经营本业、拥抱未来媒体，精耕分众市场、改善成本结构、创造多元营收，朝向多屏幕的媒体服务等方向"就此定调，[②] 并展开倡导与推动。

2011 年 9 月 16 日《联合报》60 周年酒会，王文杉宣布将成立"愿景工作室"，没有预算的上限下，动员报系所有内部资源，同时广邀合适的社会贤达与专家加入，为这些议题找出正确的解决方向及答案，促成议题得到"正向改变"的发展。为了让同仁更了解愿景工作的精神，王文杉安排北、中、南七场巡回说明会。希望每位记者都能为台湾寻找产生正向改变的报道。

报系主管与王文杉也多次在工会代表大会及各单位举办说明、座谈会，让同仁对未来媒体发展有更深入了解。其间更通过内部刊物与社群进行零距离的直接沟通，如：

报社的政策方向与作为，主管（王文杉）都会适时在联合报内部电子刊物

① 徐国淦（2011）。《面对企业变革，工会应有的态度与因应：以联合报为例》，《新北市劳工》，100 年秋季号，页 4—17。

② 王文杉（2008.04）。《永续经营，拥抱未来》，《联合报系 2008 年 4 月号系刊》。

《联合系刊》上撰文告知同仁，同时公开 E－mail 账号和“社群网”，同仁可以随时提出建言。政策推动时人事部门主管也会和工会、各单位同仁说明、沟通，并汇总整理单位意见，发布在联合报系内部网站《联八达》平台上，让同仁了解”（管理者 D 访谈，2013.07.12.）。

2010 年 12 月 15 日王文杉与工会干部座谈时也表示，“现在已站在山洞尽头，看到外面阳光了”。他说，“2003 年，报业经营仿佛进了山洞，一路走来，总共有 8 年的时间，我们挺过来了”（联工月刊，2010.12.31）。王文杉在年终主管工作年报告也强调，“总算呈现盈余，是近十年来第一次出现获利，种种的成果都显示了我们正慢慢走出困境，站在隧道口迎接光明”。

受访者也表示：“推动转型变革，同仁难免会产生不安与反弹，为了降低冲击，社方一方面将改革的信息充分揭露，避免信息被扭曲，以讹传讹；另一方面董事长也亲自出马，与同仁面对面，清楚描绘未来蓝图与愿景，给同仁信心与使命感。事实印证，我们在转型过程中，不但渡过危机，更创造成转机，为报社创造获利发展的基础”（管理者 A 访谈，2013.06.12）。

（三）员工态度、技术与知识基础的转化

《联合报》报系融合策略，焦点在影音内容的生产方式，推动特点如下：

1. 明确的阶段性发展愿景

（1）内部适应期（1998－2009 年）：《联合报》系 1998 年开始发展网络事业群，2007 年开始推动数字媒体，2009 年《联合报》系成立影音部，专职负责影音事务，并以摄影中心与地方中心记者为主，生产影音、实时新闻，由联合在线编辑审核后，上传至 udn.com。

（2）加值精进期（2009－2010 年）：影音部成立之后，接着成立 i－pad 小组、招考影音主播，征聘新人需具备影音能力，记者除需生产影音与实时新闻外，会由制作人与影音总监挑选较优质的新闻于在线直播。

（3）对外播送期（2010 年 11 月迄今）：《联合报》系影音直播新闻开播、i－pad 新闻上线，申请频道，制播节目，并增加电子商务事业，朝多元的数字融合方向发展。

2. 启动教育训练并具体落实

《联合报》系将 2008 年订为“影音元年”，并于当年 6 月启动教育训练列车。目标是让同仁对拍摄影像新闻有基础概念，并能处理简单的后期制作，通过实战逐渐养成。教育训练由人资室主办，摄影中心影音组和“联合在线”协助，分为拍摄和后期制作两种课程。第一阶段以编辑部地方新闻中心、大台北新闻中心、摄影中心、联合新闻网的同仁为主。教育训练过程制作成数字教材放在《联八达》“e 同学”，让其他单位有兴趣的同仁在线学习[①]。

受访者表示，“为了推动数字融合，社内高层曾就采取何种方式进行讨论。有人主张收购电视台，直接在产品服务上进行整合；有人主张引进新团队，建立新能力和新服务；也有人希望由社内记者从头学习”、“董事长选择较辛苦的方式，由社内记者从头学习。他说，从外面找人虽然快，却要大幅裁员，这对同仁不公平，我们应该给同仁学习的机会。要让每位同仁也可以跟着转型、都有改变的机会，这才是真正的转型”（管理者 B 访谈，2013.07.23）。

2010 年台湾的五都市长选战，《联合报》系首次将编辑部与影音部结合，通过网络播放选情影音新闻，服务全球读者，实践“数字融合”的理想[②]。

3. 员工反弹回馈与改善

然有关教育训练，员工的反弹如：“参加报社的影音课程，是最‘反教育’的在职训练。同事们不是抗拒学习，而是希望学的是使用现有手边的设备，如

① 杨翠玲（2008.06）。《迎向未来媒体 影音能力养成列车启动》，《联合报系 2008 年 6 月系刊》。

② 王文杉（2008.10）。〈KPI 季节〉，《联合报系 2008 年 10 月号系刊》。

数字相机、小笔记本电脑等，能把影音新闻做得好一点；社方拿电视台的那一套来教我们，有用吗？……需有了解我们处境的师资来教课，才能对症下药。"

五都市长选战，员工批评有："别人是打群架，我们是单打独斗……采访、拍摄全包……外勤记者不是千手观音，拍摄新闻画面的时候，必须拜托其他同仁拿麦克风。还要再请一个人帮忙拿录音笔……若欠缺跨编辑部与影音部的统合机制，以现行文字发稿作业软件上附加影音传送，都常出问题……只会不断耗损外勤同仁热情。"（联工月刊，2010.11.30）

但管理者认为："报系三报一网合作，生出一个新的 baby，这是《联合报》的新生命。这个新生命完全是由既有的新闻事业这个母体所孕育出来，不是来自外界的移植或嫁接，这是值得骄傲的成果。"

"影音新闻实施以来，只有三四位记者因无法配合实时与影音工作而离职，大部分同仁都乐于学习，且适应得很好。"（管理者 A 访谈，2013.06.12）

"现在报系记者的影音与实时新闻，一天可出近百则的影音新闻、八百则的实时新闻"（同上）。至今，"同仁不再排斥做影音新闻，而是要求社方应给予同仁添购影音设备的器材补助"（联工月刊，2013.06.30）。

研究发现：跨界、融合的产制变化下，每位记者要会独自操作摄影机、拍摄及选取相片，甚至撰写口白及内容报道，身兼数职，工作统包，且面临"二十四小时都是截稿时间"的采访任务。新闻记者工作内容需与新媒体应用产生融合，懂得科技的人才能拥有权力；反之无法与新科技、新媒体结合者将会面临被淘汰的窘状。

过程虽有反弹，然因应工作环境的转变，大部分记者都愿意与时俱进调整工作职能，从过去"单一式"的工作形态，转成为"多样式"的形态。且"媒体融合，工作内容、工作流程与多元样态表现，改变公司对员工的评价，也改变了记者对自我专业的认同与成就感"（员工 B 访谈，2013.06.23）。

（四）跨平台团队跨界沟通与"绩效"归属

然当团队协力与"一人多任务"成为常态，也会增加彼此的斗争，如"为了怕工作被取代，组织内的工作者就难免竞争、斗争、彼此不信任。融合中记者间，就会有内、外团体的划界，彼此瞧不起彼此"（员工B访谈，2013.06.23）。且"平面与影音工作者习惯用的语言不同，各有专业立场，合作时，一般还是会流于各说各话，谁也不服谁的问题"（员工A访谈，2013.06.16）。

受访者表示："跨团队的任务导向，融合处理后的新闻，谁居首功？谁居次？如何主张？就以地方中心记者为例，记者同时要面对影音部门的影音需求，又得面对联合报编辑部的文字需求，常发生影音部、编辑部主管间的调动困扰，没有经过适当的处理，势必导致工作绩效降低、员工士气低落"（员工C访谈，2013.07.13）。

研究发现，跨平台团队协力与"绩效"归属若欠缺公平、合理的绩效管理与考核，跨界整合的成果势必折损。

（五）管理制度建制与协商

1.《联合报》系绩效考核制度

2004年《联合报》系着手推动绩效考核制度，但对平面媒体而言，同仁属性包括至少文人、商人、工人三种，三种人个性不同，体质也不同，想要制度化并整合三种性质相异的人，本就不易。也因此，当报社有意推动绩效考核制度时，编辑部高层一致反对，并有"MBA进不了编辑部"的说法。

也因此，过程并非顺遂，管理者表示："董事长曾以棒球比赛形容，第一次上阵就被三振出局，绩效考核制度连会议室都出不去，直接出局。第二次报系找来外部顾问，勉强做了一点，这次算是打到了球，但封杀在一垒之前。"

（管理者C访谈，2013.06.30）2008年推出一系的倡导和说明活动，2009年报系导入，2010年才全面实施。管理者表示，“这次不只成功上了一垒，还盗上二垒”。“实施后，有了公平的绩效考核标准，让该被奖励的人能得到奖励，对整个团队才能产生激励作用”。

2. **绩效考核制度反弹**

绩效考核制度上路了，但也引发如下的反弹，如：“同仁做牛做马、长官却吃香喝辣”（联工月刊，2008.03.15）、“同仁考绩都垫底、主管考核还是优”（联工月刊，2009.02.28），以及“落实每季绩效考核制度面谈、汰换不胜任主管”（联工月刊，2012.02.29）等。

另外，同仁也批评，“影音新闻列入每月绩效考核制度，造成记者劳力严重负荷。可是，记者传送回来的影音新闻，常被核稿主管丢在一旁，十多个小时，甚至二十多个小时过去了，没有人批核。从来没有主管因为这样的怠惰失职被检讨，记者要是稍有怠慢，或是不配合，就会受到责难，绩效考核被扣分，但是谁来考核这些偷懒的主管？”（联工月刊，2011.03.31）

再者，“编辑部门包含摄影、记者、编辑，因工作样态不尽相同，核心指标也会不同。记者之间会因路线不同，指标也会差异。摄影记者的核心能力有两大项，精彩照片就占考核的50％、影音20％。另外的30％则以团队合作、工作联系、发稿时效等较细微事项。记者的核心能力包括专题策划、新闻独家、影音与实时新闻等，这些指标占了60％的比重。许多同仁仅会去落实绩效考核的指标，未列入的工作就不去做。”（员工A访谈，2013.06.16；员工D访谈，2013.07.15）。

再加上“绩效考核制度过于强调量化指标，可是记者的工作变化多样，有的路线新闻多得写不完（立法院、议会）；有些路线只要有新闻都是大事（如刑事局、军方）；有些新闻影响深远（如口蹄疫、狂犬病）。评比时用量、独家、影响性、上报率等等，并没有具体标准，主管有太大裁量权，造成同仁对

考核公平的疑虑。”（员工C访谈，2013.07.13）

也有员工认为：“制订绩效考核制度时，主管会给绩效考核制度订定权重，大家会花较多时间在权重较重的工作项目，反而忽略权重轻或不列入权重的工作。过分地依赖考核指标，而没有考虑人为和弹性因素，会产生一些考核上的争端和异议。再者，报社为了衡量业绩，必须把各种工作数量化，但是工作是无法简单量化的。管理者在推动管理变革，强调绩效考核之际，是否也应审慎评估可能造成的后遗症？不要为了绩效而牺牲员工的热情。”（员工C访谈，2013.07.13）。

工会调查也显示，如何令绩效考核制度公平、公正，是考验该制度的良善与否的关键（工会调查资料，2010.12）。

3. 劳资协商机制导入

为了落实考绩公平性，联合报工会在2009年12月17日与2010年11月4日先后与资方签订团体协约，修订重点条文包括：

（1）资方承诺未来主管应在明确的绩效目标下进行考核，依实际绩效与贡献评比，不会有主管比例偏高疑虑；

（2）资方应将各事业处之主考核评比例数据提供工会；

（3）由人资单位明订绩效考核办法，若主管未能有效落实绩效考核，一经查证属实，应严厉惩处；

（4）各部门之绩效评核委员会与薪酬评议委员会，应加入具劳方代表身份的基层会员，且会议应采用共识决策法；

（5）劳资双方共组成考核申诉委员会，同仁如认为考核不公，可向申诉委员会提出申诉。

另外，劳资协商过程中，社方也具体承诺：“同仁如果认为考核不公，可向劳资关系组提出申诉。劳资关系组会依程序成立申诉小组，并依客观事实给予公允建议，经过查证若单位主管确实有疏失或不胜任时，总管理处会依申诉小组的建议，包含调离主管职或是其他惩处。”（劳资协商会议记录；2010.06.14）工会介入的劳资协商，让组织变革的转型历程，多了嫁接上的润滑，并具体保障劳工权益的程序正义。

对管理者来说，绩效考核制度间接落实预算制度，如“导入绩效考核制度后，具体落实报系公司治理制度：从总管理处制订每年策略会议，落实到事业处、中心组再到个人，让公司政策与部门、同仁的工作目标对准了。公司欲发展的政策都能在当年度达到一定成果”（管理者B访谈，2013.07.23）。

结语

以个案来说，面对跨界、融合的转型变革，领导者为降低组织冲击，一方面将改革的信息充分揭露，避免信息被扭曲，以讹传讹；另一方面董事长也亲自出马，与同仁面对面，清楚描绘未来蓝图，建立转型认知与共识。

启动教育训练过程中虽有员工反弹，然通过实践，让员工体认到工作内容需与新媒体应用产生融合，懂得科技的人才能拥有权力；反之无法与新科技、新媒体结合者将会面临被淘汰的窘状。让大部分记者都愿意与时俱进调整工作职能，从过去“单一式”的工作形态，转成为“多样式”的形态。

如何落实跨平台团队协力沟通，建立“绩效”归属的公平、合理，更是转型的关键。导入的绩效考核制度，该如何整合个人绩效、团体绩效与跨部门间任务绩效等等，是个案持续面临的考验，不同于其它媒体的是《联合报》系有优于劳资法的团体协约，绩效考核制度与团体协约的嫁接，对于维护员工权益，有其一定作用，其间工会中介协商机制与角色，多少调和了转型历程中的组织冲突，确保劳工若干的劳动权益。

（本案例作者为：林富美 台湾世新大学传播管理系教授，徐国淦 台湾师范大学科技应用与人力资源发展学系博士生）

未特别注明作者信息的案例篇目，均为本课题组根据公开资料整理

中国新兴媒体融合大事记

（2014 年 4 月—2015 年 4 月）

2014 年

四月

4 月 1 日，全国 12 家主流报纸通过手机淘宝与阿里巴巴战略合作的“码上淘”上线。在此次合作中，读者只需打开“手机淘宝”，扫描在报纸上相关商品的淘宝码，就可在手机上完成下单购物和支付等环节。

4 月 1 日，支付宝将推出全新支付产品“KungFu”（空付）。它的核心功能是，通过对任一实物扫描授权赋予支付能力。这意味着消费进入到无硬件支付时代。

4 月 3 日，云游戏业务在吉视传媒正式上线，吉视传媒的用户可以在自家客厅通过电视游玩多款体感游戏。云游戏是吉视传媒着力打造的“家庭娱乐”品牌中的一项业务。

4 月 8 日，华人文化产业投资基金宣布同纳斯达克上市的知名娱乐影视技术及应用系统提供商 IMAX 公司达成战略合作，并入股 IMAX 中国（控股）。

4 月 8 日，湖南有线集团与数码视讯签署了关于开展 OTT 业务合作运营、智能终端发放以及智能家庭网关/智能路由器的研发及推广等广电互联网化的《合作框架协议》，公司计划投资预计超过 10 亿元。

4 月 9 日，爱奇艺正式发布国内首个具备清晰完整商业模式的“网络院线”电影发行收益新模式——“分甘同味”电影计划，目标是面向所有专业内容制作者，提供从内容展示到最终商业分成的强大平台支持，建立一个包含用户、内容方和视频网站自身在内的可循环的完善商业生态。

4 月 9 日，粤传媒与甲骨文（中国）软件系统有限公司正式签署战略合作协议。根据战略合作备忘录，双方将共同推进粤传媒全媒体转型发展，打造媒体大数据业务样板工程。

4 月 10 日，爱奇艺推出了云端悄声传输技术。用户无需将手机、Pad 等设备相互碰撞，打开视频播放页的绿尾巴功能后，即可通过爱奇艺私有云实现设备间的同步观看。

4 月 10 日，巨人网络宣布，已与上海电信合作共建游戏大数据分析挖掘中心，双方已携手开展基于智能化游戏大数据方向的技术与应用合作，相关技术将首次应用于巨人 5 月正式推出的智能化网游《江湖》中。

4 月 15 日，百度正式发售其大数据首款产品——百度司南。该产品主要运用技术对海量数据进行分析，整合消费者画像、人群属性、品牌分析、舆情监控、媒体规划五大功能，为市场营销人员提供更加真实、快速、精准和低成本的消费者洞察。

4 月 16 日，国务院办公厅发布《关于印发文化体制改革中经营性文化事业单位转制为企业和进一步支持文化企业发展两个规定的通知》，修订完善一系列推动文化改革发展的重要经济政策。

4 月中旬，网易新闻客户端分别与三星、小米、乐视等智能电视品牌建立合作，扩展网易新闻客户端在智能电视生态系统的覆盖面，为各大智能电视提供原创新闻栏目。

4 月 17 日，新浪旗下微博业务正式在美国纳斯达克上市，交易代码为“WB”，发行价 17 美元。成为全球范围内首家上市的中文社交媒体。微博首日收盘，股价大涨 3. 24 美元至 20. 24 美元，涨幅达 19. 06%。

4 月 17 日，中国广播电视网络有限公司正式注册完成。“国网”将成为我国第四家电信运营商，并且是我国第一家可以提供“数据（传输）＋内容”的综合运营商。

4月17日，百视通新媒体与第十大道集团在上海共同注资成立“好十传媒”，进军中国数字户外和移动互联网新媒体广告市场。

4月17日，湖北广播电视台与百度视频、百度贴吧就达成战略合作事宜正式签署协议。湖北广电将在百度开设贴吧集群，双方将共建视频网站，并将共同打造湖北广电专属的电视机顶盒产品。

4月18日，粤传媒宣布拟使用自有资金1.03亿元，购买控股股东广州传媒控股有限公司持有的上海第一财经报业有限公司25％股权。收购完成后，一财报业将成为粤传媒的参股公司。

4月19日，保利影业与山西新华书店集团签订院线合作项目。该项目将在之后五年内完成在山西的新华书店内建立28家电影院。

4月20日，湖南卫视旗下新媒体平台金鹰网、芒果TV两大平台于近日改版融合，推出全新“芒果TV”网络视频平台。

4月21日，北京歌华有线数字媒体公司宣布与北广视彩公司合作，共同开展彩票销售业务。双方将基于手持终端开展“体彩销售”和“福彩销售”业务合作。

4月23日，广东广播电视台正式挂牌成立。是集广播、电视、报纸、杂志、网络、新媒体、广播电视发射传输等多种业务为一体的省级广播电视大型综合传媒机构。

4月23日，中共中央政治局委员、中宣部部长刘奇葆在人民日报上发表题为《加快推动传统媒体和新兴媒体融合发展》的文章，强调推动传统媒体和新兴媒体融合发展，是党中央着眼巩固宣传思想文化阵地、壮大主流思想舆论作出的重大战略部署。

4月24日，北京广播电视台向国家新闻出版广电总局申请增加《信息网络传播视听节目许可证》许可项目，即互联网电视内容服务业务，现已获得批复。歌华有线获得授权负责具体开办移动通信网手机电视内容服务和互联网电视内容服务。

4 月 24 日，由东方网、荆楚网、浙江在线发起的地方新闻网站“江海联盟”成立。“江海联盟”是由长江流域 11 家地方重点新闻网站协商成立的网站联盟，意在在移动互联网时代集体“发声”。

4 月 24 日，国家新闻出版广电总局、财政部发布《关于推动新闻出版业数字化转型升级的指导意见》推动新闻出版业数字化转型升级。意见明确支持教育出版转型升级模式探索，重点支持出版企业在关注阅读者需求、引导大众阅读方向的模式创新，包括形成线上与线下互动的出版内容投送新模式、建设经典阅读、精品阅读产品投送平台等。

4 月 24 日，湖北日报新媒体集团举行新媒体推介会，集中发布推荐旗下十余种新媒体产品和服务。由荆楚网主导开发的湖北微资讯集合发布平台互微网和湖北省首个农产品电商综合服务平台楚天优品网也同步上线。

4 月 26 日，国家电网旗下的英大传媒集团与《第一财经日报》合办《好公司》项目签约仪式在上海举行。《好公司》获得国家新闻出版广电总局的刊号批准，由一本月刊、一家网站和一个客户端组成。

4 月 28 日，《第一财经》与合作伙伴推出的一个新网站“好奇心日报”（Qdaily）公测，该产品 5 月 10 日正式发布。

4 月 28 日，华数传媒与支付宝宣布展开互联网电视支付合作，华数传媒接入支付宝钱包，用户可用手机为电视节目付费。

4 月 29 日，电广传媒宣布，全资子公司湖南有线与近 10 家单位签订战略合作协议，分别在政府信息化、互联网电视、IDC 数据中心建设等方面开展合作。其中，IDC 数据中心将建成中西部地区最大的广电互联网数据中心。

4 月 29 日，百度发布百度影棒 3，支持 4K 超清电视以及内置游戏资源，但百度将它定义成智能硬件而非盒子。百度影棒 3 售价 399 元，5 月 9 日首发公测。

4 月 30 日，浙报传媒与天津唐人影视签署《天津唐人影视有限公司股权投资协议书》，出资人民币 1 亿元向唐人影视增资，占增资后唐人影视 8.77%股权。

五月

5 月 5 日，湘鄂情与中国科学院计算技术研究所签订《合作协议》，将共同建立“网络新媒体及大数据联合实验室”，湘鄂情在未来三年会投入不低于 1 亿元的资金，作为联合实验室研发运营资金，旨在开展网络新媒体及大数据的研究开发及应用推广，合作事项正式实施仍需双方进一步洽谈确定。

5 月 5 日，《壹读》旗下产品“拍呀”正式上线，入口设置在《壹读》微信公众账号的底部菜单里，用户只需不断地跟《壹读》互动，就可以赚到虚拟货币，然后用来拍得想要的商品。其拍品包括智能钢琴、生活大礼包等实物，此外还包括门票、演出票等。

5 月 6 日，吉视传媒公告称，公司将参与发起设立北京吉视汇通科技有限责任公司，该公司注册资本 7600 万元人民币，主要从事光纤网络条件下的数字电视、网络电视、互联网智能家居、智慧城市、系统平台、接入网关、多媒体终端等电子产品和网络产品的开发、生产和销售。

5 月 9 日，湖南卫视宣布，今后，湖南卫视拥有完整知识产权的自制节目，将由“芒果 TV”独播出，在互联网版权上一律不分销，以此打造自己的互联网视频平台。

5 月 12 日公告，新疆广电网络股份有限公司与数码视讯签订合作协议。根据协议，双方将合作建设运营 OTT 业务平台、技术体系和运营体系，推动智能终端、智能路由器/家庭网关、家庭第二终端及其他 OTT 业务相关产品推广。

5 月 15 日，甘肃省广播电视网络股份有限公司与亿阳通信签署合作协议，拟在甘肃省境内进行智慧城市相关系统的建设。内容包括：重点围绕智慧城市试点城市的申报、智慧城市顶层设计和相关培训、智慧交通的建设、智慧旅游城市的建设、智慧城市安防建设、智慧服务应用的建设、智慧城市政务信息化建设、智慧城市公共服务的建设、智慧安居服务的建设、智慧城市管理的建设、智慧健康保障体系建设、智慧教育文化服务的建设等十一个领域的信息化建设和合作。

5 月 18 日，福建广电高清互动云电视正式上线，将让用户实现从“看”电视到“用”电视的转变，不但能观看高清频道，还具备点播回看、预约挂号等多项功能。

5 月 19 日，天威“电视教育”栏目正式上线有声读物产品“启智有声书”。

5 月 19 日，旅游卫视与淘宝网在京签署战略合作协议，双方将开拓“T2O（TV to Online）”的全新商业模式，共同探索旅游电视节目电商化，在扫码支付、智慧旅游等领域开展全方位合作。观众在收看节目时直接用手机扫节目 LOGO，就能立刻购买节目同款定制的旅游产品。

5 月 20 日，温州都市报推出的全新电子商务平台“温都猫”试上线。“温都猫”是温州温都全媒体有限公司旗下的 B2C 网络销售平台，汇集温都全媒体六大平台——《温州都市报》《温都周刊》、温都网、掌上温州、温州都市报官方微博、温州都市报公众微信等资源优势，旨在打造温州本土电商平台。

5 月 22 日，百视通与新东方在线联合宣布展开战略合作，双方将基于百视通 IPTV 业务推出“新东方 TV 学堂”，并在百视通的互联网智能电视机顶盒“小红盒子”中推出新东方原创少儿教育产品“多纳智慧魔方”。

5 月 26 日，由河南省重点新闻网站映象网打造的映象新闻客户端正式上线。映象新闻打通了河南广电各媒体媒资系统和数据库，可以零延时直接收听河南人民广播电台 10 个频率直播节目，收看河南电视台 9 个频道的节目直播，实现网民快速浏览《东方今报》等新闻报道。

5 月 26 日，吉视传媒与北京阅视无限科技有限公司签署《吉视阅视社交电视应用系统项目合作运营协议》，双方将在有线电视网络中共同推广“吉视阅视社交电视应用系统”。

5月29日，东方网“智慧屋”第一家概念店开张，这是东方网智慧社区战略的第一步。东方网计划充分利用东方网线下资源，用2—3年时间建成一百家“智慧屋”。目前，东方网智慧社区已引入中国联通、浦发银行、京东商城等21家专业运营商，以及东方网旗下电子商务公司，整合了购物、医疗、家政、公共事业缴费、理财等21项民生服务。

六月

6月4日，新文化公告称，公司拟以发行股份及支付现金的方式购买郁金香传播100%股权和达可斯广告100%股权，并募集配套资金。经协商，郁金香传播100%股权交易价格为12亿元，达可斯广告100%股权交易价格为3亿元，合计为15亿元。

6月5日，钱江报系的电商周刊《码上生活》正式上线，为读者用户提供便利的网购服务。《码上生活》周刊每周四出版，依托钱报有礼电商平台，精心挑选当下优质、最具性价比的商品推荐给读者，同时，通过组织、报道线下活动，来推广钱报有礼电商平台及微信服务号，实现周刊与钱报有礼的线上线下互动。

6月5日，上海报业集团旗下的《上海日报》与锦江集团旗下的华亭海外旅行社签署战略合作协议。双方将在上海旅游局的指导下进一步发挥各自的市场资源优势，通过共同设计、培育和推广优质旅游产品。

6月5日，歌华有线发布公告称，公司控股子公司北京歌华有线数字媒体有限公司与中国移动通信集团北京有限公司共同签署了4G合作共建框架协议。这是首家广电企业与电信运营商结盟推进4G网络建设。

6月11日，“新华社发布”客户端正式上线。“新华社发布”融合了新华社众多品牌新媒体平台，整合了全国各地极具本地化特征的生活、服务、交流客户端集群，并聚合了新华社多媒体即时联动新闻采编播力量。

6 月 12 日，《辽沈晚报》改行“终端优先”，以实现“让报纸更有深度、更精致、更加有味道，让网络更快速、更互动、更聚合”的目标。《辽沈晚报》旗下网络将提供 24 小时全天候的新闻、生活资讯，尤其是本地化的资讯。

6 月 12 日，廊坊广播电视台与腾讯微博正式签署战略合作协议，廊坊广播电视台媒体微博发布厅将登陆腾讯微博。今后双方将发挥各自优势，加强深度合作，推动传统媒体与新兴媒体融合发展。

6 月 12 日，由北京电视台、爱上电视、北京联通联手打造的“北京 IPTV 看吧”全新上线，可在首页菜单上同时显示四个内容板块，这样就可集合所有直播、点播、回看、专题、预告等在一个页面上。

6 月 12 日，人民日报客户端正式上线，重点突出原创和评论，亮点是可以直接给领导评论。人民日报社社长杨振武表示，人民日报客户端将借助移动平台，充分展现《人民日报》的各类优质新闻内容，立足移动互联网传播，改变传统报纸的采编机制流程。

6 月 12 日，360 公司发布 360 电视助手手机版，内置“装应用”、“看大片”、“我的应用”、“遥控器”四个板块，适配智能电视和盒子产品，此外还可实现使用手机给智能电视和电视盒子安装应用。

6 月中旬，中央各新闻单位积极推动媒体融合。人民日报社建立“融合发展办公会制度”，新华社、求是杂志社成立由社长任组长的“媒体融合发展工作领导小组”，中央人民广播电台、中央电视台、中国国际广播电台成立由台长任组长的“台网融合发展领导小组”。

6 月 16 日，浙报集团新媒体矩阵的核心产品“浙江新闻”移动客户端正式上线，“浙江新闻”客户端定位为浙江政经新闻第一平台，每日及时提供省委、省政府主要领导活动报道，省内外重大时政、财经、文化、体育等资讯，在新媒体平台与各级党委、政府间建立快捷的信息沟通渠道，

6 月下旬，瑞安日报社 7 月份将上线农产品电商平台，该报社“用户中

心”部门制定了“社区领袖”计划，即在每个社区里面培养几位购物领袖，组成领袖小团队，负责搜集用户的需求，然后电商直接把产品送到领袖手里，解决“最后一公里”的问题。

6月23日，国内互联网巨头百度公司将推出名为“百度电视游戏平台”，不过截止到目前，关于百度电视游戏平台的详情还没有任何剧透出现。不过知情人士表示，百度将会先行解决电视游戏中手柄匹配的问题，推出SDK适配方案，从而让各种游戏手柄实现全兼容。

6月24日消息，广电总局已于6月中旬针对互联网电视牌照商，下发了关于立即关闭互联网电视终端产品中违规视频软件下载通道的函。

6月25日，湖南有线与芒果TV达成合作，“芒果TV”点播业务在湖南全省范围内上线，服务范围覆盖湖南500万有线用户。

6月27日，南方都市报、宜华企业（集团）有限公司与衣联网正式签署协议，三方决定在“智能移动阅读APP”上达成战略合作，首期投资规模约1亿元，共同开发互联网定向新闻配置搜索、数据库融合等关键技术，打造智能移动阅读平台。

6月29日，湖北卫视启动了电视互动模式“微信摇一摇”。观众在收看湖北卫视真人秀节目时，通过微信摇一摇功能即可进入实时正在收看的节目、参与节目互动、将节目信息分享置朋友圈。

6月30日，百视通与中国电信股份有限公司云计算分公司签署云服务合作框架协议，共同开发部署“新一代智慧家庭视频云”，包括：构建一个基于大数据服务的智慧家庭云服务平台，推动上游的设备制造企业或应用服务企业，实现跨设备、跨家庭和跨应用的智慧家庭服务。

七月

7月1日，安徽新媒体集团正式挂牌成立。新媒体集团由省委宣传部主管、安徽日报报业集团出资并主办，整体划入中安在线的全部资产和业务。集团主要任务包括发展移动互联网应用、多媒体数据库、网络音视频、公共平台自媒体建设、电子出版、电子商务等新媒体业务。

7 月 1 日，湖北荆楚网络科技股份有限公司在新三板正式挂牌，公司简称“荆楚网”。荆楚网由湖北日报传媒集团控股，是全国首家挂牌资本市场的省级全国重点新闻网站。

7 月 2 日，央视—索福瑞媒介研究有限公司联合新浪微博推出了“微博电视指数 Beta 版”。这一指数主要针对微博上关于电视节目的讨论量及用户规模等进行规范化统计分析，在节目开播前 6 小时开始统计节目的微博提及和阅读数据，持续统计 24 小时。

7 月 4 日，华数传媒与甘肃省广播电视网络股份有限公司签订战略合作协议。华数传媒拟投入 10 亿元资金用于设立西北华数的资本投入或受让原股东股权转让出资、后续网络改造、业务发展等方向，加速实现甘肃“一省一网”整合。

7 月 9 日，北京湘鄂情集团股份有限公司董事会发布公告称，为了满足公司新业务拓展需要，公司将出资成立深圳市爱猫新媒体网络科技有限公司，同时与上海瀛联体感智能科技有限公司共同出资成立上海爱猫新媒体数据科技有限公司。

7 月 11 日，萧山日报社围绕构建全媒体、融媒体运作体系的新机构正式运行，在此次调整中，萧山日报社以单一纸媒为核心、按新闻板块设立的部门进行了重置，建立了报纸、网络、手机报、微博、微信、无线 APP 等全媒体集群平台，按生产流程设置了全媒体管理中心、全媒体采集中心、全媒体发布中心、全媒体技术中心和全媒体经营中心。

7 月 14 日，华商网“华商 · 巷议”频道（xy. hsw. cn）正式上线，包含《每周巷议报告》《要投诉》《有结果》《请快点》等栏目，为读者提供报料、投诉、咨询的平台。“华商 · 巷议”还即将开通手机客户端服务平台，成为集版面、网页、手机移动端口多维度为一体的全媒体服务平台。

7 月 15 日，阿里巴巴集团与全球知名娱乐公司狮门影业 Lionsgate 将联合推出狮门娱乐天地服务项目。狮门娱乐天地将为阿里巴巴平台上的用户提供便捷的观影入口、独家幕后花絮、电影短片以及在其他任何平台都享受不到的独家优质内容。

7 月 16 日，东方网和海通证券签署全面战略合作协议，双方将就搭建互联网金融平台、启动理财社区和金融智慧社区建设等方面共同探索互联网金融创新模式。

7 月 16 日，阿里巴巴推出基于阿里魔盒的魔键购物、云游戏、视频通话、家庭监控、云相册、阿里 TV 助手等家庭数字娱乐服务，并启动了家庭数字娱乐生态合作计划。

7 月 21 日消息，日前阿里巴巴完成对高德的全资收购，后者宣布停止上市，阿里巴巴集团 CEO 陆兆禧将兼任高德 CEO。被收购后的高德将并入阿里巴巴新成立的移动互联网事业部，由 UC 董事长俞永福担任总经理。

7 月 22 日，“澎湃新闻”（The Paper）正式宣告全面上线，“澎湃”历经半年筹备，由东方早报采编团队运作，是根植于中国上海的时政思想类互联网平台。作为上海报业集团成立后的一个重大战略项目，“澎湃”将努力打造成为中国聚合新闻与思想内容的最大平台之一。

7 月 23 日，国内第二个政府投资的新媒体平台——前海传媒在深圳诞生。前海传媒注册资本 200 万元，控股股东是前海金融控股集团。产品采用全新的移动媒体形态，无纸质版本。该新媒体平台将首发 4 个产品：1 个泛金融类新闻资讯 APP、2 个微信公众号、1 个泛金融新闻门户网站。

7 月 24 日，中国电信发布智慧家庭融合产品“悦 me”。同时，宣布成为 Xbox one 运营商独家合作伙伴，Xbox One 游戏主机将融入“悦 me”，并进入中国电信销售渠道体系。

7 月 24 日，新华网与纽约金融学院签订战略合作协议，双方将联手打造在线教育平台，明确将共享品牌与资源优势，联手打造中国在线教育领域具有核心竞争力的产品和服务体系。

7 月 24 日，乐视网发布公告称，公司将战略入股重庆广电控股的重庆有线电视网络有限公司。乐视网将会共同向广电总局申请互联网电视集成播控服务牌照或者互联网电视内容牌照。

7 月 29 日，湘鄂情公告称与安徽广电信息网络股份有限公司签署协议，拟投资 15 亿元—25 亿元开拓家庭智能有线电视终端服务的潜在市场。新终端名为 Livebox 家庭信息中心，湘鄂情将负责新终端的技术方案定制、询价、定价、购买，安广网络最终确定该项目新终端的产品定位、功能需求和标准。

7 月 29 日，国内视频网站优酷土豆向互联网电视播控平台牌照方国广东方投资 5000 万人民币，并持有国广东方 16.67%股权，未来双方将联合开展互联网电视相关业务。

八月

8 月 4 日，粤传媒发布公告称，广东广州日报传媒股份有限公司已通过决议，公司全资子公司广州先锋报业有限公司拟与广州天夏科技有限公司共同出资设立广州劲彩信息科技有限公司，进军彩票行业。

8 月 4 日，新华通讯社广西分社与宜通世纪签署了《全面战略合作框架协议》及《广西智慧医疗项目合作框架协议》，双方拟共同合作新邮通、智慧医疗等智慧城市和智慧运营类项目，以及其它互联网、移动互联网等新媒体项目。

8 月 6 日，阿里巴巴旗下的天猫魔盒发布了最大规模的下架公告。除了牌照合作方——华数传媒之外的所有视频应用，以及所有第三方商店类应用全都被下架、删除，PPTV、土豆 TV 等 36 款主流应用均未幸免。

8 月 8 日，安徽文化传媒三巨头——安徽广电、时代出版、皖新传媒与科大讯飞分别签订了战略合作协议，拓展公司相关领域的产品与市场。根据协议，与安徽广电主要在广电网络运营方面的技术及应用创新合作、在电视购物方面的深度合作及在广告传播方面的深度合作。

8月8日消息，乐视计划进军生鲜类电商市场，旗下lelife. com“乐生活”平台将于本月下旬上线。乐生活以乐视TV在移动端和电视屏作为APP入口，并实现电视屏下单，还将推出美食频道，根据电视收看数据进行个性化推送。同时，乐生活计划在产地设置摄像头，通过乐视云及视频工具做到产品追溯。

8月11日，国家新闻出版广电总局办公厅针对互联网电视管理下发《关于不得超范围安装互联网电视客户端软件的通知》，明确：凡是未持有互联网电视集成服务和互联网电视内容许可的机构，一律不得推出、提供用于安装在互联网电视终端产品中的客户端软件；已经超范围开展互联网电视业务的，要立即整改。

8月11日，东方有线网络有限公司（以下简称东方有线）与北京视博云科技有限公司（以下简称视博云）就云服务平台展开合作，并签署了《云服务平台合作运营协议》。

8月12日消息，爱奇艺今日联合极限矩阵、英伟达正式推出iPLAY掌上游戏机终端，iPLAY整合了游戏厂商资源覆盖超过安卓平台98%以上的主流大型游戏，还覆盖爱奇艺拥有的视频内容，上述内容都是免费提供。

8月12日，乐视TV宣布推出“LePar超级合伙人”计划，将通过“O2O+C2B+众筹”多维一体的合作模式，与加入LePar项目的超级合伙人一起，共同掘金大屏互联网市场。

8月14日，歌华有线完成了手机电视内容服务平台和互联网电视内容服务平台建设，并分别与国家新闻出版广电总局批准的手机电视集成播控平台运营机构、互联网电视集成播控平台运营机构签署了合作协议，完成了联网对接。

8月15日消息，芒果TV将不再单纯的依靠之前牌照“买卖”授权模式发展。随着牌照方在OTT机顶盒上话语权的增强，在原先授权模式的基础上，芒果TV加强了与盒子厂商的合作与服务。

8 月 18 日，中央全面深化改革领导小组第四次会议审议通过了《关于推动传统媒体和新兴媒体融合发展的指导意见》。习近平强调，推动传统媒体和新兴媒体融合发展，要遵循新闻传播规律和新兴媒体发展规律，强化互联网思维，坚持传统媒体和新兴媒体优势互补、一体发展，坚持先进技术为支撑、内容建设为根本，推动传统媒体和新兴媒体在内容、渠道、平台、经营、管理等方面的深度融合，着力打造一批形态多样、手段先进、具有竞争力的新型主流媒体，建成几家拥有强大实力和传播力、公信力、影响力的新型媒体集团。形成立体多样、融合发展的现代传播体系。

8 月 19 日，上海报业集团联手创投资本，启动“八二五新媒体产业基金”，这支基金由上海报业集团、元禾母基金以及华映资本等机构的投资者共同发起设立，总规模为 12 亿元，主要用于投资互联网新媒体行业。

8 月 20 日，百视通发布公告，拟以收购移动广告商艾德思奇（adSage）的 51%股权，后者正拥有中国第一移动广告平台。通过此番投资收购，百视通将建成中国首个营业金额数十亿元规模的跨屏数字营销平台；同时也成为首个全面打通传统媒体与新媒体的全媒体广告与数字营销平台。

8 月 21 日，SMG 尚世影业对外正式启动“全媒体战略”。该战略通过“新成长”、“新平台”和“新联盟”三大计划具体实施：在“新成长计划”中，尚世影业宣布将联合盛大文学和豆瓣网，一起推出“原创文学与剧本培育计划”；“新平台计划”则与兄弟公司百视通、东方明珠、炫动传播、互动电视等公司联合推出“全媒体剧场”计划，打造“全媒体剧”的播出平台；“新联盟计划”的核心为“全媒体剧创制联盟”。

8 月 25 日消息，湖南卫视筹备向旗下全资子公司快乐阳光互动娱乐传媒有限公司投资 10 亿元人民币，扶持芒果 TV、互联网电视、移动互联网等新媒体领域业务。

8 月 25 日，《精品购物指南》宣布联手天猫，《精品》将全面整合编辑队伍，并通过独有的“精品达人俱乐部”、“精品专家天团”等优质资源，提供精准购物内容指导，实现购物优质化，帮助消费者选择最适合的商品进行购买。

8月26日，国务院发布通知，为促进互联网信息服务健康有序发展，保护公民、法人和其他组织的合法权益，维护国家安全和公共利益，授权重新组建的国家互联网信息办公室负责全国互联网信息内容管理工作，并负责监督管理执法。

8月27日，华谊兄弟与腾讯宣布共同打造“星影联盟”，平台目前主要由四大模块构成：依托于手机QQ服务号、群和兴趣部落的明星平台；明星和粉丝的线上线下活动、虚拟装扮、心愿众筹、社区交流的互动平台；明星魅力排行和粉丝等级的身份体系；带有付费特权的VIP会员体系。

8月28日，歌华有线公告称，将利用美国视频技术提供商Envivio公司的云视频解决方案，推出基于云的多屏视频服务，这将是中国企业首次利用云解决方案提供多屏视频服务，也是中国市场首次采用云视频编码转换服务。

8月28日，优酷土豆集团宣布成立电影公司“合一影业”，成就线上线下融合的“O＋O电影”。合一影业同时发布“六大举措”，分别是大数据、商业、衍生经济、IP孵化、新影人和粉丝互动。

8月29日，万达集团、百度、腾讯在深圳宣布共同出资成立万达电商，目标是打造全球最大的O2O电商平台。

8月30日，华西都市报和阿里巴巴（中国）有限公司签署了战略合作协议，共同打造西南电商基地。同日，由华西都市报社联合中国移动手机阅读基地推出的移动新媒体产品“掌上四川”手机新闻客户端正式上线公测。“掌上四川”将充分运用云计算和地理定位等技术，根据用户兴趣和区域定位，为用户提供个性化新闻资讯、生活服务。

九月

9月1日起，《扬子晚报》纸质版联合扬子晚报网、扬子晚报官方微信等新媒体启动新一轮全新“融合改版”，在强化融合、深度、原创、服务的基础上，完善不同平台的产品和应用。

9 月 3 日，“书香湖南·数字阅读”公益移动阅读平台正式启动，湖南省内智能手机用户可免费下载阅读平台上的数字内容。通过使用公益数字阅读平台阅读、下载电子书，相当于每个湖南百姓都拥有了藏书万册的免费随身图书馆。

9 月 10 日，消息称，第一财经正打算把旗下的报纸业务和电视业务的采编部门合并，着手打造全媒体记者。据了解，此次合并由黎瑞刚强力推动。思路是打散原有电视、报纸，重新整合打通。有意成立四个中心：行政中心、经营中心、全媒体采编中心和新媒体中心。

9 月 15 日《中国梦之声》第二季开播当天，“娱乐宝”向观众开放 1 亿元的总投资额度，观众可通过购买相应投资份额。这是阿里巴巴“娱乐宝”平台上线以来，首次与电视节目合作，也创下“娱乐宝”平台单个项目的额度之最。

9 月 18 日，川报全媒体集群首批新媒体产品上线。同日，川报集团分别与多家公司签署合作协议。其中，四川日报报业集团与人民网股份有限公司、中国移动通信集团四川有限公司签署战略合协议。此外，四川日报网络传媒发展有限公司与杭州边锋网络技术有限公司在互联网游戏运营、互联网技术和信息服务等领域展开长期合作。

9 月 19 日，歌华有线携手阅视无限推出“歌华阅视”多功能手机电视遥控器应用。用户在安装 APP，绑定高清双向机顶盒之后，就能拥有专属的“手机遥控器”。

9 月 21 日，百度公司与中影股份、中信信托和北京德恒律师事务所联合发布国内首个电影大众消费平台——“百发有戏”。购买该产品后，用户将不仅可以享受到“百发有戏”提供的影片各种消费特权，还有望获得 8%—16%的权益回报。

9 月 25 日，青海卫视与中搜网络正式达成战略合作，双方将共同打造横跨电视传媒、移动新媒体的立体移动平台。签署战略协议后，中搜将依托中搜搜悦移动开放平台的云技术服务优势，为青海卫视打造一款电视媒体与移动媒体交互的新媒体平台。

9月25日，“广西电视台《美丽天下购》”电子商务平台正式上线营业。同时，将有100种广西名优特产品进驻参与《美丽天下购》的O2O线上支付、线下销售展示活动。有利于广西电视台电子商务首次把节目资源进行商业转化。

9月据悉，经湖南广电高层一致决定，全力支持芒果传媒打造新的媒体平台。湖南广电旗下快乐阳光（芒果TV）、快乐购、天娱传媒、金鹰卡通、芒果娱乐、经视文化、芒果互娱（上海芒果互娱、湖南快乐芒果互娱）等8家子公司正围绕湖南广电的核心竞争力形成完整的内容创意生态圈。

9月26日，长江传媒与阿里巴巴达成战略合作协议，未来将与淘宝网在内容资源共享、数字出版项目开发上进行深度合作。

9月27日，大众报业集团与山东广电网络集团签署全面战略合作协议。按照协议，双方将尝试打造深受市场欢迎的影视节目；利用丰富的视频资源在网络视频方面开发新产品；双方还将合作共建物流网，推进用户数据库开发利用，以及进行投融资服务等。

9月28日，“浙报传媒区域电商产业实验基地”落户瑞安，由《瑞安日报》全面负责运营瑞安市马屿农业电商孵化基地。该基地为全市农业合作社、农业龙头企业及农户提供免费的咨询、策划、设计及产品上线等服务。目前已有350多种农产品上线。

9月28日，投资达10亿元的市重大项目“广东广电大数据产业中心”正式动工。该项目定位为华南区域核心内容节点的大数据中心，预计2017年全面建成。

9月29日，“成都商报新媒体战略发布暨内部创业动员大会”召开。《成都商报新媒体发展纲要》正式发布，并全面启动“1312”新媒体项目。其根据规划，成都商报新媒体将不再按传统报纸的新闻门类部署生产。坚持生产成都市民生活中有刚性需求的内容，强调用户体验、用户分享、以产生数据沉淀及用户黏度的内容为核心。

9 月，《温州都市报》建立了即时新闻处理的中央控制室模式，按照这一模式，该报“首席内容集成官”坐镇“中央控制室”，调度指挥“内容信息官”们对各路信息渠道发出的新闻资讯进行即时处理，通过网站、微信、微博、手机报等多个渠道发送给用户。

十月

10 月 1 日，广东网络广播电视台“荔枝台”正式上线。“荔枝台”将成为广东广播电视台的官网进行运营。广东广播电视台计划将在网站的平台基础上，积极开拓电视节目在网络领域的新形态、新模式。

10 月 1 日，瑞安日报打造的瑞安房产门户网站“住在瑞安网”正式上线。“住在瑞安网”是“瑞安日报微地产”的升级版，据悉，除了线上房产信息服务，未来瑞安日报还将开通线下看房团、楼盘团购等活动，提供进一步的购房服务。

10 月 8 日，上海报业集团宣布新媒体项目界面正式上线，这是上海报业集团媒体融合和新媒体转型实践的一个新实验。“界面”是一家全民参与的精品商业新闻网站，“界面”的创新在于让读者参与到新闻制作的过程中。除新闻业务外，“界面”还将为用户提供求职、购物、社交、投资理财等服务，未来还会围绕目标用户有针对性地拓展服务种类。

10 月 10 日，甘肃省广播电视网络股份有限公司与四川九州电子科技股份有限公司签署了战略合作框架协议，双方将围绕甘肃省广播电视网网络规划、数字电视技术规划、产品设计、业务开发推广以及相关的设备生产及销售展开合作。

10 月 10 日，新华社上海分社与大数聚信息发展有限公司签署合作协议，共同启动车联网频道客户端项目。这意味着，“新华社发布”客户端集群正式延伸至车联网和音频客户端领域，为有车一族“在路上”提供权威资讯和一系列智能化服务。

10月11日，2014金鹰互联盛典在长沙举行，澎湃新闻、CBox央视影音、芒果TV以及人民日报客户端同时获得第十届中国金鹰电视艺术节2014互联盛典“跨界融合创新奖”。当晚的盛典中，芒果TV收看金鹰节同步直播的用户，可以弹幕形式实现与电视屏幕的直播互动。这是时下流行的弹幕视频网站互动模式首次在电视直播节目中得以实现。

10月12日，由黑龙江日报报业集团历时半年开发的“劲彪新闻”、“掌上龙江”两大APP产品及移动车媒体，正式上线启动。三大新媒体产品是黑龙江日报报业集团在媒体融合发展过程中打造的重大战略项目。

10月15日消息，重庆出版集团正在加快建设具有全国影响力的天健数字出版传媒基地。该基地将整合机构和内容技术资源，实施和继续推进国家专利项目出版物云终端（RFID）以及电子书包、中国城乡统筹发展网、微游宝景区点评项目、移动互联网实践体验中心等一系列重大项目。

10月29日，由河南广电整合旗下资源组建的河南大象融媒体集团有限公司（简称“大象融媒”）举行说明会，集团将融合30多家形态多样的媒体，新闻和广告传播都将实现中央操控，意欲打造河南文化传媒业的超级航母。大象融媒董事长由河南电视台副台长石晓兵担任。

10月30日，中宣部组织媒体融合专家委员会，对中央三大新闻单位（人民日报社、新华社、中央电视台）申报的九项媒体融合项目进行评审。根据中央媒体融合的要求，能够聚合社会用户、整合资源、市场推广力度大的媒介融合项目，将得到重点支持。

10月30日，芒果传媒旗下公司快乐购与芒果TV联合推出首档新型互联网TV视频项目MM秀，将于2015年初正式上线。该项目可使用户根据自身特色或商品特点来进行视频创意呈现，并引入优质“主播”以及相关的商品内容进行直播互动视频。

10 月 30 日，阿里和优酷土豆正式对外宣布，推出优酷“边看边买”和土豆“玩货”等视频购物产品。

10 月 31 日，国家新闻出版广电总局办公厅发布《国家新闻出版广电总局办公厅关于组织做好三网融合第二阶段试点双向进入业务许可申报有关工作的通知》，要求第二阶段试点地区的相关单位和企业尽快向行业主管部门提交双向进入业务的申请。

十一月

11 月 1 日，中央印发《关于推动媒体融合的指导意见》，指出媒体融合要发挥市场机制作用。中央还提出，媒体融合要建立由党委宣传部门牵头，网信、发展改革、财政、新闻出版广电、工业和信息化等部门和主要新闻单位参加的联席会议制度，共同推动媒体融合发展。

11 月 1 日起，美国知名科技网站 CNET 推出的同名季刊杂志将登上零售书报架。在印刷媒体普遍遭遇生存困境、传统媒体纷纷拥抱新兴媒体之际，这是又一家美国数字媒体尝试纸质终端。

11 月 3 日，中华网与温州广电传媒集团签署了《温州广电传媒集团与中华网战略合作备忘录》，标志着国家媒体与温州城市外宣合作在新媒体领域的突破与升级。根据协议，中华网和温州广电传媒集团将共同运营“中华网温州分站”，未来也将在温州地区开展城市、旅游、文化等方面的项目和营销活动。

11 月 3 日，皖新传媒发布公告称与腾讯签署协议，拟共同搭建以微信为载体、以新华书店及其它实体业态为基础的 O2O 体系，打造全国首家以文化传播、文化消费及全民阅读为理念的社交平台，将传统书店、传统卖场转型为线上线下相结合的体验式场所。

11 月 5 日，广东卫视与酷云互动达成新的战略合作，酷云互动除帮助广东卫视打造手机应用“广东卫视看点”，还将为广东卫视提供增强电视服务，电视观众可以在电视屏上实时获取更多自己感兴趣的信息及参与竞猜等。

11 月 7 日，江西网络广播电视台官方微站正式开通，其官方微站共设置视频直播、视频点播、客户端下载、微社区等功能板块，依托江西广播电视台全部频道频率所积累的资源，并引入近 4 亿的微信海量用户数据，打通了移动终端最主要的 APP、微信公众平台、微站三大传播渠道。

11 月 8 日，福建广电网络集团上线全新“电视支付”平台。高清互动业务用户可在电视上完成数字电视缴费、电力缴费和手机充值等多种支付。

11 月 8 日，中国有线海南分公司推出高清互动电视业务小区系列路演活动。小区居民在现场纷纷参与体验高清电视节目，以及互动点播和宽带上网功能。这些互动功能使得数字电视成为真正的“我的电视”，用户真正成为电视的主人。

11 月 11 日，珠江网络传媒与城市之声携手推出名为“双十一，一听即发”的首档融媒体广播购物节目，开启电台融媒体购物新模式 Radio to Consumer（简称 RTC）。这是广东广播电视的生态圈实现优势资源互补、通过互联网电商平台直接面对消费者、击破电台传统收益模式的新尝试。

11 月 11 日，华数和淘宝在数字机顶盒淘宝板块特设活动，华数高清互动电视机顶盒 2.0 版本的用户只要点击红包，就能从机顶盒上抽取“双 11 现金红包”，单个红包最高 1111 元，红包总额高达 50 万元。

11 月 11 日，海南最大的视听客户端——“视听海南”正式上线。视听海南集成了海南广播电视总台 12 套优质视音频直播信号，24 小时不间断直播，并可回放观看。内容涵盖新闻、民声、旅游、生活、故事、综艺等多种类型。并与中国电信海南公司合作运营，推出“魅力海南”客户端，实现全方位互动、多媒体发布、多渠道融合的“云媒体”。

11 月 17 日，2015 年央视黄金资源广告招标大会举行。央视将与中国移动合作，未来三年内，中国移动将在合作机型中预装央视新闻、央视影音 APP，每部手机预装费用 2 元，央视计划投入 4 亿资金。

11 月 18 日，南方都市报“新连接·大未来——南都新品分享会”在广州南方报业传媒集团举办，南都 APP、南都数字报阅读墙、蜂窝微媒体联盟、品牌盛宴 APP 四个新产品正式发布。这些新产品，涵盖了社会化影响、移动阅读、数字出版以及轻游戏等领域。

11 月 18 日，“央视 2015 广告黄金资源招标会”召开，央视天气预报节目将开辟独家“二维码广告位”，全年标底价格 7900 万元。中标企业还将获得央视移动端独家广告回报、二维码导入《天气预报》官方互动平台，并获得央视“新闻 30 分”后的 15 秒广告时间。

11 月 25 日，江西卫视与酷云互动正式达成战略合作，酷云互动将为江西卫视提供增强电视与用户行为大数据服务。合作期间，电视观众在观看江西卫视节目时可以享受酷云互动提供的节目实时互动，免费获取节目拓展信息，赢积分换奖品等增强服务；用户行为大数据平台将为江西卫视提供实时海量内容受众分析。

11 月 25 日，SMG 与阿里巴巴集团在商业与金融数据服务以及财经资讯领域初步达成战略合作意向。双方将以 SMG 旗下第一财经为平台，借助各自在数据、资讯、技术、研究和市场推广方面的行业领先优势，携手进入市场潜力巨大的数据服务领域，共同助力中国经济升级发展。

11 月 26 日，《羊城晚报》以整版的篇幅推出包括首批 16 个微信公众帐号在内的微信群矩阵。涵盖内容包括本地资讯、理财、文教、健康、旅游等各个方面。

11 月 26 日，海尔集团与阿里巴巴集团宣布联合推出海尔阿里电视系列，该电视采用阿里巴巴家庭数字娱乐服务，具有电视网购（阿里 VIP 购物广场）、云游戏、娱乐等特色。此外，海尔、阿里巴巴、国美还同时签署 O2O 协议，线上线下联合普及智能电视。

11 月 27 日，歌华有线召开新闻发布会，宣布完成“歌华云平台”一期建设。目前，公司已完成云平台上线的测试工作，发布会结束后将立即进入全网升级阶段，并采取分步实施、分批上线的方式，争取年内完成高清交互用户全网升级上线。

十二月

12月1日，广州日报报业集团“中央编辑部”正式运营。据了解，“中央编辑部”由夜班编辑中心、大洋网、全媒体中心、音视频部、数字新闻实验室等部门组成。在“中央编辑部”的统筹指挥下，《广州日报》“1＋N”全媒体矩阵将实现24小时滚动发布新闻。

12月1日，湖南省委宣传部宣布了《深化省管国有文化资产管理体制改革方案》。其基本思路是在对媒体业实施有效舆论管理前提下，进行集约化管理、专业化和规模化生产，消除同业竞争、做大做强优势文化传媒企业。这意味着湖南媒体融合改革正式启动，电广传媒与中南传媒将在后续资本运作中担当重要角色。

12月2日，新浪网与广发证券签署战略合作协议，联合共同打造互联网金融航母平台。并拟合作推出首款“一齐发”互联网理财方案。除此之外，基于新浪财经的大数据战略，双方还将在定制化、个性化互联网金融产品方面进行深度合作。

12月8日，萧山日报全体记者纳入全媒体采集中心；报纸、手机报、无线萧山等发布平台及版面编辑、新媒体编辑纳入全媒体发布中心。信息由中心统筹发布，人员由中心统筹调配。

12月8日，南方报业传媒集团旗下重点项目——289艺术园区正式启动。此后将定期举行手艺分享体验活动——“289玩艺会”，邀请众多艺术家、工艺师与大家进行交流与座谈。目前已与深圳第一商务集团有限公司签署合作协议，双方共同投入超2亿元。

12月9日，贵州省多彩贵州网有限责任公司和贵州省广电网络公司举行“贵州电子商务云签约仪式”。贵州电子商务云以政府主导、企业投资为主体思路，整合电子商务服务资源，实现聚集全省优势产业和企业、整合产业链，降低企业成本、提高政府效率，助推全省大数据产业发展的目的。

12 月 9 日，风行网发布核心产品“视频号”，传统媒体可在该平台上一键注册，上传独家内容。此后，风行网将通过大数据技术，定位最精确、最匹配的用户，实现个性推荐与订阅。

12 月 9 日，重庆日报报业集团举行了 2015 全媒体营销及活动招商推介会。重报集团全媒体营销管理中心整合了集团旗下的所有资源，打通各大媒体平台，成为重点推介对象。重庆商报 3.0 版全媒体集群，以及创业大赛、微电影大赛项目亦引起关注。

12 月 10 日，徐州日报全媒体中心正式成立。新成立的徐州日报全媒体中心包括发布中心和采集中心，运营包括《徐州日报》、中国徐州网及其官方微博、官方微信，徐州发布等在内的传统媒体和新媒体。

12 月 10 日，优酷土豆集团宣布成立云娱乐 BU，核心业务是以视频为中心，云娱乐 BU 重点将包括内容全矩阵布局和 IP 开发影游同行。游戏内容将覆盖自制、游戏智库、直播等多个方面，突出立体化、定制化、精品化。

12 月 10 日，苹果 TV 机顶盒上线全新 YouTube 应用。新 YouTube 应用改进了界面设计，并且加入了直播内容，能够为用户提供最新的视频。这款应用新增了个性推荐、频道订阅和预测搜索。

12 月 11 日，国家新闻出版广电总局规划院有线所所长秦龑龙透露，国家广播网与互联网融合终端标准已结束征求意见，最快将在 12 月底对外发布。据悉，同洲电子、数码视讯等上市公司参与了该标准的制定。

12 月 15 日，重庆广电集团新媒体互动电台客户端上线测试，该项目依托广电集团现有新媒体集成播控平台和电台播出管理系统，具有两大重要价值：一是保证后台所有流程在集团闭环运行，将具有经营价值的用户数据汇集在广电平台，成为未来参与互联网竞争的核心资源；二是拓展广播现有经营方式，新媒体互动电台引入了电商功能，广播的盈利模式将从传统“广告创收”拓展为“广告创收+电商销售”。

12月15日，由湖北日报传媒集团与协同创新基金共同发起的楚天协同创投基金管理有限公司成立。同时，还成立了湖北省首只创意文化产业发展基金。此举意味着湖北日报传媒集团多元化经营上，又向前迈出了重要的一步。

12月16日，第二届中国网络视听大会上国家新闻出版广电总局局长蔡赴朝表示，线上线下要统一标准管理。对传统媒体、新兴媒体，对网上、网下，对不同产品、不同业态，都要进行科学有效的管理，确保面向大众的传播要遵循统一的导向要求和内容标准。

12月16日，新华网精心打造的移动互联网精品应用集成分发超级平台——“4G入口”启航。“4G入口”，包括“4G入口政务号”、“4G入口企业直通车”、“4G入口教育号”、“4G入口生活号”、“悦读中国”、动漫示范基地、自媒体联盟等众多服务与应用。

12月18日，华西都市报公布未来两年的“i战略”：通过自主研发运营形成多个强势产品框架、加强互联网思维合作扩展布局、基于大数据建立全新互动营销体系等。

12月中旬，浙报集团传统媒体读者600万，互联网活跃用户由融合前的2000万增加到目前的4000多万，传统媒体的传播力、公信力、影响力借助新媒体得到了提升。

12月18日，“央视新闻”新媒体总用户数突破1亿，客户端总订户数5215万，新浪微博粉丝4655万；微信订户234万。

12月22日，陕西广电网络与国网公司签署《合作建设西咸新区中国广播电视网络数据中心框架协议》，双方将在陕西广电西咸产业基地合作建设内容交换中心（CDN）、IP交换中心的骨干节点与相关平台；合作开展电视节目交换与数据交换的云服务商业化运营，共同落地国干核心内容分发及IP交换中心，合作构建IDC数据内容服务中心。

12月22日，东方卫视与迪信通联合推出一款搭载“哇啦APP”移动智能终端——“哇啦合约手机”。该项目将东方卫视传统电视频道、新型移动视频与迪信通移动通信资源进行整合，以“哇啦合约手机”为载体，为使用东方卫视官方 App 及迪加 170 号码的用户提供服务。

12 月 23 日，歌华有线发布公告称，公司已与东方有线网络有限公司、天津广播电视网络有限公司等 25 家省市有线网络公司签署了《电视院线项目合作协议》，并联合上述公司及后续拟签约的公司共计 30 余家省市有线网络公司于 12 月 23 日在北京举办中国电视院线峰会，签署中国电视院线联盟宣言，发起成立中国电视院线联盟。

12 月 23 日，光线传媒发布公告称，拟与 360 公司出资设立一家新合资公司，运营互联网视频业务。新视频网站的盈利模式是付费点播，没有广告，完全靠独家电影和优质内容吸引受众。

12 月 24 日，陌陌宣布正式接入 58 同城的“同城服务”。陌陌方面表示，接入 58 同城的本地生活服务信息，是陌陌在 O2O 领域的又一次尝试。

12 月 24 日，阿里巴巴集团旗下阿里 TV 事业部与全球领先的在线英语教育机构 VIPABC 达成战略合作，VIPABC 将在电视大屏上推出“客厅英语教室”，并优先提供新服务课程与用户优惠。

12 月 24 日，中央电视台与中国移动正式签署了战略合作框架协议，宣布未来将合作建设国家 4G 视频传播中心，全面开展 4G 新媒体业务。

12 月 24 日，大连天途有线在大连高清互动电视中开设了学习平台板块。该板块通过共享智慧文化教育资源，免费为高清互动电视用户提供交互式学习服务，为市民提供便捷学习、即时学习的新途径。

12 月 26 日，中央文化企业国有资产监督管理领导小组办公室（中央文资办）主任王家新通报了中央文资办下一步工作打算：将继续支持企业数字化转型升级，通过资源整合、技术提升、渠道建设等方式，更好地为媒体融合发展做好基础和准备；继续支持有条件的企业开展资本运作，通过联合兼并重组等方式，更快地拥有或者能够利用新兴媒体技术。

12月26日，湖南省有线电视网络股份有限公司与北生药业公司全资子公司南宁市智诚合讯信息技术有限公司签署《战略合作协议》，双方约定以联盟体形式在湖南省范围内，开展以行政区域为单位的智慧城市的咨询服务、顶层设计、具体项目的投融资和建设、具体项目的运营等合作。

12月26日，陕西广电网络与中国广播电视网络有限公司签署《合作开发TVOS相关产品及应用框架协议》。双方将共同围绕TVOS进行产品开发与生态建设，拓展广电运营商智能化应用市场。

2015年

一月

1月1日，黑龙江全省广电网络营业场所统一标识，全省广电网络正式实现统一运营。

1月2日，浙江台州广电网络公司推出“云电视”业务，实现了电视与网络新媒体的跨越式融合发展。台州市区的居民更换机顶盒后就能享受到云电视带来的高品质视觉体验。另外，除了“云电视”，台州广电网络公司还推出了云宽带、智慧家庭等增值业务，目前已全面开始接受办理。

1月4日，天津网络广播电视台与大数据专业公司开展深入合作，在天津IPTV业务中建设了国内首个基于全样本进行数据采集、分析和用户7×24小时实时收视行为监测的大数据系统，颠覆了传统媒体粗放型的运营方式，助力交互式电视直播、点播、回看及专题产品的科学化运营。

1月7日，三星电子与未来电视在CES2015上联合发布新版熊猫电视APP，全面融合中国最具盛行的电视节目。

1月7日，芒果TV互联网电视品牌体验店、“芒果TV inside”京东官方旗舰店正式开业。线上线下品牌旗舰店的经营一方面致力于扩大“芒果TV inside”品牌的影响力，另一方面，芒果TV希望通过直面用户这个最简单有效的方式，向市场积极普及互联网电视的概念，最终拓展整个 OTT TV 的用户规模。

1 月 7 日，阿里巴巴旗下天猫宣布与上海文广影视剧中心深度合作，参与其东方卫视开年大戏《何以笙箫默》。电视机旁的观众不仅能看到明星的精彩演出，还可以用手机在天猫上买到明星身上的华丽服饰，实现“边看边买”。

1 月 8 日，中央人民广播电台与中国教育电视台共同签署战略合作协议。双方合作将从一个重点项目抓起，即共同打造一档全媒体新闻杂志节目《E 视界》。以社会视角解读教育报道，以教育视角挖掘社会新闻。

1 月 12 日，全国第 4 家 100gotn 广电高带宽网络传输系统正式落户云南，同时云南广电网络集团公司高清互动电视平台开通。云南全省的 50 万户高清电视用户将可以通过电视屏、手机屏和电脑屏的“三屏互动”，实现快速信息共享，享受在电视上浏览报纸、查阅股市、预约挂号、电视购物、缴费支付、视屏通话等多重涵盖日常生活多方面的便利服务。

1 月 13 日，新一代视频风行网（fun. tv）正式宣布与好莱坞环球影业公司（Universal Picture）达成合作，双方于近日签订了 2015 年合作协议，将合作推出单片点播付费服务，共同推进好莱坞电影深度合作。

1 月 13 日，新民晚报组建全媒体编辑中心，新媒体编辑部与报纸编辑部成为平级。目前，报社全媒体编辑中心已开始运行。中心下设两部三组，即：报纸编辑部、新媒体编辑部，项目组、技术组、视觉组。

1 月 13 日，百度成立了电影业务部，对外称“百度影业”。该部门人员来自百度收购而来的糯米团购，目前处于招兵买马阶段。百度成立电影业务部后将涉足垂直 O2O 领域的电影票线上销售业务以及开展部分影视作品的投资。

1 月 14 日，湖南省有线电视网络（集团）股份有限公司与湖北广电签署了《湘鄂两省广电网络战略合作协议》。在双方实现网络互联互通的前提下，就共同推进双方在宽带互联网资源共享、视频内容分享、双向增值业务和智慧城市业务交流以及数字电路业务方面，达成了战略合作协议。

1月14日消息，阿里巴巴集团宣布，将战略投资并控股整合数字营销平台易传媒（Ad China）。未来，易传媒仍保持独立运营，与阿里巴巴集团旗下营销推广平台阿里妈妈一起，推动数字营销程序化在中国的发展，并逐步实现大数据营销能力的普及化。

1月15日，中国移动正式宣布，旗下全资子公司中国移动咪咕文化科技有限公司正式挂牌成立。咪咕公司成立后，服务范围将进一步延伸到包括手机、平板电脑、PC、车载及家庭设备在内的各类终端，覆盖线上线下渠道。

1月15日，手机搜狐网3.0版本发布暨Html5技术发布。该技术让手机搜狐网满足了众多用户不同终端的阅读体验，可以满足包括板块阅读、长尾阅读以及社交链式阅读在内的三大信息、资讯消费模式。

1月15日，《成都日报》“锦观”新闻客户端正式上线，作为地方党报的《成都日报》全面形成了新闻客户端、网站、微博、微信等多种形式的全媒体传播格局。

1月21日，（北京）国广环球传媒控股有限公司与中国移动多媒体广播控股有限公司签署了战略合作框架协议，将共同于中国搭建基于卫星的移动多媒体运营平台，提供移动多媒体音视频直播业务服务和提供其它新型的信息服务。

1月22日，芒果盒子（芒果TV的OTT端）推出的电商平台“芒果铺子”正式上线，集媒体和电商优质基因的强强结合，让“芒果铺子”天生便集众家之所长。

1月24日，搜狗搜索正式发布移动客户端3.0，“本地生活”“扫码比价”及“微信头条”三大核心功能齐亮相。注入微信独有内容、创新推出的“微信头条”，意味着搜狗与腾讯的合作更加深入。

1月26日，百视通发布公告称，百视通拟拆分为“五大事业群＋总编室”的格局，其中五大事业群分别为：互联网电视事业群、云平台与大数据事业群、主机游戏事业群、电信渠道事业群、网络视频事业群。其中，互联网电视、云平台与大数据、主机游戏三个事业群为新组建的事业群；电信渠道事业群将以百视通网络电视技术发展有限责任公司为载体整编组建；网络视频事业群将以控股子公司风行网为载体整编组建。

1 月 27 日，百度贴吧对外宣布与韩国 SBS 电视台达成战略合作。SBS 将入驻贴吧企业平台，双方将开展韩国娱乐粉丝营销尝试，针对国内韩粉提供产品和服务。

1 月 28 日，银河互联网电视与彩虹音乐传媒共同宣布将在大麦高清机顶盒上推出“极清音乐厅”（彩虹音乐 live）业务，银河互联网电视运营的内容服务平台“央广 TV”将引入彩虹音乐的正版音乐视频内容，银河互联网电视与鹏博士集团家视天下联合推出的“大麦机顶盒”用户将率先体验到极清码率的演唱会点播、LIVE 众筹、互动现场等服务。

1 月 28 日，黑龙江广播电视台召开会议，标志着黑龙江人民广播电台与黑龙江电视台正式合并。

1 月 29 日，电广传媒与美国狮门影业达成合作协议，双方拟共同投资影片制作、发行，并进行电影衍生产品的开发运营。

二月

2 月 2 日，乐视宣布正式进军手机领域，乐视移动智能信息技术（北京）有限公司注册成立。

2 月 3 日，深圳广播电影电视集团和阿里巴巴影业集团达成战略合作协议，探讨推出电商电视剧合作机制。

2 月 4 日，粤传媒携手德粤基金共同投资 2000 万美元参股悠易互通。同时，粤传媒与悠易互通共同投资合作成立北京悠广通广告有限公司。

2 月 5 日，新华社与各地合作，开办广播电台，呼号“新华之声”。

2 月 5 日，百度与中国移动达成战略合作，共建新一代移动互联网云计算中心——百度亦庄新一代搜索数据中心（一期）。这将成为业界首个针对移动互联网业务大规模部署的云计算中心。

2月7日，阿里娱乐宝宣布与耀莱影视达成战略合作，将在未来三年对耀莱影视成龙系列电影投资1亿元。

2月9日，安徽广电传媒产业集团与阳光七星娱乐媒体集团达成合作，双方将联合出品3D魔幻电影《天仙》，并将以此契机开展包括视频终端购物及动漫产业等在内的一系列战略合作。

2月9日，优酷土豆集团旗下电影公司“合一影业”推出电影孵化平台。优酷和阿里巴巴开发了边看边买产品的方式，在视频内容中直观地呈现出购物通道。

2月9日消息，从2015年起，上海广播电视台和上海市旅游局将调整旅游频道在“全纪实旅游频道”上播放，共同打造“乐游上海”、“四季上海”、“发现新上海”等栏目。

2月13日，贵州省广电网络公司与贵州城市数据网络科技有限公司等签订《“云上无线”战略合作协议》，旨在共同投资、建设、运营覆盖贵州全省的无线广播电视双向网，为用户提供安全、高速的无线网络服务，促进贵州大数据产业的发展。

2月13日，广东广播电视台和阿里巴巴影业集团正式达成战略合作框架协议，将基于电商定制剧模式，联合投资、制作、发行电视连续剧。

2月15日，陕西广电网络传媒集团推出电脑、手机、电视“三屏”立体支付平台，用户可以轻松实现在线查询、续费订购、客户服务等多种功能。

2月15日，河南IPTV正式上线。据悉，河南IPTV正在测试更多的功能，将陆续为用户推出各种应用服务，比如游戏、K歌、购物、查询医疗、交费等，还将陆续增加书籍、杂志、报纸、生活服务等业务与应用。

2月15日，反映中国春运迁徙状况的“百度迁徙”宣布上线，用户可通过该项目实时、动态、直观地查看全国范围8天内的人口迁徙轨迹及特征。“百度迁徙”利用大数据技术，对其拥有的LBS（基于地理位置的服务）大数据进行计算分析，并采用创新的可视化呈现方式。

2 月 18 日，微博与爱奇艺在羊年春晚全球网络直播中进行深度合作，首次实现用户边看春晚网络直播边评论的无缝对接。

2 月 18 日，央视春节联欢晚会与微信携手，开展全方位的深度合作。除了直播全程中的各种互动惊喜外，用户还可通过微信的“发现——摇一摇”入口，开抢由各企业赞助商提供的价值超过 5 亿元人民币的微信现金红包。

2 月 26 日，卫星直播中心与中国北车集团签署战略合作框架协议，共同推进直播卫星高铁移动接收公共服务项目。该项目将解决高铁乘客实时听广播看电视的难题，车厢内乘客可使用个人移动智能终端实时收听收看广播电视节目。

2 月 26 日，乐视宣布与触摸力反馈技术领域的领先开发商及授权商 Immersion 展开合乐视也因此成为首家在移动设备上体验触觉视频技术的中国公司。

2 月 26 日，济南广播电视台与海尔地产集团、滨河集团正式签约组建海尔·滨河传媒集团，并计划建设海尔兄弟主题乐园，以及引入济南电视台打造泉城文广中心。

三月

3 月 4 日，上海百视通携手中国银联共同推出百视通 OTT 机顶盒“小红”最新一代产品“NFC 小红”。

3 月 5 日，李克强总理在政府工作报告中表示：“制定‘互联网＋’行动计划，推动移动互联网、云计算、大数据、物联网等与现代制造业结合，促进电子商务、工业互联网和互联网金融健康发展，引导互联网企业拓展国际市场。”

3 月 6 日，腾讯视频联合万合天宜、暴走漫画、胥渡吧等百家 CP 启动了“惊蛰计划”。腾讯将在 2015 年签约并重点支持 100 个优质 PGC 项目，构建全网最大的原创视频平台。

3月6日，2015年国家版权局称将进一步扩大版权监管范围，适时将传播音乐、新闻、文学和游戏作品的大型网站、网盘、云服务等新型网络服务平台以及传播影视、音乐、新闻、文学作品的主要APP纳入监管范围。

3月7日，百视通以3亿元参与北京歌华有线电视网络股份有限公司定增，以4亿元购买风行网28.72%股权，并投资8496万元购买成都索贝数码公司11.8%的股权，以完善视频全产业链。

3月8日，歌华有线发布定增方案，将向百视通、中影股份等九名特定对象发行2.2亿股，共募资33亿元。本次非公开发行募集资金将主要用于优质版权内容平台建设项目和云服务平台升级及应用拓展项目。

3月9日，新华报业传媒集团视觉传媒中心正式成立。视觉传媒中心全面整合了集团内《新华日报》《扬子晚报》《南京晨报》等各媒体的摄影资源及图像采编力量，视觉江苏网也在建设中，向省内外各类用户提供线上线下、桌面移动等多渠道多终端的视觉产品和延伸服务。

3月10日，微信团队正式宣布，“摇电视”作为“摇一摇”的常规功能，正式对外开放。用户在观看电视节目的同时，通过微信“摇一摇”功能，就可以摇出电视节目相关的页面互动。

3月11日，我国首部《中国移动互联网广告标准》正式发布。《标准》覆盖部分PC系统和数字视频、APP系统，并于2015年3月15日正式执行。

3月13日，湖北广电与支付宝正式签署为期一年的合作协议。此次合作或将在消费领域打通PC、手机和电视三张屏幕，结合新的支付方式创新电视广告模式。

3月18日，腾讯与康佳联合对外推出T60超级电视，T60在操作系统和内容上都与腾讯进行深度合作。

3月19日，中央人民广播电台和中国广播电视网络有限公司达成协议，成为全国范围内互联网电视业务运营独家合作伙伴，积极拓展互联网数据中心、节目内容传输分发、广播电视网络图文音视频等创新业务。

3 月 19 日，搜狐新闻客户端首次推出视频信息流广告，视频信息流广告嵌入到搜狐新闻客户端平台，通过原生广告的形式所展现。点击后视频流广告自然播放，无需跳转。

3 月 19 日，爱奇艺推出了视频电商模式“随视购”。凭借 video out 智能算法，系统自动精准识别视频内商品，并在视频播放时推荐购买，直接导流到电商平台。

3 月 24 日，Google 推出的互联网电视 Fiber TV 开始测试定制化广告。Fiber TV 将电视，DVR，应用程序融为一体，包括带有线缆的 DVR 小盒子，能通过 Google 的高速网络录下频道内容。Fiber TV 还可以获取用户的地理位置和观看记录。

3 月 25 日，华策影视与小米科技达成合作，华策将开放节目总时长高达 10 万小时的版权库，由华策开发的“华剧场”将在小米盒子、移动设备、互联网电视等终端全面上线。

3 月 26 日，江苏广电引进国内首部 4K 超清转播平台，平台具备 16 讯道高清、4 讯道超高清的制作能力，融超高清制作、全媒体分发、智能化管控于一体。

3 月 26 日，CIBN 互联网电视展出了业界第一款支持 TVOS 的互联网电视机顶盒终端。TVOS 即智能电视操作系统，是国家广电总局牵头研发的新一代自主可控安全操作系统，可用于多种智能电视终端，如智能电视机顶盒、一体机、DVB+IP 双模机顶盒、媒体网关和互联网电视机顶盒等。

3 月 27 日消息，华数与海信同时宣布双方将在互联网电视及其生态链进行多种模式深度的战略合作，创新性地成立“海信华数互联网电视联合工作室”。

3 月 27，Facebook 在年度开发者大会上表示未来将推 Oculus 虚拟现实眼镜。Oculus Rift 虚拟现实设备可以佩戴在头部，作为显示器和控制器来使用。

与 Oculus Rift 相连的 PC 或 Android 设备将进行数据处理，创造一个三维的虚拟现实环境。

四月

4 月 1 日，《内蒙古日报》（汉文版）全媒体采编平台正式启用。升级改造后的全媒体采编平台，实现了移动采编、远程投稿、记者站管理、互联网新闻信息抓取等功能。此外，互联网信息抓取分析云平台、全媒体资源服务平台等系统也将陆续上线。

4 月 3 日消息，东方文化周刊与圣骥网络达成合作，将相互借力，在传统媒体领域和新媒体领域、动漫游戏、活动与演出合作、投资等领域展开合作，在用户群、平台资源等方面找到协同点和融合点，真正布局“互联网＋”的发展路线。

4 月 8 日，天津广电网络打造的家庭购物渠道——“苏宁生活”电视商城正式上线，凡天津广电网络高清互动用户，进入《本地生活》栏目下的《苏宁生活》栏目，即可进行方便快捷的电视购物。

4 月 8 日，辽宁广播电视台与微软公司达成合作，宣布将采用由微软必应（Bing）搜索引擎、微软云 Azure 和大数据分析技术组成的解决方案，加速传统广播电视媒体面向互联网时代的业务创新与媒体融合。

4 月 9 日，搜狐推出“搜狐视频盒子”进军智能电视行业。

4 月 9 日，国家新闻出版广电总局、财政部日前联合印发了《关于推动传统出版和新兴出版融合发展的指导意见》。国家新闻出版广电总局规划发展司司长薛松岩强调，要将传统出版的专业采编优势、内容资源优势延伸到新兴出版，更好发挥舆论引导、思想传播和文化传承作用。

4 月 14 日，广东广播电视台旗下新媒体唯一运营平台南方新媒体公司获得广东广播电视台互联网电视集成播控和节目内容服务牌照的独家运营授权。

4 月 14 日，优酷视频营销产品“边看边买”全新上线，由阿里妈妈提供数据、技术支持，在 PC 和移动端同步推出。“边看边买”打通了优酷平台的原创作者和阿里妈妈平台的海量商家，原创作者可以在优酷为自己的视频快捷选择匹配的商家和商品，进而获得推广商品的提成收入。

4 月 15 日，“并读新闻·读赚天下”暨并读新闻客户端上线发布会举行，这款产品由南方都市报推出，是全球首家“读者获利”的新闻平台，定位指向“有趣有用有钱赚”。除了人性化的阅读体验与资讯内容，它还将新闻嵌入社交场景，具有“阅读即享现金收益”等创新元素。

4 月 16 日，山东有线与支付宝举行合作签约仪式。双方将在公共事业缴费、电视支付、WAP 支付等方面进行全面合作，近期将率先上线公共事业缴费服务。届时，山东有线的用户可以在支付宝的公共事业缴费服务平台上方便快捷的缴纳有线电视费用。

4 月 20 日，新京报进军影视业，目前已经投资了四部电影，其中包括正在上映的《万物生长》，和 2016 年将上映的《西游记之孙悟空三打白骨精》。

4 月 20 日，爱奇艺宣布推出本地视频播放服务，用户可以通过下载“爱奇艺万能播放器”观看本地视频，此举意味着爱奇艺正式进入本地视频服务市场。

4 月 21 日，河南省新闻出版广电局正式“牵手”跨境电商万国万购。此次，双方以中原福塔为平台，充分利用其区位、交通、场馆等优势，建设了全国性跨境贸易电子商务保税展示精品中心——万购跨境电商保税展示商城。

4 月 21 日，山东广电网络集团推出《山东有线电视手机报》。将每天为用户提供丰富的幕后阅读体验，内容涵盖有线电视精彩节目推荐、民生新闻、生活服务等资讯信息。在用户体验三个月结束后，用户可以选择保留或者继续使用，如果继续使用将收取 3 元/月。

4 月 22 日，国家版权局正式发布《关于规范网络转载版权秩序的通知》（国版办发［2015］3 号），鼓励报刊单位和互联网媒体积极开展版权合作。

4 月 22 日，阿里巴巴移动事业群发布网络文学新业务“阿里文学”。阿里文学主要负责的业务将以内容生产、合作引入以及版权产业链的双向衍生为主。从目前的架构来看，阿里文学隶属以 UC 优视为基础组建的阿里巴巴移动事业群。阿里文学将获得阿里旗下 UC 书城、书旗小说、淘宝阅读等入口资源支持。

4 月 23 日，华数传媒控股股份有限公司发布公告，公司旗下全资子公司华数传媒网络有限公司与阿里云签订战略合作协议，共建云服务生态圈，华数 TV 网成为国内首个构建在云上的大型视频网站。

4 月 23 日，爱奇艺欲联手华硕共推视频平板。本次爱奇艺并不打算孤军挺进平板界，而是选择异业战略合作的方式对双方的优势资源进行整合，而一向与华硕关系紧密的英特尔很可能也将参与其中。

4 月 24 日，苹果手表（Apple Watch）正式发售，新华社客户端同步适配苹果手表。在用户将 iPhone 与苹果手表配对之后，点击苹果手表上的新华社客户端图标，即可即时阅读新华社的各种新闻信息，客户端还将以弹窗方式向用户推送新闻，用户只需抬起手腕，便可阅读相关内容。

4 月 26 日，歌华有线与北京奇虎科技有限公司、金砖丝路资本控股（深圳）有限公司签署了战略合作协议，三方拟在技术、视频、电信增值、互联网相关领域进行合作。

4 月 28 日，手机阅读平台掌阅科技宣布成立掌阅文学，将投入 10 亿元人民币进军网络原创文学领域，旗下子公司掌阅文化、红薯网、杭州趣阅已开始布局原创。据介绍，掌阅此次进军网络原创文学，不仅着力于原创作品在自有平台的销售，同时也在出版、影视、游戏、动漫、有声等泛娱乐方面有全面的布局，打造原创作品的优质 IP。目前已经多部作品在进行影视和游戏改编。

4 月 30 日，流媒体视频服务 Hulu 和美国有线电视服务商 Cablevision 发表联合声明，两者将进行合作，Cablevision 会向其观众提供 Hulu 的视频内容。这意味着，Hulu 从一家基于互联网的流媒体服务，反过来渗透到传统电视中。

线上到线下：O2O 给新媒体带来的机会

“O2O 未来会改变中国!”李开复说。

如今，当网上订餐、软件叫车、手机预约看病等逐渐成为我们生活的一部分，O2O 已经颠覆了国人的日常生活。O2O 的飞速发展，改变了新媒体原有的格局，不仅催生了大批为之服务的新生媒体，也给新媒体提出了如何更好地将线上线下相连接这一课题。

进入 O2O 时代

运用线上技术来推动线下销售时（其中包括移动技术），O2O 即发生，O2O 这个术语由 TrialPay 创始人 Alex Rampell 创造，他最先在 2010 TechCrunch 的一篇文章中提出此概念。

O2O 对于顾客而言非常有吸引力，实体店取货意味着当天就可以拿到商品，无需运费并缩短了等候时间，而且顾客可以选择在他的闲暇时间，比如早晨坐地铁上班或者午餐休息时“购物”、比价、浏览商品评价等。商家也钟情于 O2O 模式，除了节约运输成本，O2O 还将顾客引流至线下店铺，让商家有机会销售更多商品，并强化了品牌形象。有了这个“先天优势”，加上移动互联技术的日臻成熟，O2O 的发展可谓如日中天。

先来看看近年来电子商务的增长曲线：

上扬的增长率有时会给人们带来一种错觉：电子商务已变成我们唯一的商务方式。但是，我们需要认识到：虽然电子商务取得了巨大成功，但是 2014

年在中国和美国，电子商务都仅占总零售购买单数的10%。

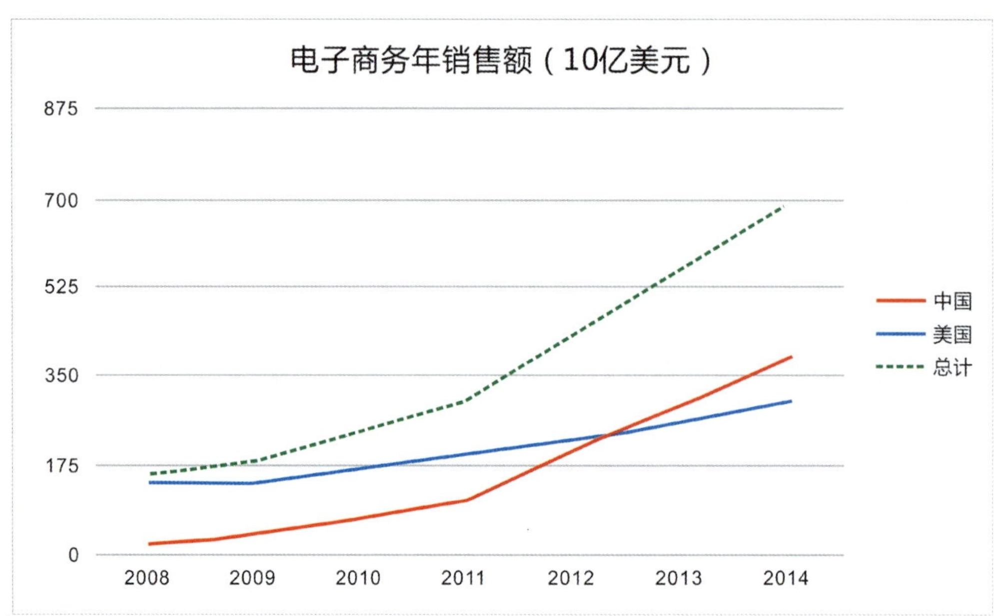

资料来源：census. gov；AT Kearney

传统的电子商务购物通常是目标明确的，很多时候是为了满足独特的需要，比如婚礼上穿的鞋子、iPhone充电器、厨房用不粘锅等，这的确形成了一个巨大的市场。但关键的问题在于，虽然电子商务市场不断扩大，但由于自身的局限，传统的电子商务与本地消费相比，仍然相差很远。“本地消费”是指酒吧、饭店、杂货店、咖啡馆、的士、沙龙、高尔夫课程、干洗店等，所有我们居住及工作地周边的实体消费。

数据表明：仍有7.3万亿美元的零售交易是在实体店进行的。

这7.3万亿美元的市场就是O2O战场。

由此，中国首富王健林提出：“O2O是电子商务中最大的一块蛋糕……现在还只是开始。”

在美国，许多大型的百货公司把O2O作为他们销售自身商品的一种方式，

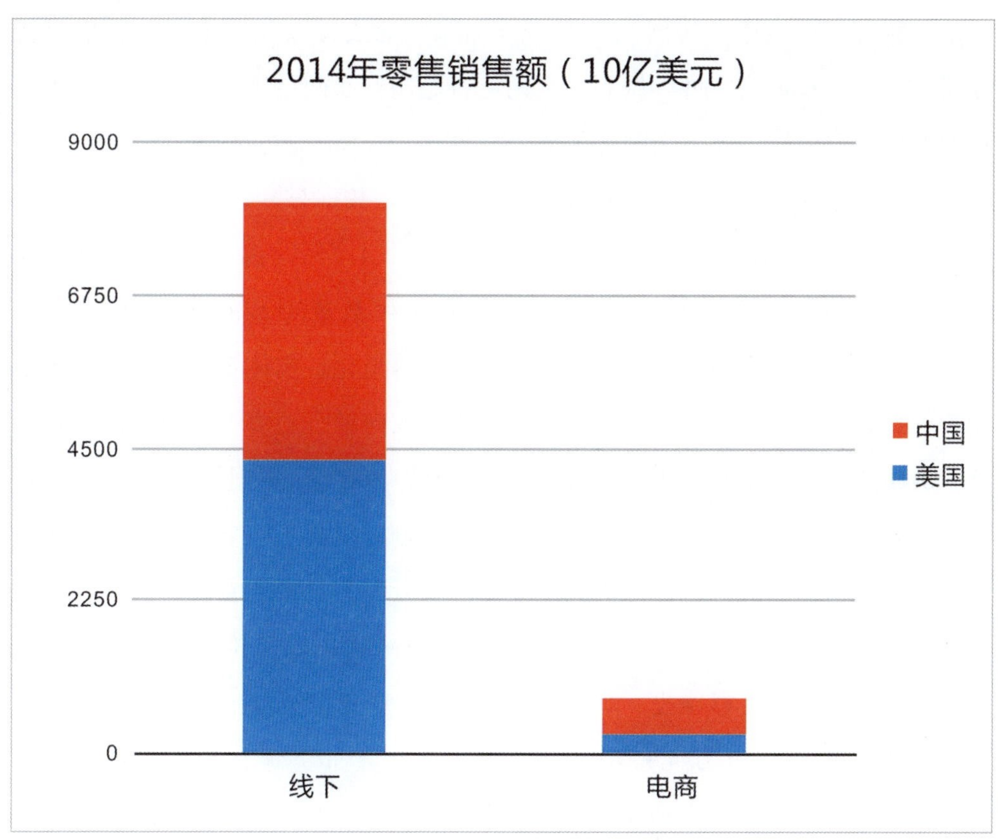

资料来源：census. gov；新华社

获得了成功。例如美国塔吉特（Target）百货公司 2012 年 5 月就与移动优惠券应用 Shopkick 进行合作，推出“进店送积分”活动，部署了一系列 O2O 战略。塔吉特利用多管齐下的数字化战略，把品牌电商网站、移动战略与其实体商店连接，实现线上线下大融合，从而更好地吸引客户，提高转化率和销售额，并发展客户对品牌的忠实度。截止到 5 月 2 日的 2016 财年第一季度，塔吉特在线销售额同比增长 37%，占销售总额的 28%。据统计，塔吉特的顾客，其中 98%至少曾经有一次网上（Target. com）购物的经验，其中 75%开始在手机或平板电脑进行网上购物；同时从网上和实体店购物的顾客的消费水平，是仅在实体店进行购物顾客的四倍。塔吉特电商兼移动业务总裁 Jason Goldberger 认为，虽然塔吉特网站（Target. com）无法打败亚马逊，但是塔吉特公司（Target Corp. ）可以做到。无论能否赶超互联网零售老大亚马逊，积极拥抱变化、顺应线上线下大融合趋势的塔吉特 O2O 转型之路都值得关注。

在中国，餐饮是最早涉足 O2O 的行业之一，数据显示，2014 年我国餐饮 O2O 市场交易规模为 943.7 亿元，同比增长 51.5%，占整体餐饮比重为 3.5%，餐饮 O2O 用户为 1.89 亿人，占中国网民数量的 1/3。O2O 的进入加速了餐饮业与互联网的融合及创新，电商平台落地化、实体企业电商化等各种创新模式逐步落地，摸索前行，呈现线上线下双向融合趋势。不论是以大众点评、美团为代表的团购模式，还是以“饿了么”为典型的网上订餐模式，亦或“叫个鸭子”这类餐企自建模式，餐饮 O2O 的创新得到了消费者的认可，2014 年，仅仅是“饿了么”的日订单额就突破了百万大关。餐饮 O2O 模式的成功，让嗅觉灵敏的资本蜂拥而入：去年一年，美团网就获得两轮融资 10 亿美元，分别由泛大西洋与红杉领投；“叫个鸭子”也获得五位天使投资人的 600 万元融资，估值达到 5000 万元；2015 年“饿了么”宣布获得 E 轮 3.5 亿美元融资。资本的涌入，为餐饮 O2O 向更纵深方向发展创造了条件，也给其他行业及跨行业 O2O 综合平台的发展带来乐观预期。

新媒体战场

近年来，以移动互联网为代表的新兴媒体产业异军突起，用户规模持续攀升，CNNIC 第 35 次《中国互联网络发展状况统计报告》显示，移动互联网用户所占比例攀升至 85.8%。新媒体终端成为人们工作和闲暇时间最主要的媒介。伴随着互联网、移动通信、数字技术等科技的迅猛发展，新媒体产生了日新月异的变化。中国新兴媒体正在加速转向移动化、融合化、社会化发展，用户稳步增长，创新能力逐步提高，应用与社会进一步对接，市场竞争活跃有序，产业格局开放拓展，社会正能量不断凸显。新兴媒体不仅在技术上更新迅速，在形态和应用上也不断推陈出新，普及率也得到了较快的增长。

中国新兴媒体的发展已经从“普及率提升”转换到“使用程度加深”。中国新兴媒体正处于移动化发展的关键期，移动互联网成为推进中国新兴媒体发展最大动力。新兴媒体的产业化属性更强，从某种意义上来说，新兴媒体已成为一个“超级产业”。同时，经过新兴媒体发展的初期借鉴阶段，近年来，中国新兴媒体正在走向自主创新，企业的研发能力不断提升。新兴媒体与中国社会发展联系日益紧密，对于传统产业和社会服务业既有冲击也有促进作用，在购物、物流、支付乃至金融等方面均有良好应用。

让用户参与信息的全生命周期是新媒体一个典型的观点，通过新媒体，无论是大型还是小型企业，即使是消费者个体，都可以发布自己的内容或是与媒体发布的内容进行友好的互动。互动成为新媒体和 O2O 商业模式最佳的契合点，因为整个 O2O 闭环核心有两个：一个是推荐；一个是互动。

新媒体能够将企业与客户连接并互动起来，这使得 O2O 对新媒体产生了天然的“亲近”，并迫切需要适合的新媒体平台进行释放。O2O 的出现和发展加速了新媒体的融合及跨行业的整合，使得新媒体的触角加速向传统行业延伸。因此，新媒体成了商家瓜分 O2O 这块大蛋糕的又一战场。

移动端新媒体与 O2O

在新媒体中有一股强势力量——移动端媒体，即手机媒体，正在逐步开辟属于自己的“第五媒体”时代。手机媒体是以手机为无线终端，WAP 网络为平台的大众传播媒介。各方面硬件条件优势的支撑，使手机能够为受众提供更为方便快捷的信息资讯，奠定了手机媒体在传媒中的优势地位。手机媒体最为突出的特性当数无线移动性，这实际上符合了现代人习惯利用碎片化时间的生活节奏，所以能收到更好的传播效果。正是由于手机在生活中承担着通信、资讯、娱乐、商务等各种重要任务，人们对手机的依赖度已经悄然上升。手机对用户的影响已经远远超过了其他产品，甚至演变为一种强制性的习惯，这给了手机媒体一个前所未有的机遇，可以凭借用户对手机的依赖赢得受众对媒体的注意，取得最优的传播效果。

数字说明一切：

●2014 年中国的移动端购物：1500 亿美元；在美国：315 亿美元（Statista 统计）

●在中国，线上购物人数达 3 亿，其中 50% 使用手机线上购物（AT Kearney）

●2014 年，在美国，12% 的电子商务是通过智能手机进行的（AT Kearney）

●在中国，2014 年手机购物增长了 48%（艾瑞咨询）

●在美国，2014 年手机购物增长了 27.5%

●移动端即意味着手机，在亚洲尤其如此：在美国，53% 的移动端购物是通过智能手机进行的；在亚洲多数国家，这一比例超过 90%

高盛集团："预计在 2018 年，全球通过移动设备的电商销售额将超过 6380 亿美元。"

沃尔玛副总裁 Brian Monahan："在黑色星期五（2014），我们超过半数的客流量来自移动设备。"

数字生活越来越多地与智能手机相关联，用户花费在手机上的时间和金钱逐年增长。广告主、媒体渠道、企业已经注意到这一点，新的广告和媒体模式不断出现。这些广告模式强调与客户之间的连接，尤其是面向智能手机的广告。对于线下商家来说，如何保持市场份额是他们极其而且越来越关注的问题。在 O2O 模式下，线上宣传与数字广告是关键。

实力传播（Zenith Optimedia）CEO Steve King："观众在笔记本电脑、平板电脑、智能手机上观看线上视频花费的时间快速增长，广告主的预算也紧随这一趋势，往线上倾斜。"

想方设法识别真正的目标客户是商家的天性，为了更准确的找到目标客户商家可以不惜一切代价，这推动了社交媒体网站和调查公司的巨额利润。虽然目前很多企业大部分广告开支仍然针对传统的上网方式，但智能手机的普及和移动端独特地理位置识别、移动轨迹识别、短消息内容识别等优势，让商家把眼光逐渐聚集到移动端。

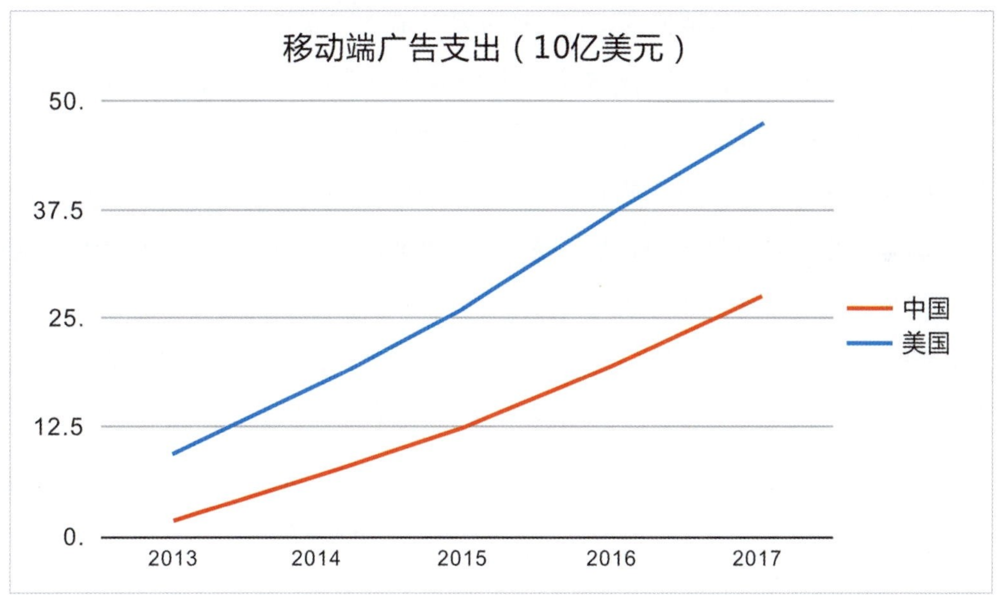

资料来源：eMarketer. com

魔线＋：全新的移动 O2O 新媒体

O2O 市场的增量让敏感的资本市场看到了巨大的金矿，一夜之间各种参差不齐的 O2O 产品开始进入人们的视野。O2O 模式成功的根本因素是实现线上互联网和线下生活服务业态的融合，正因为需要贯通线上与线下，对资源整合能力要求颇高，这使 O2O 形成了极高的门槛。

构建适合移动终端的 O2O 模式，犹如一场扑面而来的新挑战。而由魔线公司开发的魔线＋（Mosses）移动终端应用，对这个盈利模式进行了全新的探索。魔线集团 Moxian Inc.（OTCBB：MOXC）旗下的魔线＋（Mosses）应用，由魔线跨国研发中心基于全球视野倾力打造。在短短几年间，魔线已将业务网络扩展到整个中国乃至全球市场。

魔线＋（Mosses）能够为零售商和消费者双方带来切实的利益。一方面，零售商寻求借助社交媒体来扩大商品销售；另一方面，消费者期望通过互联网享受到最大的消费优惠。魔线将商家与消费者的需求无缝地对接起来。通过魔线，商家可以更好地与他们的客户交流互动，而作为商家客户的消费者也将能够获得更好的消费体验。这一 App 工具将商家与消费者之间的交流互动提升到一个新的层面，帮助他们实现共同利益，达到双赢的结果。

魔线＋（Mosses）应用提供了社交、本地生活、广告、游戏、支付、消费奖励等所有元素。对用户而言，魔线＋（Mosses）提供各种线上游戏、娱乐、奖励及购物活动，线上用户可以尽享无穷乐趣，除了是一个信息的提供商，魔线＋（Mosses）更是一个便捷的自媒体平台，极大的满足用户信息发布和社交的需求。对商家而言，在魔线＋（Mosses）平台上，商家不仅可以拥有自己的专属店铺页面，还能通过线上的营销、宣传、推广，将客流引入线下实体店消费。同时又将线下用户引到线上交流，在线上给出消费体验的反馈并以消费积分兑换奖励，真正实现了线上到线下，然后又回到线上的 O2O 闭环。最终结果就是，客户与商家之间建立了非常紧密的关系，这同时也是一个推动 O2O 的理想平台。

魔线 5 力，为 O2O 与新媒体发展插上翅膀

魔线＋（Mosses）应用集成了“5 大引擎”：社交引擎、商业引擎、大数据分析引擎、游戏引擎、虚拟币引擎，称为“魔线 5 力”。

新兴媒体的发展带来了信息的井喷，信息爆炸式的发展和更迭让受众对新媒体产生了依赖。一方面，无论商家还是消费者都希望通过新媒体更快速地获取海量资讯；另一方面，大量快速更迭的信息流超出了他们的承受能力，让他们无所适从，要依靠新媒体去分析、处理和过滤这些信息。在自媒体时代这种现象尤其突出，自媒体中数量庞大的传播者犹如一个个鲜活的细胞，类似魔线

魔线™
MOXIAN
www.moxian.com
商业
引擎
游戏
引擎
虚拟币
引擎
社交
引擎
大数据
引擎
线上生活
线下精彩
MX5

+（Mosses）这样优秀的自媒体平台能够促使他的“细胞”净化和处理这些信息，为受众传递更多正能量。对 O2O 来说，信息在商家和消费者之间全面、准确、快速的传达至关重要。魔线“5 大引擎”相当于为 O2O 和新兴媒体插上了一双翅膀，拓展了两者的发展维度，让 O2O 和新媒体有了更广阔的发展空间。

首先，魔线+（Mosses）拥有强大的社交功能。在魔线社交平台上，消费者的社交需求能够得到很好的释放，每一个用户都可以是一个“微型媒体”并创建自己的“微型媒体”生态圈，去表达、分享和互动，而良好和有效的互动正是 O2O 发展的关键及新媒体努力的方向。

第二，魔线+（Mosses）为商家和消费者搭建了一个交易的平台，交易平台的存在，是 O2O 发展的必要条件，同时也为新媒体的商业拓展提供了成功的基础。

第三，魔线+（Mosses）有各种游戏及娱乐化设计，对消费者来说更具有亲和力。以游戏等娱乐化的方式连接商家和消费者，可以提高消费者接收商家信息的意愿，利用碎片化的时间供用户消遣娱乐，对新兴媒体来说是一个巨大的市场。

第四，魔线+（Mosses）强大的大数据能力，可以让 O2O 营销更精准和简便，通过用户在移动端行为的分析和收集，以及互动数据整理，魔线+（Mosses）可以对用户进行精确的“画像”，并且提取用户对商家推广信息的反馈，为 O2O 商家营销及二次营销提供很好的参考手段和建议，大数据能力也为新兴媒体发展提供了更多的机会。

最后，魔线+（Mosses）拥有完善的支付系统和个人信用系统，完善的支付系统和个人信用系统不仅对 O2O 而言是不折不扣的利好，同时也给了新兴媒体更多的发展空间。

O2O 给新媒体带来的机会

中国拥有世界上最大的新媒体市场和活跃的新媒体产业，在移动互联网方面新兴媒体还有很大的发展空间。在智能终端快速普及、电信运营商网络资费下调和 wifi 覆盖逐渐全面的情况下，手机上网成为互联网发展的主要动力，不仅推动了中国互联网的普及，更催生出更多新的应用模式，重构了传统行业的业务模式，其中 O2O 模式发展最为引人注目，成为新一轮的资本热潮的热点领域。

新媒体产业的发展，进一步促进了信息技术与内容产业之间的嫁接与融合。而 O2O 的发展，加快了新兴媒体与其他产业相融合的步伐，也为新兴媒体找到了又一个新的盈利增长点，O2O 已经成为新媒体实现商业价值的一个重要形式。提供 O2O 发展所急需的支付系统、大数据、互动平台等支持，将成为新媒体实现价值和盈利的又一捷径。

魔线＋（Mosses）APP 作为新媒体与 O2O 的集大成者，不仅让所有线下的商家都能找到适合自己的 O2O 模式，更能让每个商家通过新媒体展现自己的个性、与客户以一种全新的方式互动，通过大数据分析拓展及保留客户。新媒体可以成为未来媒体的趋势，一个崭新的风向标。而 O2O 这种最前沿的商业模式，必将给人们的生活带来翻天覆地的改变，两者强强联合，当 O2O 插上新媒体的翅膀，会以更加强势的姿态，展现在世人面前。

注解：Mosses **为魔线＋**APP **的英文名称。**

新加坡神农投资控股有限公司，旗下控股江门铂鑫生物技术有限公司。与中科院西北高原研究所形成深度科研合作关系，专注白刺果等高原野生浆果的开发与应用。

江门铂鑫生物技术有限公司，与中国工程院院士郭应禄先生在广东江门联合建立了院士工作站。并以此为科研交流平台，在自主研发的基础上，广泛开展国际合作，与国际先进科研水平保持同步。

位于青海省国家级生物园区的生产基地，拥有尖端实验室和GMP标准生产车间，建立了业内最为严格的品控体系。以全球领先的膜分离技术和微胶囊包裹技术为核心工艺，引进德国纯粉压片设备和全自动灭菌包装生产线，实现了生产工艺的先进性和产品质量的稳定性。

新加坡神农投资控股有限公司，将以对健康生命的不懈追求，为处于污染环境中的人类生活，增添高原彩虹般的亮丽色彩。

贵宾热线：400-8919-111
www.gaoyuanzangbao.com

达飞金融董事长
高云红

高云红，男，1973年6月25日生于河北省秦皇岛市。“达飞”品牌创始人，现担任达飞金融控股集团董事会董事长，兼任中国小额信贷联盟理事。

作为普惠金融行业发展的先行者，在创办“达飞”之前，高云红曾在河北省秦皇岛市中国农业银行秦皇岛分行任职多年，在金融业领域积累了丰富的业务实践经验和团队建设经验。

自2004年起，高云红先后创办了秦皇岛市达飞贷款代理有限公司、达飞普惠财富投资管理（北京）有限公司、达飞微金商务咨询（北京）有限公司、深圳达飞金融控股有限公司等多家从事金融服务的企业。

高云红作为一名企业家与实业投资家，在金融、房地产、航空、教育、食品、物流、商贸以及贵金属采矿业等多个领域做出了突出的业绩与贡献。

达飞金融是总部位于深圳前海的一家互联网金融公司，拥有国内顶尖的金融投资和互联网技术团队，运用金融大数据分析，旨在打造一个能为借款人与投资人同时提供最为安全便捷的资金对接信息平台。

达飞金融的核心价值观是“普惠金融”。公司目前以普通大众为服务对象，旨在为有资金需求的个人或个体工商户提供支付、消费、分期、微贷、理财等一系列金融服务。我们以普惠为目标，以诚信为基础，以互联网为路径，以高科技为风控，致力打造一个全新的普惠金融生态圈，挑战传统金融的高不可攀。经过10年的发展，公司现有4000余名员工，在全国24个省、直辖市及自治区设立了200余家分公司。

2013年12月，达飞金融推出“现金循环贷”，截至2015年6月，已有28多万用户选择了该项服务，贷款总额累计已突破96亿元。达飞金融在同行业内率先实现了支付和清结算分离，通过独有的风控管理技术，结合第三方资金监管以及保险公司信用保险和第三方担保代偿，全方位保障平台投资人的资金安全。

未来，达飞金融将凭借前海的区位优势和政策优势，跟各领域的合作伙伴一起，继续围绕用户的需求不断创新，挑战传统金融运营模式，在互联网金融普惠道路上坚定前行！

达诚申信　高飞远翔

—— www.dafy.com ——

扫描二维码 关注达飞金融

达飞金融的产品与特色

达飞金融理财平台

如果你有"闲钱"

达飞金融的理财模式帮您"钱生钱"

如果你有短期资金周转需要

达飞金融的"现金循环贷"可解忧

线上理财
数据透明
收益多元化
期限灵活

现金循环贷

一次授信，循环使用，手机一点，现金到账，一个安全便捷的移动"钱包"；

手机一按，随时还款，每次额度，由您来定，一个安全省事的移动"银行"。

"短"：超过65%的用户的资金使用期限不超过45天，平均用款32天。

"小"：平均每笔的借款金额约为16100元人民币，100-3000元人民币的借款占总借款额的50%，75%的借款在10000元以下。

"急"：平台平均授信和审批时间不超过1天、小额可以立即授信。

"频"：在平台借款超过两次以上的用户占75%。

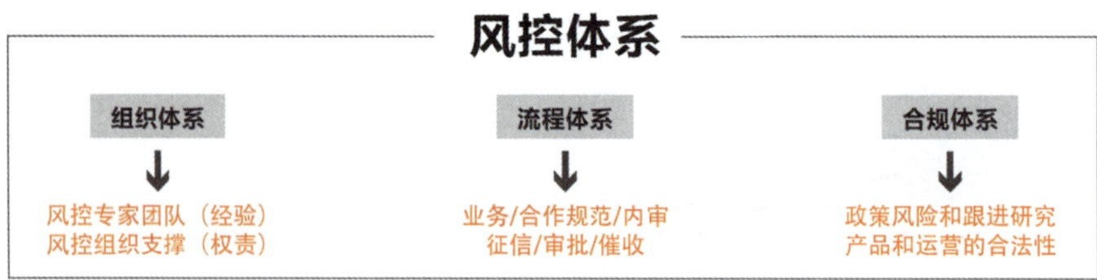

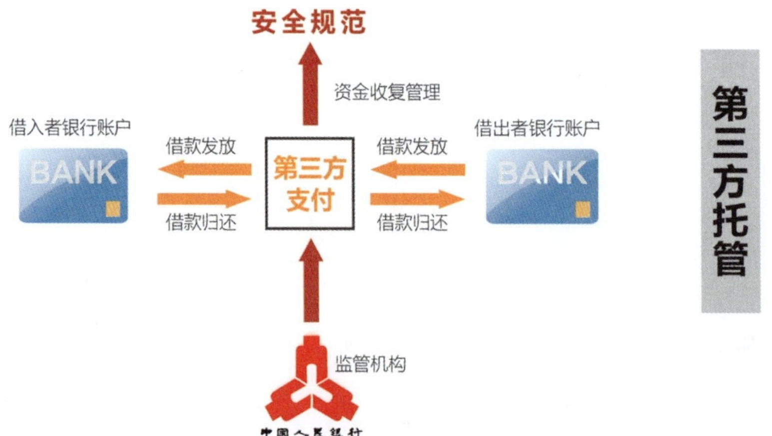

亚太地区
规格最高
规模最大
最具影响力
的安全峰会
迎接大数据时代
安全挑战
更多前沿新技术的
分享与探讨
未来世界展区
最新的安全大数据可视化
智能家居
智能硬件
等高科技产品
更多海外
重量级安全专家

ISC
2015

2015 中国互联网安全大会
China Internet Security Conference

数据驱动安全

2015年9月29日-30日 北京国家会议中心

主办单位：

 售票热线：13621376248  大会官网：isc.360.cn

魔线™
MOXIAN
www.moxian.com
魔分+魔币=更便捷的支付
魔商+魔友=更多交易
游戏+魔币=更多欢乐
MX5
用户数据+精准营销=更多盈利
100
LOADING ···
好友+好友=更多粉丝
线上生活
线下精彩